メディアの卒論

テーマ・方法・実際

[第2版]

藤田真文 編著

ミネルヴァ書房

も書けない」と焦っている。

　どんな時期でも，ほとんどの学生は，卒論という現実を目の前に「わー，どうしよう」と頭を抱えてしまいます。最初に断言しましょう。卒論を完成させるコツは，「悩まないこと」です！かのブルース・リーも，映画『燃えよドラゴン』で言っています。Don't think. Feel！と。まあ，卒論ですからまったく考えないわけにはいかないんですが。

　あなたが提出を義務づけられている卒論の分量は，400字詰め原稿用紙にして50枚程度（2万字）でしょうか，100枚程度（4万字）でしょうか。いずれにしても，何の準備もなしに，自分の頭の中にあることだけで書ききれる分量ではありませんよね。ふだんの授業レポートを短距離走だとすると，卒論作成はマラソンです。ゴールするためには，まずコース全体の見通しと適切なペース配分を考えてみましょう。

　花井等先生と若松篤先生は，『論文の書き方マニュアル　ステップ式リサーチ戦略のすすめ』の中で，卒論作成をSTEP 1「予備作業」（卒論のテーマや構成の構想を立てる），STEP 2「リサーチ」（資料を読み整理する），STEP 3「執筆・仕上げ」という3つのステップに分けています。そして，STEP 1, STEP 2, STEP 3のそれぞれにかける時間の配分は，全体を10とすると2：4：4が望ましいとされています（p.60）。小笠原喜康先生の『新版　大学生のためのレポート・論文術』では，大学3年生の冬から始めて，テーマの決定に3カ月（3年生3月まで），文献収集・ノートづくりに6カ月（4年生9月まで），執筆に3カ月（4年生12月まで）というモデル案をしめされています（pp.137-156）。

　滝川好夫先生の『卒業論文・修士論文作成の要点整理　実践マニュアル』では，3年生の3月に「テーマと第1次目次を書く」，4年生の4月から6月に「キーペーパーを3本読む（文献ノート作成を含む）」，7月・8月には「さらに

（2）『燃えよドラゴン』は監督：ロバート・クローズ　主演：ブルース・リー　1973年コンコルド・プロダクション（香港）とワーナー・ブラザーズ（アメリカ）の合作映画です。

（3）手書き時代が終わっても，原稿の分量を感覚的にとらえやすいので「400字詰め原稿用紙X枚」といいます。これはいつまで続くんでしょうか。

はしがき――卒論いつから始める？　卒論は長距離走なんです。本来。

文献を読んで，(文献ノートを) 書く」，そして9月・10月に「論文の骨組みを完成」させ，11月・12月に「卒論を書く」としています (pp.1-67)。

　私は「メディアの卒論」は，資料分析・現地調査などのオリジナルデータの収集・分析に時間をかけてほしいと思っていますので，花井先生のいう3つのステップの比率は，全体を10とすると，2（テーマ構想）：6（資料分析・現地調査）：2（卒論執筆）くらいが理想です。いい卒論を書こうと思えば，「理想の」スケジュールは表のようになります。

表　「理想の」卒論作成スケジュール

時期	
3年生12月	卒業研究スタート／卒論テーマの構想
	↓
4年生4月	卒業研究計画書の完成／関連文献の収集・読解を開始
	↓
6月	資料分析・現地調査を開始
	↓
9月	調査結果中間報告（夏合宿）
	↓
10月	卒論執筆開始
	↓
12月末	卒論完成
	↓
1月	卒論口頭試問／報告会（大学による）

　これはあくまで理想です。現在では就職活動の早期開始・長期化で，3年生の春から4年生の夏休みまでは就職活動で授業やゼミの出席も難しいという人も多いと思います。2：6：2という比率を思いだしてください。400字詰め原稿用紙50枚の卒論を，それも中味のある卒論をどれくらいの日数で書けるか逆算してみるのもいいでしょう。「究極の短期パターン」を考えてみましょう。あなたは，朝から晩までパソコンに向かって50枚書き上げるのに1週間くらいでできますか。それならテーマ構想1週間，資料分析・現地調査に3週間，5週間でできる計算になります。でも，これはかなり「危険な」ペース配分ですね。お勧めできません。執筆を予定している1週間，多くは冬の寒い時期です。インフルエンザで寝込まないとも限りません。そしたら，卒論の単位が結

局取れずということになってしまいますよね。卒論が必修だったら留年の危機です。

　私は,「究極の短期パターン」の「週間」が「カ月」だったら,なんとかがんばればいい卒論ができるギリギリのスケジュールかなあと思います。つまり,テーマ構想1カ月,資料分析・現地調査に3カ月,執筆1カ月です(4)。12月末が卒論提出の締め切りだとすると,4年生の8月スタートがデッドラインです。また,3年の春休みから4年前期まで就活でつぶれても,テーマがある程度決まっていれば,就活の合間に少しずつ作業を進めることもできます。卒論に関係した本を読んだりしていると,就活の気分転換にもなります。4年生の11・12月の追い込みの時期をべつにすれば,毎日何かしら卒論のことをやる必要もありません。

　「理想の」スケジュール表を見ただけで,もうめまいがしている人がいますね（気のせい？）。でも,もう一度ブルース・リーの言葉を思いだしましょう。Don't think. Feel！卒論を書ききるコツは,「悩まないこと」です。次の一歩,まずは論文テーマの選択に踏み出すだけで,だいぶ景色が違ってきますよ。保証します。さあ,では「メディアで卒論を書く」の講義を始めましょう。

●引用・参考文献
花井等・若松篤『論文の書き方マニュアル　ステップ式リサーチ戦略のすすめ［新版］』有斐閣,2014年。
小笠原喜康『新版　大学生のためのレポート・論文術』講談社現代新書,2009年。
滝川好夫『卒業論文・修士論文作成の要点整理　実践マニュアル』税務経理協会,2014年。

（4）　この本の第Ⅱ部第3章で金先生は,アンケート調査を実施する前に,調査票のできを評価するために少人数でプリテストを行うべきだとされています。また第Ⅱ部第5章で小泉先生は,「執筆に費やす時間を考えると,提出1カ月前に現地調査,というわけにはいきません」と言われています。やはり周到な準備が必要なんですね。

メディアの卒論［第2版］
―――テーマ・方法・実際―――

目　次

はしがき——卒論いつから始める？　卒論は長距離走なんです。本来。

第Ⅰ部　卒論を書くためのプロセス

第1章　テーマの決め方 …………………………………………藤田真文…2

- 1時間目　論文テーマの選択は自己中心的でいい　*2*
- 2時間目　論文テーマはできるだけミクロにくだいたほうがいい　*6*
- 3時間目　先生とコミュニケーションしよう　*9*
- 4時間目　「知ってるつもり」から抜け出そう　*11*
- 放課後　卒論テーマがどうしても見つからなかったら——裏ワザ　*12*

第2章　本・資料の探し方 ………………………………………西田善行…14

- 5時間目　文献を探す前に　*14*
- 6時間目　文献を探す・集める　*21*
- 7時間目　文献を読んでまとめる　*34*

第3章　資料分析・現地調査 ……………………………………西田善行…38

- 8時間目　資料分析をしよう　*39*
- 9時間目　現地調査をしよう　*43*
- 10時間目　調査の流れ　*46*

第4章　論文執筆に挑戦 …………………………………………藤田真文…55

- 11時間目　論文の設計図を作ろう——タイトルと構成を考える　*55*
- 12時間目　設計図の詳細を考えよう——本論の展開／章と節　*57*
- 13時間目　レイアウトを決めてから書き出そう　*60*
- 14時間目　別にコピペだっていいんです——引用と注について　*62*

| 15時間目 | 文章はシンプルに書こう *65* |
| 16時間目 | 悩まない。とにかく書き出す。書きながら考える *69* |

第Ⅱ部　卒論のテーマ別アプローチ

第1章　メディア史 ……………………………………難波功士… *74*
――雑誌をめぐって――

1　「一生もの」としての卒論　*74*
2　卒論へのモチベーション――そもそも，自分にとって「雑誌とは何か」　*75*
3　雑誌を研究するのか，雑誌を通じて研究するのか　*85*
4　雑誌（史）研究の tips　*87*
5　あなたは忘れても，私は覚えている　*94*

第2章　ディスコース分析，内容分析 ………………鳥谷昌幸… *101*
――新聞記事を資料として――

1　手を動かしながら考える　*101*
2　新聞記事データベースを利用した予備調査　*105*
3　研究課題の明確化　*112*
4　新聞記事データの収集と分析　*115*
5　考　察　*119*
6　調査の成果をまとめる　*124*

第3章　視聴者研究 ……………………………………金　相美… *130*
――テレビの視聴時間をテーマに――

1　研究テーマを決めよう　*131*
2　作業仮説の構成　*134*
3　調査対象の設定とサンプリング　*139*
4　調査票作成とプリテストによる修正　*143*
5　調査実施　*147*
6　データの分析　*148*

第1章 テーマの決め方

1時間目 論文テーマの選択は自己中心的でいい

　卒論の作成は，まず卒論のテーマを決めることから始まります。テーマなしに書き出すことはできません。卒論のテーマを決めるというのは，「何をどのように調べ，書くか」を決めることを意味します。ゼミの先生に卒論テーマを発表しなさいと言われた時に，「書きたいテーマがない」「何を書いていいかわからない」という人がいます。それも，かなりの数。ゼミの先生からすれば「？」です。ゼミの先生は研究が趣味（失礼，仕事）ですから，研究テーマが思いつかないなんてありえないと思っています（たぶん）。

　「書きたいテーマがない」「何を書いていいかわからない」という人は，心の中にバリアがある場合が多いんです。「論文だから，社会的に意義のある立派なことを書かなきゃいけないのでは」とか，「研究というのは，これまでの定説を批判して自分の説を主張することだと聞いたことがある。自分には無理」とか。でも，とりあえずこんなふうに身がまえるのはやめましょう。論文のテーマ選びこそ，Don't think. Feel！でいいのです。

　まあ，Feel！と言われても，何をしていいのかあいまいですよね。もう少し具体的に言うと，私は「論文テーマの選択はとりあえず自己中心的でいい（最近の若者はジコチューっていうんですか）」と思っています。私のゼミでは，最初のテーマ選択の着想の仕方として，次のような選択肢を示すことにしています。

●テーマの着想の仕方
①自分がノッテできそうなテーマ：1日24時間でもそのことについて考え続け・読み続けることができるテーマ
②ライフワークになりそうな（生涯追究できる）テーマ：卒業してもそのテーマの本を見つけたら買ってみたくなるテーマ
③当面就職先などで活かせそうなテーマ：自分の職業生活を充実するために役立ちそうなテーマ
④オリジナルデータが集まりそうなテーマ：卒業研究はオリジナルデータが命。オリジナルデータが集めやすい，ある程度の量集まるテーマ

「論文テーマの選択はとりあえず自己中心的でいい」と私が言うのは，社会的意義とか定説とか言う前に，自分の関心を中心に卒論テーマを考えてみましょう，という提案です。

まず，「①自分がノッテできそうなテーマ」とは，自分が趣味として追求していることがあったら，それをテーマにしなさいという意味です。なぜこんなことを言うかというと，卒論作成はマラソンのようなものです。資料集めや原稿を書いている途中，苦しい時期もあります。提出締め切りまであと1週間なのに半分も完成していないという時でも，自分が好きなことをテーマにしていれば乗り切れるかもしれません（あまりお勧めはしませんが）。

「自分はテレビドラマを見るのが大好きだ。テレビドラマで何か論文を書きたいなあ」「大学で音楽サークルに入って，ずっとヒップホップをやってきた。どうせ卒論を書くんだったらヒップホップにしよう」。もちろん，卒論を書くためにはもう一歩先に踏み出す必要がありますが，最初はその程度の緩やかさでスタートしていいはずです。

「②ライフワークになりそうな（生涯追究できる）テーマ」とは，卒業したあとでも卒論テーマに関係した本を本屋で見つけたら，思わず買ってみたくなるようなテーマです。言い換えると，大学に入ってから（それ以前からでもいいです）興味を持ったこと，疑問に思ったことを，この際だから徹底的に調べてみようというわけです。今までわからなかったことを知ることができるのは楽しいことです。卒論をきっかけに，これからも追究できる面白いことを発見で

きたら，すばらしいではないですか。

　そんなテーマに出会っていない，って声が聞こえてきますね（幻聴？）。でも考えても見てください，この本を手にしている学生の多くは，メディアを専門にしている先生のゼミに入っているはずです。先生のやっている研究やゼミの活動が面白そうだから，そのゼミを選んだのではないですか。いや「友だちに誘われたから」とか「単位を取るのが楽そうだったから」と，ゼミ教員が聞いたら悲しくなるようなことを言う人もいるかもしれません。それでも4年生までゼミを続けてきたからには，何かあるはずです（と思いたいです）。ゼミで発表のために作ったレジメや読んだ本を振り返ってみてください。ちょっと心が動いたこと，または疑問に思ったのにそのままにしていたことはありませんか。[(1)]

　「③当面就職先などで活かせそうなテーマ」について考えてみましょう。え，そんな実利的な動機で卒論テーマを選んでいいの，と思う人もいるかもしれません。私はいくつかの理由で，就職したあと役立つというのも卒論テーマ選びの基準となっていいと思っています。強い動機づけがあれば，卒論を書き進める力となります。就職活動で苦労して内定をもらったんですから，その勢いのまま卒論制作に向かっていけば，いいスタートが切れるのではないでしょうか。

　さらに私は，大学での学びは，大学生が職業人としての専門的知識を貯えることにおおいに貢献すべきだと考えています。これから働く職場に関係する知識を貯えておくのは，スムーズに新しい生活に入るという意味でもけっして悪いことではありません。

　現在の大学生は，就職活動が早期化して3年生の後期から4年生の前期は就職活動にかかり切りで授業に出てこなくなります。そして4年生の夏までに内定をもらうと，3年生で卒業に必要な単位がほとんど取れてしまっているために，大学に来る意味を失ってしまいます。そうではなくて，4年生の後期は「大学における学びの総仕上げ」の大事な時期だと思います。職業人として生きていく力をつけるために，卒論が役立つならこんなにいいことはありません。

　難波先生は，第Ⅱ部第1章で次のように指摘しています。私もまったく同感

（1）この本の第Ⅱ部第2章で，烏谷先生はテーマ発想のためにデータベースをあれこれ検索してみることを勧めています。それもひとつの手です。

です。

　大学3年から4年にかけて，卒論のテーマを何にするかで悩むことは，就職活動でいうところの「自己分析」と密接に連関しうるという点です。時には「(出版業界やある出版社への)志望動機」の確認——好きなことを仕事にしたい！——にもなるし，またある時には，好きなことと仕事は別という「ふんぎり」にもなりうるわけです（本書83ページ）。

　さて，テーマ選択の基準の最後は，「④オリジナルデータが集まりそうなテーマ」です。私は，卒論はすでに刊行されている書籍や論文の引用だけで作るべきではない，と思っています。自分の手足を使って集めた資料（アンケート調査の結果やインタビューも含みます）や，自分で見たり聞いたりしたこと（たとえば，ある作家のマンガを全巻分析してみるとか）をもとにして，卒論は書かれるべきなのです。第Ⅱ部第4章担当の是永先生も，次のように書いています。[2]

　実際に集めたデータが，そしてそれを通じて描かれた「できごと」が，いろいろなことをそれぞれに物語る力をたくわえているのですから。また，そのようなデータのもつ力は，卒論のオリジナリティを高めるものとしても，非常に強く作用するはずです（本書194ページ）。

「オリジナルデータが集まりそう」というのは，一見すると自己中心的なテーマ選択と関係なさそうですが，そんなことはありません。「ⓐ自分がノッテできそうなテーマ」は，自分の趣味と関係あるのですから，すでに自然にオリジナルデータを収集している可能性があります。「どうしてジャニーズの人気は衰えないのか」をテーマにした学生は，根っからのジャニーズファンで，中学生の頃からジャニーズ・ファンクラブの会報を大事に保存しておいたとします。その会報は，お宝データの山です。「ⓑライフワークになりそうな（生涯追究できる）テーマ」ではゼミ関係の資料，「ⓒ当面就職先などで活かせそう

（2）　この本の第Ⅱ部第5章で小泉先生は，音楽研究におけるオリジナルデータの重要性について語っています。

なテーマ」ではセミナーでもらった会社資料や面接試験のために集めた資料が捨てずに残っていませんか。[3]

　今手もとにオリジナルデータがなくても、好きな分野やすでに触れたことがある分野については、学生のみなさんは一定の「土地勘」があるはずです。映画の配給会社に内定した学生が、「現在ヒットしている映画にはどのような成功要因があるのか」をテーマに選んだとします。その人は、少なくとも「現在ヒットしている映画」のいくつかをシネコンで見ていたり、ヒットを連発している監督を知っているのではないでしょうか。まったく未知の分野をテーマに選ぶよりも、スタートが違ってきます。

2時間目　論文テーマはできるだけミクロにくだいたほうがいい

　卒論テーマ選びがずいぶん楽な気持ちでできるになったでしょうか。そう願いたいものです。さて、唐突ですが、ここで某大学Fゼミの3年生Aさんに登場してもらいましょう。AさんとF先生のやりとりから、論文テーマをもう一歩先に進めるために何が必要かを見ていきます。

　Aさんは、マンガ・アニメが大好きで、好きな漫画家のコミックは全巻買いそろえ、コミケに通って同人誌を買いあさったりしています。そんなある日、パリで日本アニメのコスプレ・イベントが開かれたというテレビニュースを目にしました。ニュースによれば、同じようなイベントがニューヨークでも毎年行われているとのことです。Aさんは「日本のマンガ・アニメがこんなに世界中に広がっているんだったら、研究の価値があるよねえ。そうだ、マンガ・アニメで卒論を書こう」と思い立ちました。

　そして、3年生の11月、Aさんはゼミで最初の卒論テーマ発表をすることになりました。報告レジメに次のようなことを書いて報告しました。

　　①卒論テーマ：日本のマンガ・アニメの影響力

---

[3]　この本の第Ⅱ部第6章で浅利先生は、ⓐ政府（行政）が調べた調査（データ）ⓑ業界団体が調べた調査（データ）ⓒ企業が調べた調査（データ）など、信頼性の高い一次資料を使うことを勧めています。

②研究の目的：日本のマンガ・アニメは，ヨーロッパやアメリカなど世界中に広がっている。日本のマンガ・アニメはどうしてこのような影響力を持っているのかを研究したい。
　③研究の方法：日本のマンガ・アニメの影響力の大きさを扱っている書籍や雑誌記事を集め，影響力の要因を探る。

　Aさんの報告を聞いたF先生は，「うーん。まだ分析対象がばくぜんとしているなあ。もっとテーマを絞り込みなさい。」というコメントをしました。
　Aさんからすると，F先生のコメントは「？」です。自分の報告には「日本のマンガ・アニメ」という具体的な研究対象があるし，「日本のマンガ・アニメの影響力を確かめる」という研究目的もはっきりしている。なのにどうして「テーマを絞り込みなさい。」と言われなきゃいけないのか。
　でも，私だってF先生と同じコメントを言うと思います（F先生は私の分身？）。まず，「日本のマンガ・アニメ」という研究対象が膨大すぎます。現代の日本マンガの基礎を築いたとされる手塚治虫や同時代の作家たち（赤塚不二夫，石ノ森章太郎，藤子不二雄など）のマンガ・アニメから，2010年に初版300万部という記録を打ち立てた尾田栄一郎の『ONE PIECE』まで，無限の作家と作品があります。これらすべてを扱うのでしょうか。また，マンガ・アニメの「影響力」って，どうやって検証するのでしょうか。読者の反響を調べる。マンガを発行している出版社の規模を調べる，などいろいろな視点があるはずです。それにしても，どんなマンガ・アニメを取り上げるか，具体的に決まっていたほうがよさそうですね。
　卒論のテーマを決めるというのは，「何をどのように調べ，書くか」を決めることだ，とこの章の最初で言いました。まず卒論で扱う研究対象＝「何を」は，ミクロであればあるほどいいのです。研究対象を細かく絞れば，研究方法＝「どのように」についての方針が具体的に立てやすくなります。Aさんには，もう一度自己中心的に，テーマを絞り込むことをお勧めします。Aさんがコミック全巻を買いそろえるほど好きな漫画家は，影響力のある作家ではないでしょうか。Aさんが同人誌を買いにいくコミケで何か研究できないでしょうか。ニュースで見た海外のコスプレ・イベントの情報はないでしょうか。

図Ⅰ-1-1 メディア研究の視点

さらに，研究対象を絞り込む時に，「どのような視点から」というのも，考えておいたほうがよいと思います。メディアの卒論に関しては，図Ⅰ-1-1ような関連図を想定しておけばいいのではないでしょうか。

「コンテンツ」とは，メディアの中身です。マンガや楽曲などの作品，テレビ・ラジオ番組，新聞や雑誌の記事などです。「送り手」とは，そのコンテンツを制作し送出している人たちです。個人の作家（漫画家や脚本家）の場合もありますし，企業（出版社やテレビ局）の場合もあります。「受け手」とは，コンテンツを読んだり見たりする人たちです。活字メディアでは読者，テレビの場合は視聴者など，呼び名が変わります。あるいは，コンテンツ，送り手，受け手とそれを取り巻く「社会」にどのような関係があるのかをテーマにすることもできます(4)。

花井等先生と若松篤先生は，『論文の書き方マニュアル――ステップ式リサーチ戦略のすすめ［新版］』(2014)の中で，論文で取り扱う「エリア（範囲）」と「テーマ（論題）」を区別されています。花井先生たちは，論文の「エリア（範囲）」を定めるためには，「中国の近代史」「戦後の日本政治」「浮世絵」のように，論文を書く本人がどのような分野，問題に関心を持っているのか大ざっぱに答えを出せばよいとしています(p.7)。メディアの卒論でも，マンガが好きという自分の関心から始まり，さらにマンガというエリアをあるマンガ家，マンガのファン，マンガ雑誌を発行している出版社というように絞り込んでいけばいいのです。エリアを絞り込む作業の中で，そのエリアで自分は何を明らかにしたいかというテーマが明らかになってくるのです。

ＦゼミのＡさんは，先生から「もっとテーマを絞り込みなさい」と言われたあと，マンガ・ファンとしての知識をフル動員して，次のような卒論テーマを

---

(4) この本の第Ⅱ部第5章で小泉先生は，音楽研究のテーマを6種類に分類しています。

発想しました。

> 仮想テーマ案1：浦沢直樹作品における「歴史観」と「未来観」（作家研究）
> 仮想テーマ案2：ボーイズラブ読者の恋愛観について（読者研究）
> 仮想テーマ案3：小学館の漫画出版形態の現在（マンガ産業研究）

ずいぶん具体的になりましたね。たとえばテーマ案1は，Aさんが『Monster』や『20世紀少年』などの浦沢直樹作品を全巻集めて熟読していたから，発想できたものです。コンテンツの内容を分析する方法を調べ，浦沢作品を細かく分析していけば，その「歴史観」「未来観」について自分なりの結論を導き出すことができます。このようなテーマを決めたあと，Aさんが卒論研究をどのように進めたかは，15ページ以降を見てください。

3時間目　先生とコミュニケーションしよう

卒論テーマの選択と一見関係なさそうですが，ここでゼミの先生とのコミュニケーションの問題について触れておきます。こんな話をする第1の理由は，学生のみなさんが卒論を書く目的は単位を取るためでもあるからです（「でも」というより，おそらく一番重要な動機でしょうね）。そして，卒論の成績をつけるのは，もちろんゼミの指導教員です。ですので，ゼミでのやり取りを通じて，先生が卒論についてどのような基準を設定しているのかを知ることは重要です。

この本を書くにあたって，私たちは大学の先生を対象に「卒論アンケート」を行いました（詳しい結果は，253ページ以降を見てください）。アンケートの中で，「学生が書く卒論テーマについて何か制限を設けていますか」という質問をしました。この点について，大学の先生たちの答えは，実にさまざまです。「メディア関連でも自分の専門分野に近いものにさせている」とあらかじめテーマの範囲かなりしぼって卒論を書かせる先生から，「卒論テーマに特に制限は設けていない」と学生の自由にまかせる先生もいました。

卒論テーマの範囲の違いは，先生の教育観を反映している場合があります。

「自分の専門分野に近いものにさせている」という先生は，自分の専門分野についてのより深い知識を学生に伝えることが教育的使命だと考えているのかもしれません。また，ゼミの最初から文献購読や共同研究で積み上げて来た知識の延長上で，卒論テーマを決めてほしいと思っている先生もいるでしょう。一方，あまり学生の選択範囲をせばめると，テーマを決めにくくなるのではと配慮して，「卒論テーマに特に制限は設けない」先生もいます。

それからみなさんが所属している学部や学科の状況によっても，卒論テーマに関する先生の判断に違いが出ます。メディアの専門学部・学科でメディア関係のゼミがたくさんある場合には，卒論テーマをかなりしぼってもいいと先生は思うかもしれません。なぜなら，所属するゼミを選ぶときに，すでに先生の専門領域を1つの基準にしているからです。反対にメディアの専門ゼミが少ない環境では，できるだけ学生の広い関心をすくい上げなければならない，と先生は考えているかもしれません。

さきほど，ゼミの先生が想定する卒論テーマの範囲は先生の「教育観」を反映していると言いましたが，正直言うと私の場合，教員としての「能力（キャパシティー）」の限界を反映していると言うことができます。ゼミ生が「ストア学派の倫理感をテーマにしたい」と発表したら，内心焦りながら「いやあ，ここはメディア論のゼミだからねえ。それに君は古代ギリシャ語読めるの」などと言ってテーマを変えさせようとするでしょう。ストア学派やリーマン予想をテーマ設定した学生に対して，私は卒論完成まで指導する自信がありません。メディアの分野のテーマでも，アンケート調査の結果を多変量解析して，小学生のテレビ視聴時間と学力の関係を検証したいと言い出したら，第Ⅱ部第3章を書いている金先生に研究方法を聞いてきなさいと言うかもしれません。

いずれにしても，自分がやりたいテーマで卒論を書くことを先生が認めてくれない。発表しても否定的なコメントしか言われない。自分が思ったよりも，卒論の評価点が低かったなどは，指導教員とゼミ生のコミュニケーション不足が原因であることが多いようです。

「浦沢直樹作品における『歴史観』と『未来観』」というAさんが設定したテーマは，Fゼミがマンガ研究を専門にするゼミであったり，ポピュラー・カルチャーを広くカヴァーするゼミでしたら，先生からそのテーマで書くことを認

められるでしょう。でも，Fゼミがニュース報道などのジャーナリズムをテーマにするゼミだったら，あるいは許容されないかもしれません。

　卒論が単位を取るためのものであるなら，第一の読者として想定しなければいけないのはゼミの先生です。ゼミでの卒論報告のやり取りを通じて，指導教員が卒論に何を求めているかを把握し，さらには自分の書きたいテーマを指導教員に理解してもらうことが重要です。どちらかの（多くの場合学生の）歩み寄りが必要でしょう。先輩や同学年の他のゼミ生への卒論指導の様子を見て，「先生が卒論に何を求めているか」について情報収集を怠らないようにしましょう。

4時間目　「知ってるつもり」から抜け出そう

　私は，1時間目に「論文テーマの選択はとりあえず自己中心的でいい」と言いました。でも，「とりあえず」にしてほしいんです。テーマを選んでから，資料集めや調査でがんばって，さらに苦労して文章をひねり出して論文を書き上げた。でも，卒論を書く前と自分は何も変わらなかった，としたら少し淋しくありませんか。

　今まで疑問に思っていたことに答えが見つかった。自分が詳しいと思っていた分野だったのに，調べてみたら意外な発見があった。このようなことがあれば，たいへんな卒論制作が，意味あるものとなります。戸田山和久先生は，『新版　論文の教室　レポートから卒論まで』で，論文には次の3つの要素が必要だとしています。

　　（1）　論文には問いがある。
　　論文というのは，「なぜ……なのか」，「われわれは……すべきか」，「……と……の違いは何か」，などといった明確な問いを立て，それを解決することを目指す文章だ。(中略)
　　（2）　論文には主張がある。

（5）　この本の第Ⅱ部第3章で金先生は，問題の発見を「仮説探索的アプローチ」，疑問の解決を「仮説検証的アプローチ」として解説しています。

問いがあるということは，問いに対する答えがあるということだ。だから，論文を書くために大切なのは，自分の主張を自分の責任で引き受ける勇気，つまり「何ごとかを言いきる勇気」だ。(中略)
（3）　論文には論証がある。
(中略)論文には，自分の答えを読み手に納得させるための論証が必要である。論証とは，自分の答えを論理的に支持する証拠を効果的に配列したもののことだ。(pp.38-39)

　学生のみなさんには，「自分はこの分野についてけっこう知ってるよ」という妄想（？）からは脱してほしいのです。自分が「知ってるつもり」の分野でも，「問い」を立てて「答えよう」とすると，意外に読んでいる相手（まずはゼミの先生）に納得してもらえるような根拠を見つけられないことが多いのです。ですから，卒論作成という機会が与えられなければ，とても取り組まないような自分の手足を使って集めた資料や，自分で見たり聞いたりしたこと，つまりオリジナルデータをもとにして「論証する」卒論を書いてほしいのです。

放課後　　卒論テーマがどうしても見つからなかったら——裏ワザ

　この章の最初に，卒論の論文テーマを考えるときには，自分の趣味と関係ある「自分がノッテできそうなテーマ」や就職活動の延長上で「当面就職先などで活かせそうなテーマ」などから自己中心的に発想してみたらと，提案しました。しかし，それでも卒論に広げられそうな趣味がないとか，就職活動は疲れただけでこれ以上かかわりたくないとか，「テーマがみつからない」と焦っている人がいるかもしれません。
　さきほど「問いがある」ことを論文の条件とした戸田山和久先生は，問題発見のために，基本資料を読んで次のような箇所を探し出すようにとアドバイスしています。

（ⅰ）　（メウロコ）なるほどそうだったのか！と「目から鱗」の箇所
（ⅱ）　（ハゲドウ）そうだそうだ，わしもかねがねそう思っとんたよ，と

いう「激しく同意」の箇所
（ⅲ）（ナツイカ）ん？ なんか変だな。どうしてそう言えるわけ？ という「納得いかない」箇所
（ⅳ）（ハゲバツ）なんじゃこれは，わしゃ絶対認めんけんね！ という「激しく反発」の箇所（戸田山，pp.65-66）

「メウロコ」や「ハゲドウ」と感じたテーマを自分のオリジナルデータでもう一度検証してみたり，「ナツイカ」「ハゲバツ」と思った自分の感覚を大事にして，その理由を追求してみてはどうでしょうか。また，『メディアの卒論』では，この本の6章（237ページ）で浅利先生がリストアップされている専門紙・専門誌（例えば放送だったら，NHK 放送文化研究所『放送研究と調査』）から自分の関心に近いテーマを探すこともありだと思います。もちろん丸写しではなく，参考にした論文にはないオリジナルデータをかならず加えてください。

さて，卒論テーマについて長々と話をしてきて少し疲れました（聞いているみなさんはもっと疲れたかも）。ここで授業の担当者を私より若い西田先生に交代します。オリジナリティある卒論を書くために，もっとも重要な文献収集と資料分析・現地調査についてお話ししてもらいます。私は再び論文執筆のところで登場します。では，また。

● 引用・参考文献
戸田山和久『新版　論文の教室——レポートから卒論まで』NHK 出版，2012 年。
花井等・若松篤『論文の書き方マニュアル——ステップ式リサーチ戦略のすすめ［新版］』有斐閣，2014 年。

[藤田真文]

第2章　本・資料の探し方

5時間目　文献を探す前に

　藤田先生に替わってここからしばらく私，西田が中継ぎをします。ここでは文献を探す前の注意点から，文献の探し方，文献の読み方，まとめかたについて見ていきましょう。文献を探したり，文献を読んだりという作業は，「さあ卒論を書くぞ！」と思ったときから卒論を書き終わるまで，常に付きまとうものです。「これだ」という本や資料を見つけてうまくまとめることができたら，もう卒論はできたも同然，というのは言い過ぎかもしれませんが，やっぱり卒論に関係のある文献を多く見つけて，そこから問題意識を深め，自分のアイデアを膨らませたものは，それだけ論文としての深みが出てきます。反対になんとなく手近にある文献を手に取り，それだけでなんとなくわかった気になって，自分の思い込みで書いてしまうと，大変残念な卒論ができてしまいます。それではどうやって本とうまく付き合っていくのか，考えていきましょう。

（1）　一次資料と二次資料

　一口に文献や資料といっても実際に分析対象となるような文献・資料と，そのような対象について研究・分析している文献とでは文献の集め方も取り扱い方も変わってきます。一般に実際に分析対象となるような文献・資料を一次資料といい，そのような対象について研究・分析している文献・資料を二次資料といいます（高崎編，2010，p.93，泉，2009，p.85）。二種類の違いを料理にたとえてみましょう。一次資料というのは，ニンジンやタマネギなど料理の素材

に当たります。そしてその素材を使って誰かが実際に料理したカレーライスやハンバーグが二次文献・二次資料となります。もちろん分析対象である一次資料という素材を集めることは重要ですが，それに並行して，レストランで実際に料理を味わうことも必要です。つまり先行研究である二次資料を読んでみることで，「これイカじゃなくてタコでもいけるかも（このアプローチで自分の分析対象も分析できるかも）」とか「別の味付けをした方がおいしくなりそうだな（別の分析方法の方がいい論文になるのに）」といったようなアイデアが浮かんでくるのです。

　これを読んで卒論を書こうとしている人のなかには，身近な対象への関心からテーマを発見した人も多いと思います。こうしたテーマ・関心が先にある場合，分析を行うための一次資料の収集はある程度目途がつくのかもしれません。1時間目に藤田先生が指摘されていた「土地勘」（本書6ページ）というものが，一次資料を集めるときには割と利くものです。けれども二次資料にあたる先行研究となると，途端にどのような文献を読めば良いのか，わからなくなることがあります。そこで以下では主に二次資料の収集と読解について説明しますが，一次資料として文献を収集する場合も同様な作業が必要となりますので，その場合にも参考にしてください。

（2）「参考になる本がありません！」

　ここで再びFゼミのAさんに登場してもらいましょう。「テーマ案1」（本書9ページ）に沿って浦沢直樹の作品について研究している文献を探していたAさんですが，どうも文献が見つからないようです。ときどきFゼミに顔を出しているFゼミOBで大学院生のN先輩とAさんとのやりとりを聞いてみました。

　　　Aさん「先輩！『この一冊ですべて解決！浦沢直樹大研究』的な本，知りませんか？」
　　　N先輩「そんな本あったら見てみたいよ（汗）。大学の図書館とか行ってみた？」
　　　Aさん「行ったんですけど，浦沢直樹について書いた本とか一冊もないんです。町の大きな本屋でもマンガ以外見つからなくて。もう私の知

　　　　　識とネット情報だけで書いちゃっていいですかね？」
　Ｎ先輩「それはちょっと待とうよ（汗）。もう少しちゃんと探したら？なんとなく図書館や本屋を眺めていてもお目当ての本なんて見つからないよ。」
　Ａさん「ちゃんと探しましたよ！でもこれって感じのものが本当になかったんです。」

　Ａさんのようにやりたいテーマがあっても，どんな本を読んでいいかわからない，テーマにあてはまる本が見つからないと思っている人は，結構多いのではないでしょうか。Ｎ先輩が「ちゃんと探したら」と言っていますが，文献・資料の検索の仕方がまずかったり，あっても入手できないとあきらめたりして，せっかくある文献・資料に辿りついていないこともよくあります。まずは「**6時間目　文献を探す・集める**」の解説をよく読んで，自分の検索法・入手法に問題はないか，チェックしてみましょう。

　それとＡさんが最後に言っていた「ちゃんと探したのに，どれもピンとこなかった」ということ，これも結構あります。けれどはたからみればテーマと関係がありそうな文献や資料が，本人にはどれもテーマと関係がなさそうだと思ってしまっている場合もあります。確かに浦沢直樹やその作品について分析した論文は，『源氏物語』であるとか，夏目漱石の『こころ』のような作品について分析した論文に比べれば少ないかもしれません。[1]

（３）「ほうれん草」似の野菜を料理するには？

　Ａさんに視野を広げてもらおうとしたＮ先輩は，料理を例にアドバイスをしました。

　Ｎ先輩「たとえばＡさんが今まで見たことがない野菜を貰ったとするでしょ？見たことのない野菜で，レシピ本やインターネットを調べても

（1）　Ａさんは見つけられなかったようですが，浦沢直樹の『MONSTER』や『20世紀少年』について論じたものもないわけではありません。試しに「**6時間目　文献を探す・集める**」の検索方法を使って探してみてください。

　　　　その野菜をつかった料理の作り方はわからない。Ａさんならどうする？」
　Ａさん「先輩，私，料理しないんで料理の話とかされても……」
　Ｎ先輩「あ〜，たとえがまずかったかな……。でもさ，とりあえず手持ちの知識とか別の料理のレシピ見たりしてなんとかしようとするでしょ？　見た目がほうれん草に似ているからとりあえずおひたしにでもしようかなとか。」
　Ａさん「はあ〜」

　残念ながらＮ先輩のたとえはＡさんにはわかりにくかったようですが，Ｎ先輩が言いたいことは私にはわかります。確かに浦沢直樹やその作品について書いてある文献はあまりないかもしれません。けれど手塚治虫やその作品について書いてある本なら結構ありそうですし，『鉄腕アトム』を通して描かれた未来社会について検討したものもあるかもしれません。少なくとも「マンガ」全般と，その作品について語っている文献はいくらかあるでしょうから，こうしたマンガを対象としたアプローチの仕方にどのようなものが考えられるのか，実際にどのような形で「マンガ」についてアプローチがされているのかは，浦沢作品について研究する前に知っておくと参考になります。
　視点を広げて文学作品の研究を見てみるという手もあります。夏目漱石が『倫敦塔』で当時のイギリスをどう描いたのかについての分析なら，浦沢直樹が『MONSTER』で90年代のドイツをどう描いたのかを分析する参考になるかもしれませんし，『こころ』で描かれた明治末期の時代性に関する分析も，『20世紀少年』での「世紀末」の描かれ方を分析する際に役に立つかもしれません。
　このように対象とするメディアが違っていても，同じようなアプローチや問題意識から分析を行っているものがあれば，そういった文献もきっと参考になるでしょう。そもそも自分が疑問に思っていたことに，納得する答えをそのまま出してくれている本があるのなら，新しく論文なんて書く必要はないのです。また 2時間目 に「論文テーマはできるだけミクロにくだいたほうがいい」とありましたが，テーマをミクロにしたからといって，読む文献まで必ずしも

ミクロに絞る必要はないのです。たとえ対象やアプローチの仕方が違っていても,自分が疑問に思っていることについてヒントを与えてくれるような文献を見つけるために,とりあえずは広い視野を持って文献を集めるように心がけましょう。

(4) 辞書・事典・入門書を侮るなかれ

自分がどんな文献を読めばいいのかを知るためのファースト・ステップは,辞書や事典を引くことです。大学生の最初の頃は辞書や事典を引いていた皆さんも,最近はご無沙汰,もしくはウィキペディアを眺めて終了,なんてことになっていないでしょうか。自分が卒論を書きたいテーマに関連するキーワードの意味や,類似する言葉を知らずに文献を探すと,似通った言葉を用いて研究している文献を見落とすことになりかねません。まずは言葉の意味と類似する語について確認しましょう。

次にその言葉が研究上どのような意味を持つのか,どのような歴史があるのかなど,事典を使って調べてみましょう。事典にはその項目の概要だけでなく,関連語句の説明や,参照すべき基礎的な文献も載っていることがありますので,事典で書かれた文献から当たってみることもできます。事典と言えば先ほど触れたウィキペディアです。確かに便利で色々な情報が載っていますので,見ておいて損はありません。私もよく見ています。ただ第Ⅱ部4章で是永先生がおっしゃっているように,ウィキペディアは確かな情報なのか誰かが保証しているわけではありませんので,参考程度にしておいた方が無難です。ウィキペディアで出典のしっかりしている有益な情報を得られたら,なるべくその出典の方に当たってみましょう。[2]

基礎的知識を固め,そこから文献を広げていく入口として,入門書も有効です。入門書には,多くの場合それぞれの研究分野でどのような研究がされてい

---

(2) オンライン上の事典はウィキペディアだけではありません。ブリタニカ百科事典のオンライン版や,小学館系の会社が運営する各種事典・辞典を横断的に検索できるデータベースのジャパンナレッジ(JapanKnowledge)など,信頼性のあるオンライン事典はいくつかあります。基本的には有料ですが,大学図書館や公共図書館でこうしたサービスに入っているところは多くあるので,利用してみてください。

るのか，概説的に，かつ網羅的に書かれています。そのため，自分が卒論で取り上げようとしているメディアについて，どのような研究がされているのか，よくわからない場合には必読です。「えー，いまさら入門書ですか？」というそこのあなた。あなたは専門とする社会学や文学や経済学の知識はきっと十分にあるのでしょう（！？）。けれど「マンガ」や「テレビ」「インターネット」など特定のメディアやジャンルを対象とした場合，どんな研究やアプローチがあるのか，本当に知っていますか？自分が何を知っていて何を知らないのか，そうした体系的な知識を得るためにも「いまさら入門書なんて」と思わず，書店や図書館にある入門書を数冊手に取ってみてください。入門書にはよく代表的な研究者や研究論文が書いてありますので，この分野の研究をするにはどのような本や論文を読めばいいのか，わかってきます。さらに章末や巻末にブックガイドがついている場合もあって，論文収集の第一弾として最適です。

（5） 文献リストをつくろう

文献を探すときに作っておくとのちのち便利なのが文献リストです。読んでおきたい本や論文について実際に手に入れる前にリスト化しておくと，まず図書館や書店で効率よく文献を探すことができますし，論文でその文献を使う際に文献一覧を作るのにも役に立ちます（泉，2009）。

リストは手書きよりもワードなどに入力しておいたほうがよいでしょう。高崎みどり先生などは管理のためにエクセルに入力することをすすめています（高崎編，2010，p.16）。

入力するのはそのあとに文献を手に入れるのに必要な情報です。この時点では文献を見ていないのでとりあえずわかる範囲でつくりましょう。最低限必要の情報として次のことはメモしておきたいところです。

---

(3) マンガを対象とした入門書なら，夏目房之助先生と竹内オサム先生が編集した『マンガ学入門』(2009) という本があります。この本では「マンガの歴史」や「マンガ学の領域」，「マンガ学のアプローチ」といった形でマンガをどのような対象として，どのような視点から分析されているのか，幅広く解説しています。

(4) 文献の情報について論文に書くときの書き方については **14時間目** に藤田先生が解説されていますので，くわしくはそちらを見てください。

①著者名（フルネーム。洋書や訳書などは分かる範囲で。ふりがなをつけておくと後で並べやすい。）
　②書名（サブタイトルも。編著や雑誌論文の場合は論文名と書名・雑誌名なども）
　③出版社名
　④出版年
　⑤その他（翻訳の場合は翻訳者名，文庫や新書なら文庫名，新書名とその番号など。インターネットの場合はURLも）
　⑥概要（何について書いた本か，どの章や節が使えそうか，キーワードなど）

　編著の場合や雑誌論文の場合，洋書の場合，インターネットから読むことのできるものの場合など，必要な情報は文献によってそれぞれ違ってきます。手に入れたい文献・資料にたどり着ける基本的な情報は何かを考えながら，まずは自己流の文献リストを作っていきましょう。
　また文献を手に入れる前の段階で重要なのが，その文献がどこで手に入るかに関する情報です。たとえば図書館で手に入るなら図書館の名前や，図書番号などを「⑤その他」のところに記入しておくとよいでしょう。本屋なら書店名（Amazonのようなネット書店も含みます）や支店名，大きなところなら何階の何のコーナーにあるのかもわかれば書いておいたほうがよいでしょう。
　文献リストを作る時は，その文献がどの点で自分のテーマに近い，参考になるものなのか，考えながら文献をピックアップしてください。特にどんな文献なのか目で見ていない段階では一点でも参考になりそうなところがあれば，とりあえずリストには入れておいて，実際に目にしてから必要なのかどうかを判断するようにしましょう。「⑥概要」はこうした判断の手助けにもなりますので，わかる範囲でメモをしておきましょう。
　リストは常に新しくする必要があります。手にしてみて読む必要がなさそうなものはリストから削ってもよいかもしれません。また文献リストをつくる前に，インターネットなどから関連のありそうな文献をピックアップした，簡単なブックリストをまず作り，それをもとに文献を入手してもよいでしょう。
　ただしこうしたリストが複雑になりすぎて作成を挫折してしまっては意味が

ないし，リストを作っただけで満足しても先に進めません。自分にできる範囲でリストを作ることを心がけましょう。

6時間目　文献を探す・集める

それでは文献を探して文献リストの中身を埋めていきましょう。

文献を探すには大きく分けて4つの方法があります。4つの方法はどれかを選ぶというよりも，それぞれの方法を組み合わせて文献を探すということになるでしょう。

（1）　芋づる式に探す

文献を探すときの定番となっているのがこのやり方です。皆さんがこうしてたくさんの文献を探しているのと同じように，皆さんが探している文献を書いている人もさまざまな文献を参考にしています。書いている人が参考・引用した文献は，多くの場合その文献の終わりに「参考文献」という形で一覧となっています。少なくとも文中か注には参照した文献の情報が載っていますので，こうした文献情報から自分が読み進めたいと思う文献をどんどんピックアップしていきましょう。さらにピックアップした文献を読んで新たに文献をピックアップする，という作業を繰り返すことで「芋づる式」に文献が集まってきます。つまりインターネットでリンクをたどるのと同じような作業をするわけです。

この芋づる式で文献を集めるメリットは，まず読んでいる文献に書いてある内容や引用されていることをもとに文献を集めるので，ある程度どのようなことが書いてあるのか，当たりを付けながら手早く系統立てて文献が集められることです。それとピックアップしていくといろいろな文献の中に何度も登場する文献があり，それがその分野での基本文献だということもわかります。

芋づる式のデメリットは最初にどんな本から始めるかでどのような本が集まるのか，ある程度決まってしまうので，ファースト・チョイスに失敗すると，はじめに思っていたような文献が集まってこないということがあります。たとえばマンガについて研究するといっても，マンガが描く社会的な状況や読者な

どを研究したい人が,「マンガの書き方」という意味での入門書を手にしてしまえば,自分の知りたいことについて書いてある研究書にたどり着くのはなかなか遠い道のりになるかもしれません。

芋づる式のもう1つのデメリットは,選択した文献よりも新しい文献にたどり着くことができないということです。たとえば図書館で1994年に出版されたマンガに関する本を借りてきたとすると,芋づる式ではそれ以前の文献しかピックアップすることができません。

自分が研究したい分野の,全体的な傾向を知るために芋づる式に文献を集めるのであれば, **5時間目** でも説明した通り,ここ数年で出版された入門書を何冊か手に取ることをおすすめします。

(2) インターネットで検索する

多くの図書館や書店の書籍に関する情報がインターネットから知ることができる現在,本や資料を探し・集めるのにインターネットは欠かせないツールとなっています。キーワードを入力して文献を探すことで,芋づる式では出てこなかった文献をピックアップできます。ただしインターネットで調べたからといって,知りたいことが載っている文献にすぐに出会えるほど世の中甘いものではありません。ここではAさんの「テーマ案2」の「ボーイズラブ読者の恋愛観」について文献検索した場合について実際にみていきましょう。Aさんのテーマには「ボーイズラブ」「読者」「恋愛観」という3つのキーワードが含まれていますので,この3つのキーワードに関連する文献を探していきます。[5]

① 「国立国会図書館サーチ」から始めてみる

図書や雑誌論文など,様々な文献・資料を集める第一歩として,国立国会図書館の「国立国会図書館サーチ」（http://iss.ndl.go.jp/）を使ってみましょう。国立国会図書館は日本国内のあらゆる出版物を収集するようにしていますので,国会図書館にない本はないといっても過言ではありません。「国立国会図書館

---

(5) なお,以下で取り上げるサイトでの詳しい検索方法などは,小笠原喜康先生の本（2003）や,高崎みどり先生の編著（2010）,市古みどり先生の編著（2014）などを参照してください。

サーチ」は，国会図書館に所蔵された資料を探すことができるだけでなく，なんと全国の公共図書館や公文書館，学術研究機関の持つ資料の情報ともリンクして探し出すことができます。しかも探すことができるのは，図書だけでなく，雑誌記事や論文，先述のジャパンナレッジの事典，はては博士論文まであり，さらにデジタル資料やCD・DVDといった視聴覚資料なども簡単に見つけることができるのです。自分の入力したキーワードを用いている文献・資料がどのくらいあるのか，どのような研究がされているのか，その輪郭を俯瞰できます。また「関連キーワード」や「連想キーワード」もついていて，キーワードに類似する言葉もすぐに調べることができます。それぞれの文献の詳細情報を開くと，都道府県立等の公共図書館での所蔵情報や，後述の「Webcat Plus」や書店のウェブサイト，書評サイトへのリンクなどもあり，自分の大学図書館や地元の公共図書館などを「よく利用する図書館」として登録しておくことまでできます。

　「国立国会図書館サーチ」では検索結果を記事・論文に絞り込むこともできます。卒論を書くとき，本を何冊か読んで満足する人は結構多いのですが，文献として忘れてはいけないのは，ここで出ているような雑誌などに掲載される記事や論文です。雑誌といっても，先行研究となる学術論文はよく本屋で見かけるようなものより，それぞれの専門の学会が発行している学会誌や，大学で発行している研究紀要と呼ばれるものの方が，論文は多く載っています。雑誌はそれぞれの研究領域で新しい潮流として注目されているものや，重要なテー

（6）　なお，国立国会図書館の所蔵している資料だけを検索するのであれば，「NDL-OPAC」（http://opac.ndl.go.jp/）もあります。

（7）　学会誌の投稿論文は基本的にはきちんとした審査（査読といいます）を経て掲載されていますので，論文の質はそれなりに保証されています。マンガの研究であれば，日本マンガ学会の学会誌『マンガ研究』があります。ちなみに日本マンガ学会のホームページ（http://www.jsscc.net/）では，マンガ関連書籍やマンガ雑誌の内容に関するデータベースがあり，いろいろと参考になります。

　これに対し研究紀要は必ずしも査読を経て掲載されているわけではないので，中身は玉石混交です。その分紙幅の都合など様々な理由で，学会誌には掲載されにくい，萌芽的な研究や最新の調査結果も含まれています。気になる論文には目を通しておきましょう。

第Ⅰ部　卒論を書くためのプロセス

図Ⅰ-2-1　国立国会図書館サーチの「ボーイズラブ」の検索結果

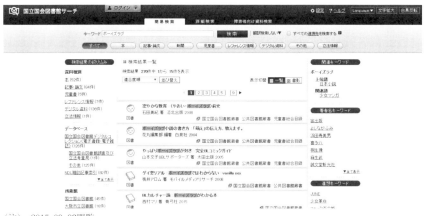

（注）　2015.09.03閲覧。

マと思われているものが特集として組まれやすく，ほかの論文も最新の研究成果として掲載されています。また研究論文は領域によっては単行本になりにくいものもあって必ずしも本になるわけではなく，本という形になっても何年か経ってからということもよくあります。先にもいいましたが，新しい流行現象がテーマとなる場合，それを研究した本というのはそれほど多くなかったりします。こうした新しい流行現象について，書籍より早い段階で研究成果として現れやすいのは，雑誌のほうであることがよくあります。

　早速Aさんはまず簡易検索で「ボーイズラブ」で検索してみました。すると270件の検索結果がヒットしました（図Ⅰ-2-1）。適合度順で並んでいるのをみると先頭にある石田美紀『密やかな教育ー＜やおい・ボーイズラブ＞前史』（2008）や，西村マリ『BLカルチャー論――ボーイズラブがわかる本』（2015）あたりは参考になりそうです。『密やかな教育』に関して詳細を見ていくと，「Webcat Plus」やAmazonにリンクが貼られていて，その概要がわかりました。また事前に登録した図書館の情報から，この本が自分の大学に所蔵されていて，借りることができることと，その請求番号も知ることができました。

　次に記事・論文のみに絞り込みをすると，該当するものが84件ありました。詳しく見てみると2007年と2012年に『ユリイカ』（青土社）で，2014年には『美術手帳』（美術出版社）でもボーイズラブに関する特集が組まれているのが

わかりました。このあたりは少なくとも手に取ってみる必要がありそうです。また検索結果を辿っていくと，先ほど見つけた『密やかな教育』や，前川直哉『男の絆——明治の学生からボーイズ・ラブまで』(2011)に書評論文があることがわかりました。こうした書評はこれらの本の概要がつかめるのに加え，どの学会誌などに掲載されているかをみることで，その本がどのような分野から評価をうけているのかもわかってきます。「やおい」「腐女子」といった関連語句や，「読者」「恋愛観」といった対象やアプローチ上参考になるキーワードの文献についても調べ，文献リストを作っていきましょう。

　ちなみに「読者」のように広く用いられる言葉は単独で調べても大量の件数が出てきてしまいます。反対に「ボーイズラブ」「読者」「恋愛観」といった形でキーワードをいくつも並べると該当するものがなくなってしまいました。これは他の検索でも同様ですが，関連語句も含め，組み合わせをいくつか試しながら根気強く文献を探していきましょう。

②「Google Scholar」で論文を探そう

　「国立国会図書館サーチ」を調べていると様々なデータベースにリンクします。それぞれのデータベースで異なる特徴を持っています。リンクした情報だけでなく，それぞれのデータベース単独で使っても得るものは多くありますので，その特徴を知っておくといいでしょう。Googleが行っている「Google Scholar」(http://scholar.google.co.jp/)という検索サービスもその一つです。「Google Scholar」の特徴は，インターネットから検索可能なさまざまなデータベースからキーワードに関連性の高い学術資料を簡単に検索できることです。書籍，論文，デジタル資料がフラットに並んでいて，また引用回数の高い論文が上位にくるので，資料としての信頼性もあり，さらにその論文を引用した論

---

(8)　「国立国会図書館サーチ」によくリンクが貼られているのが，国立情報学研究所 (NII) による論文データサービスの「CiNii（サイニィ）」(http://ci.nii.ac.jp/) です。ただし，これまで「CiNii」で行われていた科学技術論文の電子化は，2016年度以降，科学技術振興機構（JST）によるデータベースの「J-STAGE」(https://www.jstage.jst.go.jp/) に一本化され，「CiNii」は今後ユーザの発見をサポートするサービスとしてリニューアルする予定です。「J-STAGE」も今後現在のスタイルを変更する可能性がありますが，電子化された論文の入手先として，利用してみてください。

第Ⅰ部　卒論を書くためのプロセス

図Ⅰ-2-2　Google scholar の検索結果画面

(注)　2016.05.15閲覧

文へのアクセスも容易です。デジタル化された論文に簡単にアクセスできるところも魅力です。また「国立国会図書館サーチ」が苦手な外国語の文献も簡単に調べられます。

それではAさんのテーマを「Google Scholar」で調べてみましょう。「国立国会図書館サーチ」同様，キーワードを入れながら気になった雑誌について詳細を見ていきます。また，「国立国会図書館サーチ」でリストアップした論文や書籍の著者の雑誌論文を調べるというのもよいと思います。特に一般向けの書籍ではエッセイに近いものしか書いていない人でも，学術論文では卒論を書くのに参考になるようなアカデミックなスタイルで書いている場合もあります。Aさんのテーマで「ボーイズラブ」を調べると，金田淳子先生が「ボーイズラブ」に関していろいろ書いていましたが，「金田淳子」と名前で検索をかけなおすと，『女性学』という学術雑誌に読者論を書いていることがわかりました（金田，2001）。

他にも岡部大介「腐女子のアイデンティティ・ゲーム―アイデンティティの可視/不可視をめぐって」（2008）という論文が『認知科学』という学会誌に掲載されていて，この論文について，少なくとも3つの論文で引用していることもわかります（図Ⅰ-2-2）。

ちなみに「Google Scholar」では雑誌によりリンク先でPDFとしてそのま

まウェブ上で読むことができるものがあります。こうしたものについては印刷するなり、ダウンロードするなりしてありがたくもらっておきましょう。さきほどの岡部論文もPDFで読むことができ、Aさんのテーマでは重要な先行研究だということもわかってきます。

　雑誌の論文をメモするときには検索結果からリンクをしっかりたどり、その雑誌の名前、発行年、雑誌を発行している会社・団体などのほかに、巻数や号数、掲載ページなどを書いておきましょう。この点、「Google Scholar」では図Ⅰ-2-2の四角で囲った「引用」のところをクリックすると、書誌情報が表示され、「RefWorks」などの文献管理システムへの書き出しもできます。書誌情報を各論文のPDFで見られる場合は、そのURLと閲覧日も記録しておくと、後で文献情報を書くときにそのまま利用できます。

③「Webcat Plus」の「連想検索」を使う
　「国立国会図書館サーチ」でリンクされているデータベースはほかにもあります。国立情報学研究所（NII）が制作した「Webcat Plus」（http://webcatplus.nii.ac.jp/）もその一つです。「Webcat Plus」では全国の大学図書館や国立国会図書館の所蔵目録などから、本に関する様々な情報を取り出し、本・作品・人物の軸で整理した形で提供しています。「Webcat Plus」で特徴的な検索手法が「連想検索」です。「連想検索」は膨大な書籍情報について、その内容や目次から検索ができ、しかも複数の言葉を合わせて入力することで、データのなかから関連性の高いものから順番に並べてくれます。ある程度の長文を入力することもできるので、例えばキーワードについて事典に書かれた文章を入力し、そこから関連のあるものを調べるといったこともできます。また「書棚」機能もついているので、気になる本をいったん書棚にいれれば、そこからさらに関連のある本を検索できます。

　Aさんは「Webcat Plus」の連想検索に「ボーイズラブ」「読者」「恋愛観」と入力してみました。すると「ボーイズラブ小説の書き方」とかボーイズラブを題材にした小説などが上位にきました。ここで「このサイトあまり参考にならないや」とあきらめないで下さい。そういえばN先輩が「Webcat Plus」の連想検索は長文から連想することが得意だと言っていました。試しにウィキペ

第Ⅰ部　卒論を書くためのプロセス

図Ⅰ-2-3　Webcat Plusの検索結果（上）と書籍情報（下）

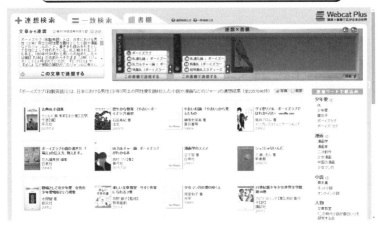

（注）　2015.09.16閲覧。

ディアの「ボーイズラブ」に関する概要の箇所をコピーして連想検索にかけてみました。すると小説だけでなく、それを解説、研究した本もたくさん出てきました（図Ⅰ-2-3（上））。これまで見つけられなかった本を探すと、杉浦由美子さんが『オタク女子研究-腐女子思想大系』（2006）という本を書いていて、恋愛についても触れていることも詳細情報からわかりました（図Ⅰ-2-3（下））。さらに詳細情報にある「この本と繋がる本を検索」というのをクリックすると、連想検索の画面が変化してこの本から連想された結果になります。

2 本・資料の探し方

図Ⅰ-2-4　Amazon.co.jpの「101人の腐女子とイケメン王子〜腐女子〈恋愛観〉研究であげられている関連書籍

（注）　2015.09.16閲覧。

それをみると、杉浦さんが『101人の腐女子とイケメン王子-腐女子「恋愛観」研究』（2009）でも「ボーイズラブ読者の恋愛観」についていろいろ書いていそうだということがわかりました。

③ Amazonや大型書店のウェブサイトを見る

ここまで「Webcat Plus」から文献を探していったわけですが、「Webcat Plus」で検索される文献は、その多くは全国の図書館にあるものです。図書館の本は借りることができても買うことはできませんので、その本を買いたいと思ったときは書店で購入することになります。また図書館は必ずしも出版されたばかりの書籍がおいてあるとは限りませんので、最新の出版物の情報はAmazon（http://www.amazon.co.jp）や、ジュンク堂（http://www.junkudo.co.jp/）などの大型書店のウェブサイトを使って探してみましょう。

特にAmazonでは調べた書籍に関する読者のレビューを見ることができるので、その本が評判の高いものなのか、批判されているものなのか、知ることができます（泉，2009）。またAmazonは「この商品を買った人はこんな商品も買っています」と読者の購入傾向から関連性のある文献が取り上げられるので、キーワードという形では引っかかってこなかった文献を見つけられるとい

うのも便利なところです（図Ⅰ-2-4）。

（3） 図書館に行く

　インターネットを活用するなどしてある程度文献リストが充実したら文献を入手しましょう。図書館や書店に行って現物をみることで，それが必要かどうか判断しながら借りたり，購入したりします。

　まずは自分の通っている大学の図書館を利用することをおすすめします。図書館に行く前に自分の文献リストにある文献が，大学図書館にあるのか，あるとしたらどこにあるのかを調べておくと，図書館ですぐに文献を探すことができるので便利です。多くの図書館で自館にある図書を探すのに使われているのがOPACです。OPACとはオンライン上の蔵書目録のことで，その図書館にどのような蔵書があるのか，パソコン上で調べることができます。OPACで文献リストにある書籍や雑誌があるかを調べたら，請求記号や配置場所も忘れずにメモしておきましょう。[9] メモをした文献リストを手に図書館で文献を探します。文献を探すときにはお目当てのものを見つけるだけでなく，その文献がある棚にどういったものがあるのか，しっかりみておきましょう。図書館では分野ごとに図書が分類されていますので，自分の探している本と関連のあるものがその本の周辺に置いてあります。キーワードなどの検索では引っかかってこなかったけど，結構重要な本も近くに置いてあるかもしれませんので，背表紙などをみて気になったものを手に取ってみてください。

　こうして集めた文献はなるべく借りておきたいものですが，図書館で借りることができる本の冊数や，貸し出しの期間には制限があります。そのため場合によってはその場で借りる本と借りない本を選ぶことも必要になるでしょう。まず実際に手にして卒論のテーマとかけ離れたものだった場合は，文献リストにバツ印などをつけてとりあえず戻しておきましょう。文献リストにどんな内容だったのか，一言書いておくと，あとで本を借りるときの参考になります。また雑誌の論文や，本の論文集の一部だけを利用したい場合，その部分をコピーに取るなどして返却するのも手です。文献の一部をコピーするときには，本文だけでなく本や雑誌の表紙や奥付（最後の方のページにあるその本に関する情報が書いてある箇所）などもコピーしておくと，後になって何をコピーしたの

かわからなくなる，ということがなくなります。

　文献がうまく集まらないときや，読みたい本が図書館にないときは，図書館の職員の人に相談してみましょう。図書館の職員の人も忙しくなければいろいろ教えてくれますので，遠慮せずに「こういったテーマで卒論を書こうと思っているのですが，それに関連するコーナーはどこにありますか」などと聞いてください。大学図書館や大きめの公共図書館では「レファレンスコーナー」などに自分のテーマに関連する本がどこにあるのか，どうやって検索できるのか，相談に乗ってくれる人がいることがあります。このような人たちは「文献探しのプロ」ですので，気軽に相談しましょう。また自分が欲しいと思っている文献がその図書館になくても取り寄せてくれたり，複写してもらえることもありますので，「この図書館にはないようなのですが，この文献を取り寄せてもらえませんか？」などと要望を伝えてください。

（4）　書店に行く

　図書館で文献を集めたら，図書館にはない新しいものや重要なものは書店で購入しましょう。中には本を買わないで全て図書館で借りたりコピーをしたりで済ませてしまおうという人もいますが，せっかく大学生活の集大成として卒論を書くわけですから，必要なものはなるべく買うようにしましょう。むしろ必要な本や資料は基本的には買って，購入できないものを図書館で借りたりコピーをしたりする，というつもりでいてください。お金にしても古本を購入するなど工夫をすれば，多少なりとも抑えられるでしょう。

　書店はなるべくなら多くの書籍を販売している大型書店をおすすめします。書店でも図書館同様に購入を予定している本以外に，周辺の棚にあるものなどもチェックをして，気になるものがあれば手に取ってみてください。書店が図書館と違うのは，新しい本が取り揃えてあり，その分野の流行がある程度わか

（9）　また多くの図書館のホームページでは新聞のデータベースをはじめ資料収集に役立つものが用意されています。中には館内のみで利用できるものもありますので，図書館に行った際にはそのホームページを開いてみることをおすすめします。新聞のデータベースについては第Ⅱ部第2章で烏谷先生が詳しく解説してくれていますので，そちらをよく読んでください。

ることです。特に平積みしている新刊の図書はまさに最新のものですので，これまで調べてきた文献に近い内容のものや，リストアップした文献の著者による新刊がでていないかチェックしましょう。また書店に入っていないものでどうしても手に入れたいものがあれば，書店の人に相談して注文をしましょう。大学に購買があればそこの書籍担当の人に相談してもいいでしょう。

「近くに本屋がないんです」という人は，先ほど紹介した Amazon などのネットショップを積極的に利用しましょう。非常に多くの種類の本が取り扱われていて，日本の書店にはあまりないような洋書も入手できるので大変便利です。また最近は kindle など電子書籍での販売も増えてきています。紙媒体ではない書籍の購入も，選択肢として考えておきましょう。

（5） 卒論を指導する先生に教えてもらう・先輩の論文を読む

一般的に考えて卒論を指導してくれる先生は，専門領域に関して豊富な知識を持っていますので，その領域に関する文献の知識も豊富です。そのため，あるテーマを設定した中でどのような文献を読むべきなのか，あるいは読む必要がないのか，重要なアドバイスをしてもらえるでしょう。

ただし，**3時間目**に藤田先生も指摘されていたように，指導してもらう先生が皆さんの卒論のテーマについて必ずしも詳しくない場合もあります。指導してもらう先生は，それぞれ独自の観点から文献を教えてくれるでしょうが，少なくとも教えてくれた文献だけでは卒論は書けないものと考えてください。むしろテーマを深めるきっかけとなる，芋づるの根本となる文献を聞いたり，集めてきた文献の良し悪しにお墨付きをもらうときに先生のアドバイスが有効になるのではないでしょうか。

また卒論を指導する先生には「参考になる文献はありませんか？」だけでなく，「自分と似たようなテーマの卒論は，これまでありましたか？」と尋ねてみることをおすすめします。もし似たようなテーマの卒論を書いた先輩がいれば，その先輩も皆さんと同じようにテーマについて考えて文献を集めていることでしょう（そのように期待しておきましょう）。可能であれば先生にその卒論を見せてもらい，先輩がどのような文献を参考にしていたのかをチェックすると，見落としていた文献が見つかるかもしれませんし，先輩の卒論自体参考に

なるのではないでしょうか。「先輩の卒論では頼りない」という志の高い人は，もう少し上の先輩になる大学院の修士論文を探してみるのもいいでしょう。修士論文ではその分野で先行する研究を，しっかり押さえたうえで論文を執筆することが求められますから，同じような関心のもとで作られた修士論文であれば卒論よりも参考になると思います。論文の書き方のお手本としてもきっと参考になることでしょう。卒論を指導する先生の手元に修士論文がない場合，大学の図書館においてあるか図書館の人に聞いてみてください。

（6） 文献を整理する

　何をどこに置いたのかわからないと，いざというとき引用しようと思っていた文献がなくて困るという事態になりかねません。特にコピーをした文献の一部や雑誌論文は，行方不明になりやすく，もう一度コピーが必要になるような二度手間，三度手間になりかねません。

　文献は自分の本棚の決まった位置に置くように工夫しましょう。文献の優先順位や読む順番や内容によってグループ分けをしておくとよいでしょう。グループ名を書いた段ボール箱にまとめて入れておく，というのもひとつの手でしょう。

　雑誌などからコピーしたものも同様です。一目でなんの論文なのかわかるように，たとえば表紙をつけてそこにタイトルと著者名などを書いておくのもよいでしょう。おすすめはスキャナーを使ってPDF化しておくことです。ファイル名を「著者名 出版年」などとして，文献リストに対応させる形でリスト化してUSBメモリーなどに保存しておけば，簡単に検索で読みたい文献にたどり着けるし，どこに置いたかで困ることはなくなります。最近はスキャンスナップのように複数枚のプリントを連続でスキャンしてくれるスキャナが売っています。またコピー機能やスキャナー機能の付いた複合型プリンターも比較的安い値段で売っていますので，もしお金に余裕があれば考えてみて下さい。

---

(10) 第Ⅱ部第5章で小泉先生がおっしゃっているように，ベテランの先生であればあるほど卒論も多くの蓄積がありますので，こうした蓄積を可能な限り積極的に利用しましょう。

7時間目　文献を読んでまとめる

　ここまで沢山の文献を集めてきたと思います。中には集めただけで満足してしまう人もいるかもしれませんが本番はこれからです。せっかく集めてきたのですから，それを読んで卒論のために使えるようにしなければなりません。どうしたら使えるようになるのか，本の読み方について考えてみましょう。[11]

（1）　本は結論から読んでみる

　本屋や図書館で集めてきた本や論文を読み始めたAさんですが，なかなか読み進められないようです。

　　N先輩「どれくらい読んだの？」
　　Aさん「まだ1冊です（悲）。マンガだったらもっと早く読めるんですけど」
　　N先輩「そりゃそうだよ。でも手当たり次第前から読むんじゃなくて読むための戦略を立てないと。まず何を読むか，どの部分を読むかって考えていかなきゃ」
　　Aさん「え？どの部分って，全部読まないんですか？それってずるくないですか？」

　Aさんのように「本を読む」というと，全ての本について前から順番に読まなければいけないと考える人がいます。けれども全ての本で最初から最後まできちんと内容を理解しながら，メモを取りながら読んでいては，速読法でも身に付いていない限り年間で数冊しか読めないでしょう。花井先生と若松先生は「文献は前から順々に読まなければならない，全部読まなければならないというのは偏見である」とおっしゃっています（花井・若松，1997 p.37）。卒論執

（11）　本の読み方・読書術についてはさまざまな本が出ています。古典的な本としてM.J. アドラー・C.V.ドーレン（1997）を，最近の本なら佐藤（2012）をあげておきたいと思います。

筆に許された時間を有効に使うために，その文献に何が書いてあるのか，まず概要だけがわかる程度に読み，その本が自分の卒論の中でどの程度必要なのか，目処を付ける作業を行う必要があります。

　本の概要を理解するには手っ取り早く概要がわかる箇所に目を通せばよいのです。たとえば文献であれば「目次」や「はじめに」あるいは「おわりに」が情報を得るためのガイドとなるでしょう。雑誌などの論文であれば，要約がついているものもよくありますし，それぞれの章や節のタイトル，そして論文の冒頭の節や結論部なども参考になります。訳書であれば終わりに「訳者解説」がついていて，訳者がその本の概要を説明してくれていることがよくあります。こうした情報を 20 字程度でかまいませんので簡単に文献リストにメモしておきましょう。特に自分の卒論構想に関連してどの部分に使えそうなのかがわかるようにしておくとよいでしょう。

　また文献リスト・ブックリストに，その本の必要度に関するランク付けをしておくと，後でどの本から手を付ければいいのかわかって便利です。たとえば，(A)今一通り読む必要のある重要な文献（基本書と呼べるようなもの），(B)今一部読むべき重要な章・説のある文献，(C)少なくとも今は読む必要のない文献，(D)おそらく今後読む必要がなさそうな文献，といった形でリストの最後にわかるように数字を入れておくのです。こうしたランク付けをもとに本を分類しておき，ランクの高い文献を取り出しやすい場所に置いておくというのもよいでしょう。

（2）　文献をまとめる，メモをとる

　ある程度読む優先順位を決めたところで実際に読み進めていきましょう。本を読むときには漫然と読むのではなく，「この本を今読むことで何を知りたいのか？」というその本を読む目的をある程度明確にしておきましょう。そうすればたとえ基本書と呼べるような一通り読む必要のある文献でも，「ここらへんは読み飛ばしていいか」とか「このあたりはメモをとりながらじっくり読もう」といったメリハリが出てきます。

①読書ノート・読書カードの作成

読んだ文献については「そこに何が書いてあったのか」「それを読むことで何がわかったのか」といった要約をノートやカードに書いていきましょう。読書に関してよく使われるのはＢ６版のカードやルーズリーフなど，後で取り外して見比べることができるものです。ワードなどを使って１つの項目ごとにファイルを作成するというやり方もできるでしょう。最初はいろいろ試しながら自分でどういう方法がいいか選んでいきましょう。(12)

　要約に関しては，それぞれの文献の重要性によってボリュームを変えましょう。本一冊に関してだいたいの概要がわかっていればいい場合から，ある章のある節のある段落に重要なことが書いてある場合まで，その卒論にとってのそれぞれの文献の重要性は違っていますので，簡単に全体を眺めながら自分の卒論にとっての重要性を決め，その必要度に応じたボリュームの要約を作成していってください。要約には簡単でもいいので自分のコメントをつけるようにしましょう。

②重要な箇所や浮かんだアイデアは必ずメモを！

　また文献を読んでいく中で，重要と思えるフレーズには付箋を貼ったり下線をひいたりして，あとでカードやノートに書き取ることもやっておきましょう。カードやノートには，どこが重要だと思ったのか，簡単にでも書いておくといいでしょう。藤田先生も引用されていた，戸田山和久先生が提案する「メウロコ（目から鱗）」「ハゲドウ（激しく同意）」「ナツイカ（納得いかない）」「ハゲパツ（激しく反発）」といった定形コメントを入れるだけでも読み方が違ってきます（戸田山，2012）。それとページ数などの基本情報も忘れずに書いておいてください。書きとっておきたい箇所が長くて面倒であれば，縮小するなどしてその個所をコピーしてカードやノートに貼り付けるというのも１つのやりかたでしょう。

　もう１つ文献を読む中で重要なのは，浮かんだアイデアや文に関する批判，評価は思いついたらすぐにメモをしておくようにするということです。本を読んでいて良いアイデアが思いついても，すぐにメモをとるなどしなければ頭に

---

(12) カードやノートの詳しい作り方は小笠原（2009）や花井・若松（1997）の本などを参考にしてみてください。

浮かんだことというのは，簡単に忘れてしまうものです。できれば後で文中に組み込むことができるようにある程度文章化しておいて，冒頭にそのアイデアのタイトルも入れておくとよいでしょう。少なくともキーワードくらいはメモしておきましょう。

●引用・参考文献──────────

アドラー，M. J.・ドーレン，C. V.（外山滋比古・槇美知子訳）『本を読む本』講談社学術文庫，1997年。

石田美紀『密やかな教育──〈やおい・ボーイズラブ〉前史』洛北出版，2008年。

泉忠司『90分でコツがわかる！論文・レポートの書き方』青春出版社，2009年。

市古みどり編『資料検索入門──レポート・論文を書くために』慶應義塾大学出版会，2014年。

小笠原喜康『インターネット完全活用編──大学生のためのレポート・論文術』講談社現代新書，2003年。

小笠原喜康『新版　大学生のためのレポート・論文術』講談社現代新書，2009年。

岡部大介「腐女子のアイデンティティ・ゲーム──アイデンティティの可視／不可視をめぐって」『認知科学』15巻4号，2008年。

金田淳子「教育の客体から参加の主体へ──1980年代の少女向け小説ジャンルにおける少女読者」『女性学』9号　日本女性学会，2001年。

佐藤優『読書の技法』東洋経済新報社，2012年。

杉浦由美子『オタク女子研究──腐女子思想大系』原書房，2006年。

杉浦由美子『101人の腐女子とイケメン王子──腐女子「恋愛観」研究』原書房，2009年。

高崎みどり編『大学生のための「論文」執筆の手引』秀和システム，2010年。

戸田山和久『新版　論文の教室──レポートから卒論まで』NHK出版，2012年。

夏目房之介・竹内オサム編『マンガ学入門』ミネルヴァ書房，2009年。

花井等・若松篤『論文の書き方マニュアル──ステップ式リサーチ戦略のすすめ』有斐閣アルマ，1997年。

［西田善行］

第3章　資料分析・現地調査

　卒論を書く上で，文献を読み進めるだけではよくわからないことは多々あります。たとえばAさんのように浦沢直樹の作品について卒論で書きたいとき，ボーイズラブの読者をテーマに卒論を書くとき，読んだ本を要約して自分の考えを述べるだけでは，あまり優秀な卒論としては評価を得ることはできないでしょうし，文献を読んだ上でもっと知りたいこともでてくるでしょう。藤田先生がおっしゃっていたように「自分の手足を使って集めた資料（アンケートの結果やインタビューも含みます）や，自分で見たり聞いたりしたこと（たとえば，ある作家のマンガを全巻分析してみるとか）をもとにして，卒論は書かれるべき」（本書5ページ）なのです。

　「そんなこと言われてもどうやって調べていいかわかりません」という人もいるでしょう。「分析や調査なんて今までやってこなかったのにどうやってやればいいの？」と思っている人は，本書第Ⅱ部のいろいろな先生方の解説をじっくりと読んでください。その前に，ここでは資料分析（内容分析，ディスコース分析，物語論的分析，統計分析など）と現地調査（質問紙調査，インタビュー調査，フィールド調査など）という形で大きく2つに分け，メディアで卒論を書く場合，どのような調べ方があるのか，またどのような調査プロセスを踏むのか，簡単に説明したいと思います。

　これらの分析や調査は必ずしも1つだけを行うのではなく，テーマによっては複数の分析・調査を組み合わせることもあるでしょう。「このテーマ＝この調査」と考えず，自分のテーマと，テーマに関する問いに答えるために，どのような分析や調査が向いているのか，検討しましょう。ただし実際に行うことのできる分析や調査には限りがあります。その調査・分析が本当にできるのか，

卒論に割くことができるお金や時間，データの収集先のことなどを考えて，調査・分析を進めていきましょう。

8時間目　資料分析をしよう

　ここでいう資料分析とは，「5時間目　文献を探す前に」で説明した一次資料を分析することを言います。おなじみの料理の例で言えば，二次資料という他の人の料理を味わって構想を深めたあと，いよいよ自分で調理に取りかかるものと言えるでしょう。
　メディアに関する卒論を書くとき，とり上げる対象の魅力を語りたいと思っている人は結構多いのではないでしょうか。これは卒論を書く初発の動機としてはとても重要です。けれどただ自分が考える作品の魅力を語るだけでは，単なる「読書感想文」になってしまい，論文とは言えません。これは料理で言えば「このトマトすごくおいしいんです」と言って新鮮なトマトを丸ごとよこすようなもので，確かにトマトはおいしいかもしれませんが，それは「料理」とは言えないのです。おいしい料理を作るために，どのような調理法があるのか，分析方法について検討しましょう。
　どんな調理法がいいのかは素材によって違ってきます。ここではいくつか例を出しながら考えてみましょう。

（1）　内容分析（「『コボちゃん』と『サザエさん』の相違点をはっきりと」）

　内容分析がどのようなものなのかは，第Ⅱ部第2章で烏谷先生から説明がありますが，端的にいえば内容分析とは「メディアの内容について体系的に，かつ再現可能な形で分析するもの」です。内容分析は日常的に触れているメディアテクストが，どのような特徴を持っているのか，客観的な指標によって広範囲に調べたいときに向いている手法といえます。例を挙げてみましょう。
　「読売新聞」に長年掲載されている『コボちゃん』（植田まさし）を読んでいると，テレビアニメの『サザエさん』と家族構成が似ていることがわかります。そういえば『サザエさん』も以前新聞の4コママンガに掲載されていました。それではこうした新聞の4コママンガに描かれている家族構成は昔から変わら

ないのでしょうか。戦後の「読売新聞」や「朝日新聞」の4コママンガを読んでみると，変わっている気がしてもどう変わったのかはっきりしません。

このように「印象としては違うような気がするけどどう違うのか，本当に違うのかはっきりさせたい」といったときに内容分析は力を発揮します。内容分析で家族それぞれの登場回数や発言回数などを数えることで，それぞれの家族の違いが数字となって現れてくるので，何がどのように違うのかをはっきりさせることができます。逆に「印象としては昔と今では違っているだろうと思っていたものが，実は大きな差がなかった」ということも内容分析でわかってくるでしょう。

（2）ディスコース分析（「マンガの性表現はどのように語られているのか」）

ディスコース分析についても烏谷先生の説明を聞いてもらえればと思いますが，とりあえずは烏谷先生がおっしゃっているように，「ものごとを意味づける人間の活動が言語の性質によって深く規定されているという考え方」に基づいて「ものごとの語り方」について分析を行うものだとしておきましょう（本書103ページ）。

ここではマンガの性表現を例に考えてみましょう。2010年に東京都の「青少年の健全な育成に関する条例」の改正に関連してマンガの性表現についてさまざまな議論が行われていました。この議論についての新聞を読んでみると規制に賛成する側と反対する側では，それぞれの「マンガの性表現」に関する語り方，とらえ方がどうも違っているように見えます。それでは「マンガの性表現」について，賛成する側と反対する側はそれぞれどのような言葉を用いて，どのようなものとして表現しているのでしょうか。

このような「ものごとの語りかた」について明らかにする分析手法がディスコース分析です。また「語る」というと新聞などの文字メディアだけが対象だと考えがちですが，マンガもテレビもさまざまな絵や映像や音楽などとともに言葉が語られます。こうした絵や映像などとともに何をどのように語っているのかというのもディスコース分析では重要な要素と言えます。あるものごとについての語り方に着目しつつ，絵や映像で何が表現されているのか考えてみるのもいいでしょう。その意味では『MONSTER』で東西冷戦がどのような情

景とともに，どのような登場人物から，どのように語られたのか，あるいは『20世紀少年』の中で70年代や世紀末の社会はどのように語られていたのかを分析するのも，ひとつのディスコース分析と言えるでしょう。

（3） 物語論的分析（ボーイズラブの特徴をストーリーの面から見たい）

物語論的分析とは，ある「語り」が一定の「筋」（ストーリー）をもっている内容のあるテクストに対して行われる質的な分析のことを言います。物語とはある登場人物（参加者・演技者）の身に，時間が経過して何かが起こったことで，ある登場人物が変化することです。たとえば（Step 1）〈桃太郎は鬼ヶ島に出かけた〉（Step 2）〈桃太郎は鬼を退治した〉（Step 3）〈桃太郎は宝物を持ち帰り幸せに暮らした〉というように，時間が経過し登場人物が変化しているものは物語と言えます。物語というのは何も小説やテレビドラマ，アニメのようなフィクションだけにあるのではなく，たとえば有名人の伝記やそのライフストーリーを語るものについても物語を読み取れますし，新聞や雑誌，テレビニュースなどである出来事を説明するとき，しばしば物語として了解可能なものがでてきます。そしてこうした物語について研究する物語論について，藤田先生は「どのような種類の物語にも適用できる，物語の一般モデルを探すこと。それが物語論の目的である」とおっしゃっています[1]（藤田, 2006, p.38）。

さて，Aさんのテーマの1つだったボーイズラブですが，恋愛物語として見た場合，どのような構造になっているのでしょうか。ボーイズラブをジャンルとして見た場合，どのような関係性や物語の展開となることが多いのでしょうか。もしかしたらこうした作品で展開されている関係性や物語の展開に，その読者の恋愛観に関するヒントが隠されているかもしれません。また物語論的な分析を行い，それを踏まえて読者に作品への評価や恋愛観に関する質問などができればより深い質問ができるのではないでしょうか。さらにその読者のライフストーリーや恋愛に関するエピソードなどを聞くことができれば，そこでもどのような構造になっているのか，物語論的に分析することができるのです。このように物語・ストーリーに着目して分析を行いたいときに物語論的な分析

（1） 物語や物語論的分析について詳しい解説は，本書が参考になります。

は効果を発揮します。

（4） 統計その他資料の分析

　皆さんの中にはテレビ番組や映画，マンガといったテクストそのものについて研究したい人だけでなく，テレビ番組やマンガを制作するメディア産業について研究したい人もいると思います。そういえばAさんの「テーマ案3」が「小学館のマンガ出版形態の現在」でした。雑誌の売り上げが落ち込み，kindleなどにより電子書籍が身近になった現在，大手出版社の小学館がどのようにマンガを出していこうとしているのか，なかなか興味深いテーマです。このような産業論的なテーマで卒論を書く場合，白書や企業データを読み解いていくことがとても重要になっていきます。産業論的なアプローチについては第Ⅱ部第6章で浅利先生がわかりやすく解説をされていますので参考にしてください。

　ほかにもたとえばあるマンガの人気について研究する場合でも，それがどれくらいの売り上げとなっているのか，関連商品を含めて企業にはどのくらいの利益をもたらしているのか，その売り上げを調べる必要があるかもしれません。また作り手について研究したい場合は，雑誌や新聞に掲載された作り手へのインタビューや，作り手に関するドキュメンタリー番組なども参照できるでしょう。メディアの受け手について研究する場合でも，統計資料などから人口の移り変わりなど，想定している対象の全体としての特徴を知ることも必要でしょう。海外の実情など自分では調べることのできないことについて統計や白書などから得られることもたくさんあります。こうしたいわゆる先行研究とは違うさまざまな資料を収集・整理することも卒論に必要な資料分析の1つです。

　Aさんの「テーマ案1」では浦沢直樹の歴史観を対象としていましたが，作品そのものを分析するだけでなく，作品が描いている舞台の時代背景についても知っておく必要があります。『MONSTER』の舞台となっていた80年代から90年代にかけてのドイツの状況や，『20世紀少年』で描かれた60年代後半から70年代前半の日本の社会状況について，その歴史を解説する文献をしっかり読んでいくことにより，浦沢直樹はこうした歴史をどのようなものとして描いたのかを考えることができます。また当時の新聞や雑誌，統計資料なども

使えばより深い理解を得ることができるでしょう[2]。

9時間目　現地調査をしよう

　世の中にはいくら出回っている資料を読み解いてもわからないことはたくさんあります。「事件は現場で起きている」といわれれば現場に行かないわけにはいきません。そんな刑事ドラマで事件が起きれば刑事が丹念にやるのは現場での聞き取り捜査です。現場に行って当事者や関係者に話を聞くというのはメディアで卒論を書くうえでも重要です[3]。

　「現場に行って人に話を聞く」というのもいろいろなやり方があります。ここでもいくつか例をあげながらみていきましょう。

（1）　質問紙調査（大学生はどのようにマンガを読んでいるのか）

　質問紙調査というのは質問を書いた紙を配り人に回答してもらう調査のことです。一般的に「調査」というと，アンケート用紙を配ってその結果から何かを言おうとする質問紙調査をイメージする人も多いのではないでしょうか。質問紙調査では対象とする人びとの趣向や意識，行動の傾向などを，多くの人を対象にして明らかにできるものですので，たとえばマンガの読者の読書傾向や，ある作品を読んだ印象などについて統計的な形で明らかになります。ただし，何となく質問項目を作って近くの友達に聞きましたといったものでは，調査として問題があります。調査のやり方については第Ⅱ部第3章で金先生が詳しく説明をされていますので，よく読んでみてください。

　Aさんの「テーマ案3」のマンガの出版形態に関連して，そもそも今読者はマンガをどのような形で読んでいるのか，スマートフォンやタブレット，kindleなどでマンガを読むことについてどのように思っているのか知りたいところです。何らかの形で統計的な調査が行われていればいいのですが，もし見つ

（2）　たとえば難波先生による族文化の分析が歴史的資料を用いた分析の一例です（2007）。第Ⅱ部第1章の難波先生の解説も参考にしてください。
（3）　第Ⅱ部第4章で是永先生が現場を理解する方法の総称としてのエスノグラフィーについて説明をされていますので，そちらもよく読んでください。

からなかった場合，1つの指標として大学生を対象とした質問紙調査を行うというのもいいかもしれません。

（2） インタビュー調査（ボーイズラブの読者に恋愛観を直接聞いてみる）

紙を配って回答してもらうことで，知りたいことを明らかにするのが質問紙調査だとしたら，口頭で質問に答えてもらうことで，知りたいことを明らかにするのがインタビュー調査です。面接調査ともいいます。一口にインタビューといっても，質問の仕方についていえば，あらかじめ決められたことについて質問し，答えてもらう項目も決まっているような「構造化面接」と呼ばれるものから，質問することを特に決めずにその場でいろいろなことを尋ねていく「非構造化面接」まであります。また質問の対象も一人にじっくり聞く場合もあれば，複数の人に同時にインタビューをするものまでさまざまです。これは誰に対してどのようなことを聞きたいのかによってある程度決まってくるものです。(4)

Aさんの「テーマ案2」のように，ボーイズラブの読者を対象として調査をするのであれば，質問紙調査で不特定多数の人に尋ねるよりも，特定の読者にインタビューを行った方が多くのことをより深く質問することができます。いろいろと話をしていく中で，その読者がボーイズラブの作品とどのように付き合ってきたのか，そこで展開される恋愛をどのようにとらえているのか，読者自身の恋愛観は作品の読み方にどのように反映されるのか，などといったことが少しずつ明らかになってくるのではないでしょうか。(5)

（3） 行動観察（電車の中でマンガはどうやって読まれているのか）

ここまで現地調査として質問紙調査やインタビュー調査について説明してきましたが，これらの調査は必ずしも現地に行かなくても行うことができる調査とも言えます。これに対して「事件が起こっている現場」に行き，さまざまな様子を観察してそこで何が起こっているのかを知るのが行動観察です。(6)行動観

（4） インタビュー調査については第Ⅱ部第6章の浅利先生の解説を参考にしてください。
（5） マンガの読者へのインタビュー調査として，池上（2009）。

察はただぼんやりとその場の様子を見るのではなく，明確な目的をもってそこで何が行われているのかを見ていくものです。

　たとえば電車の中でマンガはどのように読まれているのか調べてみるとしましょう。自分がどのようにマンガを読んでいるのかは，なかなか自分では気づかないものですので，直接相手に聞くよりも観察という形をとることでわかってくることもあるでしょう。こうした行動を観察するやり方は二種類あります。1つは実験的観察法といって人為的に自分が観察したい状況をつくってしまうやり方です。たとえば何人かの人に頼んで電車の中でマンガを読んでもらい，これを普段から電車の中でマンガを読んでいる人，電車の中ではマンガは読まない人，マンガを読む習慣がない人で分けたとき，その読み方や進度にどのような違いが出るのかを調べるのです。もう1つは自然的観察法といってこうした人為的な操作は行わず，実際に起こっていることを観察するやりかたです。たとえば一週間朝・昼・夕方・夜で一時間ずつ同じ電車の車両に乗り，その車両の中でマンガを読んでいる人の様子を観察します。その中で年齢や性別，読んでいるマンガ，読んでいるときの様子を可能な限り記録していくのです。

　このように行動観察は，行動に違いを生じさせる要因と考えられるものについて考え，そこに焦点を絞るような研究に向いているものといえるでしょう。

（4）フィールド調査（同人イベントはどのように行われているのか）

　「現地調査」といって真っ先に思い浮かぶのは，何かが行われている場に行って実際に何が起こっているのかを観察し，自分でも実際にやってみるような調査なのではないでしょうか。フィールド調査（フィールドワークともいいます）はここまであげたインタビュー調査や行動観察，ときには質問紙調査なども含めた複合的な調査といえます。さらに現場では自分でそれを体験しなければ，その場の様子を観察することもできないこともたくさんあります。関心の深いことであればぜひ自分でも体験しつつ何が起こっているのか観察していき

（6）行動を観察する調査としては，後でふれる参与観察もありますが，ここではどちらかといえば，自分はあくまで観察者として当事者の行動を記録するような調査を指しています（非参与観察ともいいます）。行動観察については白井・高橋（2008）や，大谷ほか（2014）を参考にしてください。

ましょう。こうした自らもフィールドに入ってその状況を観察することを参与観察といいます。[7]

Aさんが研究対象としているようなボーイズラブ作品は，一般的な書店に流通しているいわゆる商業誌だけでなく，人気マンガのキャラクターを題材としてボーイズラブとして作品をつくる同人誌にもたくさん見られます。マンガの同人誌を売るイベントに関心があったAさんは，ボーイズラブ作品が出品される同人イベントが，どのように行われているのか知りたいと思いました。こうした場合，資料を読んだり参加者に話を聞いたりすることも重要ですが，まずは自分からイベントに参加してその様子を観察することを強くおすすめします。こうしたイベントは参加の度合いによっていろいろと感じ方も違うでしょうし，インタビューができる人も変わってくると思います。たとえば同人作家として参加させてもらったり，イベントの運営者として参加させてもらったりと，可能であればさまざまなスタイルで参加して，イベントの実態について考えてみるといいでしょう。[8]

10時間目　調査の流れ

それでは実際に調査がどのような流れで出来上がるのか，資料分析と現地調査それぞれのポイントを説明していきましょう。調査や分析の流れは具体的にいつからどのような調査や分析を行うのかによっていろいろと変わってくると思いますが，調査スケジュールを立てる1つの目安としましょう。

（1）　分析・調査のプランを立てよう

どんな調査・分析を行うのかが決まったら，まずは調査プランを立てましょう。それいけどんどんとやっていきたい気持ちはわかりますが，やみくもにやっては失敗のもとです。いつ，どこで，何を，どのように行うのか，なるべく

---

[7] 参与観察については佐藤（2006）が参考になります。またフィールド調査の過程については第Ⅱ部第4章で是永先生が詳しく解説しています。

[8] コミックマーケットでのフィールド調査や，同人活動へのインタビュー調査はいくつか行われています（玉川，2007，名藤，2007）。

具体的な作業をイメージしながら調査プランを立てていきましょう。

資料分析では分析資料をどこで収集するか，収集した資料をどのような点に注目しながら分析するのか，考えておきましょう。エクセルなどを使って分析シートを作成し，その項目に従って入力するというやり方は，内容分析だけでなくディスコース分析，物語論的分析などさまざまな手法で有効です。分析計画を練る際に分析シートの作成もしておきたいところです。[9] 図書館などパソコンを使えない場で分析を行う必要がある場合も，分析項目については事前に考えておくといいでしょう。

質問紙調査やインタビュー調査のような現地調査ではいつ，どこにいくのか，そこで誰に質問をするのか，観察すべき項目は何か，あらかじめ決めておかなければなりません。特に質問内容については質問紙調査のように訂正や追加の質問が難しい調査であればあるほど注意が必要です。[10]

ＦゼミのＡさんは藤田先生が本書のⅲページで提示された計画通り，６月から９月までの間に調査・分析を進めようと思っています。「テーマ案１」の浦沢直樹の作品分析であれば，中心的に分析を行う『MONSTER』や『20世紀少年』はもちろん全巻揃えていますが，その時代的背景についての資料を集め，作品分析と並行して読んでいく時間が必要です。そして何と言っても作品を分析する時間をかなり割かなければならないでしょう。マンガといっても『MONSTER』はコミックで18巻，『20世紀少年』は22巻（完結編となる『21世紀少年』を含めれば24巻）に渡る長編作品ですので，これをしっかり読み直すだけでも一苦労です。一見マンガ漬け，というと遊んでいるようですが，マンガとにらめっこの毎日となるのは覚悟しなければならないでしょう。

Ａさんの「テーマ案２」のボーイズラブの読者についての分析であれば，作品や資料の収集・分析に加え，調査に協力してくれる読者を探してインタビューを行ったり，同人イベントのフィールド調査をしたりと大忙しです。自分に許されている時間や，調査対象者に目星がついているかなどよく考慮し，作品分析の対象を調整したり，フィールド調査をどこに行くのかを考えましょう。

---

(9) 藤田・岡井編（2009）では，テレビを中心にさまざまな対象について分析シートを用いての分析の仕方を知ることができます。

(10) これについては第Ⅱ部第３章の金先生の説明を参考にしてください。

こうした計画を立てる上で手助けになるのがパイロットサーベイ，サンプル調査と呼ばれるような予備調査です[11]。これから自分がやろうとしている分析や調査を試験的に行ってみて，どの点に追加や修正が必要なのか，いつまでに終わるのかなどの見通しを立てておきましょう。これによって本格的な調査・分析がスムーズに進み，「就活終わったらまとめてやろうと思ってたのに，やってみたらとてもムリ！」などと途方に暮れなくて済みます。

（2） 一次資料・データを集める

計画を立てたら分析，調査に必要な一次資料やデータを集めましょう。何が一次資料やデータになるのかは調査・分析によって違ってきます。

資料分析なら必要な一次資料を余すところなく集めましょう。資料はいつ，どこで手に入るのか，あらかじめ調べておく必要があります。「どこかにあるだろう」などと高を括っていると，いざ調べてみてもなかなか見つからず，結局大幅な予定の変更を迫られるということにもなりかねません。たとえばAさんがボーイズラブマンガの歴史を知っておきたいと思い，その草分けといわれている雑誌『JUNE（ジュネ）』を読もうと思っても，そう簡単に見つかるわけではありません。ただでさえマンガは図書館に所蔵されにくいものであるのに加えて，古いマンガ雑誌となるといくつかの専門図書館[12]を除けばまったくといっていいほどありません。同人誌についてはそれ以上に収集が難しいかもしれません。第Ⅱ部第1章で難波先生が「自分の今いる環境で，閲覧しやすい雑誌は何か……，というところから決めても，それはそれで構いません」（本書84ページ）とおっしゃっていますが，どんな形の資料分析ができるのかも，分析を行う資料がある程度集まってから決めるということも十分あり得るのです。

現地調査でも質問に答えてもらえる人を探したり，調査対象とするフィール

---

(11) 第Ⅱ部第3章の147ページのプリテストもこれに当たります。
(12) マンガの専門図書館としては，京都国際マンガミュージアム（京都市中京区）や，現代マンガ図書館（東京都新宿区），広島市まんが図書館（広島市南区）などがあります。また明治大学では2009年に米沢嘉博記念図書館（東京都千代田区）を開館し，今後東京国際マンガ図書館の開設を予定しています。その他のメディアについては表Ⅰ-3-1を参照してください。

3 資料分析・現地調査

表 I-3-1　マンガ以外の主なメディア系アーカイブ

①新聞のアーカイブ	日刊新聞発祥の地である神奈川県横浜市に2000年にオープンした，日本新聞博物館（ニュースパーク）は，全国の主要紙を原紙やマイクロフィルムなどで閲覧できる「新聞閲覧室」が併設されている。この他過去の新聞を閲覧できる場所として，東京大学大学院情報学環付属社会情報研究資料センター（東京都文京区）や，神戸大学付属図書館（兵庫県神戸市）の「新聞記事文庫」などがある。
②雑誌のアーカイブ	東京都世田谷区にある大宅壮一文庫は，明治期から現在まで約1万種類，76万点の所蔵資料とオンラインデータベースを持つ国内最大規模の雑誌図書館。オンラインデータベースから1980年以降の雑誌記事の検索が可能。他に都立多摩図書館（東京都国分寺市）では，日本の公立図書館で全国初の雑誌集中サービス「東京マガジンバンク」を開設。一般雑誌から学術雑誌まで，約1万7000誌を揃える。
③テレビ・ラジオのアーカイブ	日本新聞博物館と同じ建物内にある放送ライブラリー（神奈川県横浜市）は，国内唯一の放送法で定められた放送アーカイブ。テレビ番組約2万本，ラジオ番組約4000本を保存しており，そのうち約1万8000本が公開されている。また，放送番組以外に，ACC全日本CMフェスティバルで入賞したCMや，劇場用のニュース映画等も収集しており，合計約3万本が公開されている。またNHKでは埼玉県川口市のNHKアーカイブスや，全国のNHK放送局にある番組公開ライブラリーで約7200本の過去の放送番組などが視聴できる。他に国立国会図書館では1980年以前のラジオ・テレビの脚本・台本2万7000冊が公開されている。
④音楽・映画のアーカイブ	国立国会図書館にある音楽・映像資料室（東京都千代田区）には，1959年以降に納本されたレコード・CDの国内盤を，あわせて約62万8000枚が所蔵されている。内訳はLPレコード約17万5千枚，EPレコード約10万枚，SPレコード約1万6000枚，CD約33万7000枚（2014年3月現在）。邦楽，歌謡曲，民族音楽，クラシック，ジャズ等，さまざまなジャンルの資料を所蔵。映像では2000年以降に納入されたDVD，BD，VHS，LDなど映像資料を約12万3000点所蔵（2014年3月現在）。他に映画のアーカイブとして東京国立近代美術館のフィルムセンター（東京都千代田区）がある。日本唯一の国立映画機関であり，内外の映画フィルム及び映画関係資料の収集・保存・復元を行う。様々なテーマによる企画上映や，図書室での映画文献の公開，展示室での映画資料の展示を行っている。
⑤広告のアーカイブ	アド・ミュージアム東京（東京都港区）にある広告図書館では，主として広告およびマーケティングに関連する和書約1万6000冊，洋書約3700冊，雑誌約190種（2015年現在）を所蔵している。特別コレクションとして，吉田秀雄記念事業財団が行っている研究助成の研究報告書，約960冊を所蔵しているほか，アド・ミュージアム東京が所蔵する広告作品のデジタルアーカイブを，館内に設置した専用端末で検索・閲覧できるサービスを提供している。

ドを見つけたりするのに苦労するということはよくあります。Aさんの「テーマ案2」のボーイズラブの読者の調査でも，周りにボーイズラブを読んでいる人がいるかいないかで，調査の計画は大きく変わってくるでしょうし，たとえ

49

ボーイズラブを読んでいる人がいたとしても，インタビューに答えてもらえなければ調査は難航してしまいます。インタビューに答えてもらえる人を探したり，対象とするフィールドを見つけたりという作業は，調査計画の段階から始めておく必要があるでしょう。

現地調査では現地に行ったときにも取れるだけのデータを取るようにしましょう。現地調査では何をやるのか，誰に話を聞くのか，どんな資料を持って帰るのか，事前に計画しておく必要があります。また計画どおりに集めると同時に，それ以外にも気になるものは収集しておきましょう。インタビュー調査でも聞く予定のなかったことでも流れの中で「これは聞いておきたい」ということについてはできるだけ聞くということを心がけましょう。インタビューの録音や現場の撮影が可能な場合は，カメラやレコーダーを忘れないようにしましょう。またカメラやレコーダーの撮影・録音を失敗しないように注意してください。貴重な話を聞くことができたと思ったら，帰ってレコーダーを確認すると音が採れていなかった，といったことになったら身も蓋もありません。資料にせよ，人にせよ「出会い」は一度きりと心得て，できる限りのことはしましょう。

（3） 気づいたことは必ずメモを

7時間目 の文献の読み方でも書きましたが（クドい？），分析・調査の際に気づいたことがあれば可能な限りメモをとりましょう。どのような分析・調査でも発見があればいつでもメモをとる，という姿勢がなければ思いついたアイデアはすぐに忘れてしまいますし，新たなアイデアも生まれてきません。記録を取ること，アイデアをメモすることは，少しでもオリジナルな論文を書く上でとても大切なのです。

たとえば電車内のマンガ読者について調べるなら，自分が何駅から何時の何番目の車両に乗り，そこで観察できるマンガの読者は何人で，その人のおおよその年齢や性別，読んでいるマンガ（雑誌），立って読んでいるのか，座って読んでいるのか，音楽を聴きながらなのか，手には他に荷物をもっているのかなど，つぶさに記録していきます。

インタビューでもたとえ録音を許可してもらっていても，印象に残ったこと

などをメモしておくのは，後で文字に起こす際の手助けになります。また相手が何を強調していたのか，その時自分がどう思ったのかなどについてもメモしておけば，後で分析を行う上で役に立ちます。フィールド調査やインタビュー調査でその場でメモができそうになければ，可能な限り頭に記憶し，メモが可能になった時点ですぐにメモをつけていきましょう。

　資料分析のときにもメモは必要です。事前に分析をしようと思っていた項目以外に，気がついたことがあればメモをしていきましょう。特にディスコース分析や物語論的分析など，質的なタイプの分析ではこうしたメモが分析をより深いものにし，時にはメモに書いたことが論文全体にとって重要な論点を提供するかもしれません。現地調査でも同様ですが，「そういえばあの本に書いてあったことって，この作品のこの部分の説明に重要だな」とか，「先行研究にはこう書いてあったけど，調べてみるとここが違うな」といった点が思い浮かんだらすぐにメモをしましょう。

　メモは後からまとめる時に何についてのメモなのか，わかるようにしておきましょう。たとえばフィールド調査が終わったその日に，集めたメモを読み返し，何を見たときのメモか，誰にどのような話を聞いた時のメモか，情報を書き加えておきます。それとあまりの殴り書きで読み取りにくくなってしまったメモも，何を書いたのか覚えているうちに書き直しておきましょう。特に自分の字の汚なさには自信のあるそこのあなた，いざまとめる時になってミミズのような自分の文字が読めず，途方に暮れるなんてことになっても知りませんよ（経験者談）。

（4）　調査にもエチケットやマナーがあります

　言うまでもなく，調査には最低限のエチケットやマナーがあります。調査のためなら何をしても良いというわけではないことは，特に調査を行っているときにはしっかりと肝に銘じておきましょう。たとえばインタビューの際に何の許可もなく録音を始めれば相手の気分を害するかもしれません。フィールド調査でのカメラやビデオの撮影も同様です。白井利明先生と高橋一郎先生は，「個人または団体に研究の意義や内容を事前に説明し，理解と了解を得る」こと，つまりインフォームド・コンセントと個人・団体のプライバシーの保護に

は注意を払うべきだとおっしゃっています（2008, pp. 120-121）。

また資料を好意で貸してもらった人や，インタビューや質問紙調査に協力してもらった人にも失礼のないように対応しましょう。貸してもらった資料に傷をつけたり，質問紙調査やインタビューに答えてもらった人を不用意に不快にさせるような質問をしないよう，注意を払うことが重要です。[13]

（5） データを加工する

資料分析や現地調査によりさまざまなデータを集めることができました。分析や調査は大変だったことでしょう。資料分析はやってみるととても地道な作業ですし，現地調査も楽しいことばかりではありません。調査や分析を終えてこれを読んでいる人，ご苦労様でした。まだの人，頑張ってください。さて，苦労をして集めたデータですが，このデータを用いてそこから一体何が言えるのか，分析を行うことになります。

ただ目の前にあるのは雑多なメモ書きであったり，いろいろ書き込んである分析シートであったりと，ここから一足飛びに何が言えるのかを考えるのは性急かもしれません。特に現地調査で得られた調査票やインタビューデータが，何一つ加工されていないという状態だとしたら，まだまだ先は長そうです。質問紙調査や観察調査では，集めたデータをまずはエクセルやSPSSなどに入力する必要がありますし，インタビュー調査などでレコーダーに入っている音声は，文字に起こさなければ使いものになりません。フィールド調査についても調査の全体像が見えるように，メモをもとにフィールドの様子について書いた，フィールド・ノーツを作成しておくことが必要です。[14]

こうした作業を終わらせた上で，分析しやすいようにデータを加工していきます。

内容分析や質問紙調査のような結果が数量として現れるものに限らず，ディ

---

[13] 詳しくは社会調査協会がさだめた社会調査倫理規程（http://jasr.or.jp/content/jcb-sr/documents/rinrikitei.pdf）や，日本マーケティング・リサーチ協会による綱領やガイドライン（http://www.jmra-net.or.jp/）を参考にしてください。

[14] フィールド・ノーツについては第II部第4章の是永先生の解説を参考にしてください。

スコース分析やインタビュー調査などでもデータを加工する際に必要な作業として，コーディング作業があります。コーディングとは質問紙調査に典型としてみられるように，「はい」や「いいえ」といった回答を「1」や「2」といった記号を振っていくものです。質問紙調査のように調査を行う前から記号を振ることをプレコーディングといいますが，これに対して質問紙調査の自由回答やインタビュー調査では調査後の分析に際してその内容を分類，整理しやすくするために記号を振るアフターコーディングという作業を行います。インタビュー調査などで用いられるアフターコーディングでは，質問紙調査のプレコーディングのように数字を記号としてつけていくと，かえってわかりにくくなるため，程度の差はあるのですが端的にわかるような一言でコーディングが行われます。(15) こうしたアフターコーディングはディスコース分析や物語論的分析などの資料分析にも有効で，コーディングのさいには分析の時にとったメモが役に立ちます。第Ⅱ部第2章で烏谷先生が行っているフレームの抽出がまさにコーディングです。コーディング作業を行うことにより物語の構造や言説の差異が見やすくなるのです。

（6） データを視覚化する

分析からどのようなことがあきらかになったのか，図や表を作成するなどして視覚化するということも分析を行うために重要な作業です。

内容分析や質問紙調査では量的な結果がとても重要ですので，その結果が見えてくるようにまずは単純集計結果を計算し，その全体的な傾向を把握します。そのあとさらにクロス集計を行い，相関関係などについても考えていきましょう。こうした結果は図表として表わすことができます。どのような形で視覚化されるのかは，第Ⅱ部第3章の金先生や第Ⅱ部第4章の是永先生の分析を参考にしてみてください。また入手した統計資料や企業データから自分でグラフを書くということもできます。これについては第Ⅱ部第6章の浅利先生の解説を読んでみてください。

また数値化された図表だけでなく，コーディングしたものを使ってインタビ

---

(15) 詳しくは佐藤(2002, pp.312-322)を参照してください。

ューや物語の構造を図示することも可能です。それぞれのコードがどのような関係になっているのか図として示すことにより，よくわかってくることがいろいろあるのではないでしょうか。

　長くなりましたのでこれで私の中継ぎは終了です。ですが卒論はこの段階ではまだ終わりではありません。はたしてＦゼミのＡさんの卒論は藤田先生の指導のもと，無事完成するのか，乞うご期待です。

●引用・参考文献
池上賢「『週刊少年ジャンプ』という時代経験」『マス・コミュニケーション研究』75号，2009年。
石川淳志・佐藤健二・山田一成編『見えないものを見る力――社会調査という認識』八千代出版，1998年。
大谷信介・木下英二・後藤範章・小松洋編『新・社会調査へのアプローチ――論理と方法』ミネルヴァ書房，2014年。
佐藤郁哉『フィールドワークの技法――問いを育てる，仮説をきたえる』新曜社，2002年。
佐藤郁哉『フィールドワーク　増訂版――書を持って街へ出よう』新曜社，2006年。
白井利明・高橋一郎『よくわかる卒論の書き方』ミネルヴァ書房，2008年。
玉川博章「ファンダムの場を創るということ――コミックマーケットのスタッフ活動」玉川博章・名藤多香子・小林義寛・岡井崇之・東園子・辻泉『それぞれのファン研究――I am a fan』風塵社，2007年。
名藤多香子「『二次創作』活動とそのネットワークについて」玉川博章・名藤多香子・小林義寛・岡井崇之・東園子・辻泉『それぞれのファン研究――I am a fan』風塵社，2007年。
難波功士『族の系譜学――ユース・サブカルチャーズの戦後史』青弓社，2007年。
藤田真文『ギフト再配達――テレビ・テクスト分析入門』せりか書房，2006年。
藤田真文・岡井崇之編『プロセスが見えるメディア分析入門――コンテンツから日常を問い直す』世界思想社，2009年。

　　　　　　　　　　　　　　　　　　　　　　　　　　　　　　［西田善行］

第4章　論文執筆に挑戦

11時間目　論文の設計図を作ろう──タイトルと構成を考える

　再び登場，藤田です。西田先生のご指導のもと，みなさんは文献収集や調査がずいぶん進んだことと思います。みなさんの手もとには，関連文献を読んで必要な箇所を抜き出したカード，アンケート調査のデータ，現地調査で観察して気づいたことをメモしたノートなどなど，さまざまな資料が蓄積されていますよね。4年生の4月，「400字詰め原稿用紙50枚以上，提出締め切りは来年の1月15日」という高い壁を目の前にしてぼう然としていたあなた。こうなれば，卒論は80％くらい完成したも同然です。(1)

　いや本当です。卒論のために集めた資料が多ければ多いほど，卒論の執筆は楽で楽しい作業になります。あとは，資料というパーツをいかに配置して，どのような結論を導き出すかを考えればいいだけなのですから。卒論執筆をスムーズに進めるためには，論文の設計図を作ることが必要です。論文の設計図というのは，テーマの発想から調査をへて結論にたどりつくまで，卒論を書くみなさんの思考の流れを記したものです。その設計図を第1章，第2章……と作っていくことから，「章立て」と言ったりします。設計図を作ると言ってもそんなに難しいことはありません。卒論の設計図の基本は，次の3章立てにすればよいでしょう。

（1）　この本の第Ⅱ部第4章で是永先生は，インターネット調査でも，毎日コツコツとフィールドのデータ収集を積み重ねていくことが必要だとしています。

●卒論設計図の基本

序章（問題の提示）：卒論で明らかにしたい問い・問題意識を書く［全体の1割程度，またはもっと短くていい］

第1章（先行研究のまとめ）：収集した文献から明らかになる論文テーマ・研究対象の現状や定説を書く［全体の2割程度］

第2章（オリジナル調査のまとめ）：論文の中心（本論）。自分で行った資料分析や現地調査でわかったことを書く［全体の6割程度］

第3章（論文全体の結論）：序論で述べた問い・問題意識についてオリジナル調査からどのような答えが出たかを書く［全体の1割程度］

「3」というのは，このような構成を作る場合のマジック・ナンバーです。ハリウッド映画の脚本理論でも，全体のストーリーを3つの部分に分けるといいとされています（3幕ものを作るという意味で「スリー・アクト・セオリー」と言われます）。たとえば，「1．主人公のまわりに事件が起こる」→「2．主人公が危機におちいる」→「3．主人公は事件を解決し危機から脱する」といった具合です。同じように卒論のスリー・アクトは，「1．問題の提示と解説（序章・第1章）」→「2．オリジナルの調査（第2章）」→「3．問題の解決（第3章）」と進みます。

卒論のスリー・アクトで序章から第2章までは，これまで卒業研究で取組んできた作業にそのまま対応していることにお気づきでしょうか。序章は「1．テーマ選択」，第1章は「2．文献を探そう」，そして第2章は「3．資料分析・現地調査」の作業成果を書けばいいのです。え，第3章の「論文全体の結論」を考える作業はいつやればいいのかって？論文を書きながら，考えればいいんですよ。序章から第2章を書く時に，集めた資料のどれを使うかを選びますよね。その時に，自然と資料を読み直します。そうしているうちに，自分なりの答えが見えてくるはずです。

卒論の設計図を作るといいことだらけです。卒論設計図は，卒論の枚数管理と執筆のスケジュール管理に役に立ちます。卒論が全体で400字詰め50枚ならば，序章はその1割，5枚書けばいいことになります。「400字詰め5枚だったら，1時間1枚として5時間，今日1日で書けるかも」と，スケジュール

の計算までたちます。同じく第1章は全体の2割で10枚。「これは今日から3日で仕上げる」と見通しを立てることができます。

　あ，大事なことを忘れていました。論文タイトルを考えて卒論設計図の最初に掲げましょう。たかがタイトルと軽視するなかれ。論文タイトルを見ると，書き手がどれくらい明確な問題意識を持っているか，この論文の狙いが何かがよくわかります。論文タイトルは，主題1本でもいいですが，副題をつけてより内容を豊富にすることもできます。「浦沢直樹作品における『歴史観』と『未来観』」という主題でも，副題のつけ方でまったく中味が変わってきます。

　　パターン1
　　「浦沢直樹作品における『歴史観』と『未来観』——『MONSTER』から『20世紀少年』への変化」
　　パターン2
　　「浦沢直樹作品における『歴史観』と『未来観』——『20世紀少年』における『昭和』の描写を中心に」

　どうでしょう，論文タイトルしだいで，読み手に伝わる印象も実際の中味もずいぶん違いますよね。ただ，論文タイトルでも必要以上に悩まないでください。書き出す前に焦点が定まっていなかったら，「浦沢直樹作品の分析（仮）」でもいいのです。書いているうちに，ピンとくるタイトルに出会います。

12時間目　設計図の詳細を考えよう——本論の展開／章と節

　卒論の基本設計図ができたら，それをもう少し詳しいものにしていきましょう。特に，第2章（オリジナル調査のまとめ）＝本論の部分は，論文全体が400字詰め50枚ならば6割で30枚，全体100枚の6割だったら60枚にもなります。本論をいっさい細かく分けないで，ダラダラ書いていったら読んでいるほうは飽きてしまいます。

　先程ハリウッド映画の「スリー・アクト・セオリー」の話をしましたが，映画の中でもっとも盛り上がるのは中盤の「主人公が危機におちいる」場面，い

わば映画の本論です。脚本を書くとき，たいてい脚本家は書き出す前にストーリーを部分に分け概略を書いた「ハコ」というものを作ります。「主人公が危機におちいる」というのはもっとも大きな括りなので，「大バコ」といいます。

でもこれだけではおおまかすぎて脚本を書けませんので，ハコをさらに細かくしていきます。「主人公が危機におちいる」場面を「事件の捜査を始める」「真犯人に罠をしかけられる」「罠にはまって自分が疑われる」などと「中バコ」に分けていきます。さらに，中バコの「事件の捜査」を「事件現場に足を運ぶ」「証拠らしいものを見つける」「疑わしい人物を訪ねる」などと「小バコ」に分けます。この「小バコ」が映画の1シーンに当たります。

卒論もまったく同じです。大きな括りを「章」，章をさらに分けたものを「節」，節をさらに分けると「項」となります。試しに「浦沢直樹作品における「歴史観」と「未来観」～『MONSTER』から『20世紀少年』への変化～」の本論＝第2章を節や項に分けてみましょう。章から節，さらに項と細かくなるにしたがって番号や記号で区別するのが，普通です。記号のふりかたの2つのパターンを見てみましょう。

パターン1
　2．『MONSTER』と『20世紀少年』の作品比較
　　2.1　『MONSTER』に描かれた東西冷戦
　　2.2　『20世紀少年』における世紀末
　　2.3　両作品の歴史観の共通点と相違点　………
パターン2
　第2章　『MONSTER』と『20世紀少年』の作品比較
　　1．『MONSTER』に描かれた東西冷戦
　　2．『20世紀少年』における世紀末
　　3．両作品の歴史観の共通点と相違点　………

さらに，第2章第1節「『MONSTER』における東西冷戦」を，次のような「項」に分けてみます。

2.1 『MONSTER』に描かれた東西冷戦
　2.1.1　ヨハン幼児期の西ドイツ（ベルリンの壁崩壊前）
　2.1.2　ヨハン青年期の統一ドイツ（ベルリンの壁崩壊以後）

　枚数と執筆スケジュールの管理という点で言えば，節や項に分けたほうがより綿密になります。第 2 章は，論文全体が 400 字詰め 50 枚の 6 割で 30 枚。それを 3 つの節に均等に分けると 10 枚ずつ。さらに第 1 節を 2 つに分けると 1 つの項あたり 5 枚です。執筆スケジュールも「今日は，『2.1.1　ヨハン幼児期の西ドイツ』の部分を書こう」と今日やる作業の範囲を絞ることができます。
　ところで，この論文の第 2 章を細かく展開する時に使った 2 つの浦沢作品の「比較」という方法は非常に有効な手段です。鹿島茂先生は，『勝つための論文の書き方』(2003) で，「問いというのは，比較の対象があって初めて生まれてくるものです」(p.42) と断言されています。そして，比較には 2 種類の方向性があるとしています。

　①歴史的方法＝縦軸に移動する
　②隣接領域の比較＝横軸に移動する

　同じマンガ家の作品研究という意味で，『MONSTER』と『20 世紀少年』の比較は横軸移動と言えるかもしれません。また，『MONSTER』よりも『20 世紀少年』の完結が後ということでは，2 つの作品の比較は浦沢直樹という一人のマンガ家の表現の歴史を比較しているとも考えられます。さらに「①歴史的方法」の縦軸を拡げると，浦沢が影響を受けたと公言している大友克洋，さらに大友以前に影響力のあった手塚治虫と浦沢作品との比較へと展開することもできます。[2]
　さて，比較以外の手段として，「第 3 章　資料分析・現地調査」で複数の研究法・調査を使った場合，それと重なる部分もありますが「第 1 章　テーマの

（2）　この本の第Ⅱ部第 6 章で，浅利先生はメディア産業の研究を行ううえで，ⓐ時系列分析　ⓑ産業間（企業間）分析　ⓒ国際間比較という 3 つの比較の視点をあげられています。

決め方」で触れた視点（3ページ）が複数ある場合，研究法や視点に沿って章を細分化することもできます。例えば，「ボーイズラブ読者の恋愛観について」という論文を書くとしたら，本論を次のように展開できるかもしれません（複数の研究法に取り組むのは大変ですが）。

 2．ボーイズラブ漫画への多角的接近
  2.1　ボーイズラブ漫画の作品分析（コンテンツの視点，資料分析の結果から）
  2.2　ボーイズラブ漫画の読者像（受け手の視点，インタビュー調査の結果から）
  2.3　ボーイズラブ漫画の制作者像（送り手の視点，産業分析の結果から）

13時間目　レイアウトを決めてから書き出そう

　卒論の構成が決まりました。いよいよ卒論執筆がスタートです。おっと，その前にWordなどワープロ・ソフトの書式設定は，しっかりやっておきましょう。卒論はかなりの分量の文章なので，ゼミの先生はじめ読者に読みやすいレイアウトにすべきです。私は，見やすさを追求して，ゼミ生に次のような書式で卒論を書くように指示しています。小笠原喜康先生も同意見のようです（2002，pp.17-19）。

　フォント：MS明朝（本文）　MSゴシック（見出し）　10.5ポイント
　1頁のレイアウト：1行40字×30行

　書式については，指示があればゼミの先生や大学の規定にしたがってください。絶対これでなければいけないわけではありませんから。ただ，1行40字で設定しておくと，行数さえわかれば400字詰め原稿用紙で何枚分と換算しやすいので便利です。
　また，よく使うテキスト（文）の書式設定もしておくと便利です。Wordで

は「書式」の「スタイル」という機能で設定できます。私が設定しているのは次の3種類です。

①標準＝章や節の見出しに使う　→　フォント：MSゴシック 10.5 ポイント　インデント：左0　右0　　1行目0
②本文＝本文に使う（1行目が標準より1字下がっている）　→　フォント：MS明朝 10.5 ポイント　インデント：左0　右0　　1行目1
③本文インデント＝引用文に使う（全体が標準より4字下がっている）　→　フォント：MS明朝 10.5 ポイント　インデント：左4　右0　　1行目0

　卒論を書くのには，この3パターンあればたいてい間に合います。書式が本文と引用文を区別する目印となります。逆に，テキストの書式パターンが多すぎると読むほうが混乱します。文字に色をつけたり，下線を引く太字にするなどの装飾も，卒論を書く場合には不要です。1つの章が終わったら改ページをする。節が終わったら1行明けるなど，卒論を読みやすくする工夫も必要です。以上の点については，ゼミの先生の指示や大学の規定があれば，それにしたがってください。

　それから卒業論文に必ず必要なのは，「表紙」「目次」と「参考文献一覧」です。私のゼミでは，「表紙」には次のような事項を記載してもらいます。これもゼミの先生の指示や大学の規定にしたがってください。

　　20××年度××大学××学部　　××ゼミナール卒業論文
　　論文タイトル
　　学席番号　氏名

　表紙の次には，目次がきます。「目次」には，章と節の名称，それぞれの章・節が始まるページ番号を書きます。もちろんページ番号は書いている間に変わりますので，卒論が完成してから最後に目次にページ番号を入れます。あ，

もちろん本文の各ページの下に,「ページ番号」を入れるのも忘れないでください。Wordの「挿入」→「ページ番号」で設定すると自動でページ番号が入りますよね。

後まわしにすると意外に面倒なのが,「参考文献一覧」です。自分の文章に引用しようと文献や文献カードを初めて手に取った時,必ず文献名などを記入するようにします。そうしないと,いざ文献情報を書こうと思った時に文献が見つからなくなったり,あげくの果てにはどの文献から引用したかさえわからなくなるかもしれません。引用文献をどのような書式で書くかは,後で触れますね。また,アンケート調査の質問票の見本や単純集計表などのデータも巻末に「付録」として記載すべきです。

私は,1つの章の最初に「第2章　『MONSTER』と『20世紀少年』の作品比較」のようにタイトルだけを記した「扉」を付けてもらっています。本のような作りになります。これは好みの問題ですね。本文の最後に,卒論を完成させた感想などを書く「あとがき」,調査でお世話になった人への「謝辞」をつける人もいます。

14時間目　別にコピペだっていいんです——引用と注について

レポートを書く時に担当の先生から,「インターネットで検索した文章を,そのままコピーして貼付けた(コピペした)レポートは落第にする!」と注意されたことはありませんか。先生の警告自体は正しいんですが,それを極端に誤解して,「400字詰め50枚を全部自分の文章で書かなきゃいけないんですか。キツいです」と言ってくる学生がいます。

そうじゃないんです。先生は,レポートの全文章をコピペで作って,それをコピペであることを断らずにいることがダメだと言っているだけなんです。むしろ,書籍に書いている著者の意見を抜き出して自分の論文に使うことは,「引用」という正当に認められた論文の書き方なのです。

じゃあどういう場合に,他の著者を引用するのでしょうか。1つは,自分の意見に近い著者の言葉を引用して,自分の主張を「補強」する場合です。もう1つは,自分の意見と違う著者の言葉を引用して,「批判」することで自分の

意見を明らかにするためです。52ページの「卒論設計図の基本」のところで，自分の卒論の第1章には収集した文献から明らかになる論文テーマ・研究対象の現状や定説など，「先行研究のまとめ」を書くことを提案しています。たとえば，自分の卒論テーマについて，AさんとBさんがそれぞれの著書でまったく正反対のことを言っている。それぞれの意見を引用したあとで，自分はAさんの主張が正しいと思うのだが，これを次の章から自分なりの調査で検証してみたい，とつなげるのです。[3]

引用の目的が，自分の意見の「補強」や違う意見の「批判」にあるわけですから，当然「自分の意見」と「他の著者の意見」は区別されるべきです。卒論では（レポートも同じですが），その記述が他の著者の言葉の引用であることが，はっきりと分かるように明示されなければなりません。引用の明示の仕方には，①本文中に埋め込む場合と②本文から切り離す場合の2種類があります。それぞれ次のように，記述します。

①本文中に埋め込む場合
鹿島茂（2003）は，「論文というのは，レポートのように，与えられた問いに対して答えるだけではなく，問いそのものを自分で見出さなければならないという条件がある」（p.26）と言っている。

②本文から切り離す場合

　　論文というのは，レポートのように，与えられた問いに対して答えるだけではなく，問いそのものを自分で見出さなければならないという条件がある（中略）言い換えれば，レポートは課題に対する答えを見出せばそれでいいのですが，論文は問いそのものを自分で見つけてこなければならない

---

(3) この本の第Ⅱ部第2章で烏谷先生は，「自分が本文で必死に取り組んできた内容を忘れて，いきなり有名な大御所の研究者の名前を持ってきてデカイ話にすり替えるようなことをやってはいけません」と戒めています。第Ⅱ部第4章の是永先生も，「せっかくオリジナルなデータを集めたのですから，その結果について自分が考えていることを，できるだけたくさんことばにしてみましょう」とアドバイスされています。

ということです（鹿島, 2003, p.26）。

　本文中に埋め込む場合は, 他の著者の意見を「　」でくくります。「②本文から切り離す場合」は, 前後を1行空けて2〜4字程度行の先頭を下げます。どちらも引用であることが, 目で見てはっきりわかるようになっています。そして, 引用箇所に「著者名, 著書の発行年, 引用ページ」を付け加えます。小笠原喜康先生は,「三行以上にわたる引用文の場合, 本文から切りはなして表記する」（2002, p.39）と言われています。大体の目安にしてください。
　それから, 引用箇所に「（鹿島, 2003, p.26）」などと記述するだけですむのは, 卒論の巻末に「参考文献一覧」が記載してあるからなんです。こちらの「参考文献一覧」には, 引用した本についての情報を詳しく書く必要があります。あなたの論文を読んだ読者が, 引用した文献を読みたいと思った時にすぐに探すことができるためです。みなさんが卒論で引用する頻度の多い①書籍, ②雑誌論文, ③インターネットのウェブサイトの記述の仕方をあげてみます。

①書籍　→　著者名（出版年）『書名』出版社
　鹿島茂（2003）『勝つための論文の書き方』文春新書

②雑誌論文　→　著者名（出版年）「論文名」『雑誌名』巻号, 掲載ページ
　藤田真文（2009）「社会構築主義によるパワフル・メディア論の反転に向けて」中央大学法学部『法学新報』111巻9・10号, 773-791頁

③インターネットのサイト　→　著者「記事名」『ウェブサイト名』（取得日, URL）

　と, 書いてはみましたが, 実はこの文献情報の表記の仕方は, 時代や学問分野によって微妙に違っています。ですので, ゼミの先生の指定する書式にしたがってください。ゼミの先生の指示がない場合には, 自分の学部の学問分野に近い学会誌の書き方（執筆要領）を参考にするのもいいでしょう。例えば, 日本社会学会は,『社会学評論スタイルガイド』というブックレットを発行して

います。そこでは，書籍の表記の仕方は，以下のようにしなさいと指定してあります。

　　著者名，出版年.『タイトル―サブタイトル』出版社.　例：鹿島茂，2003.『勝つための論文の書き方』文春新書.

　私などは出版年のあとに「.」をつけよ，という『社会学評論スタイルガイド』の指定に違和感があります。でも，あまり深く考えずに自分の卒論の中で一貫したきまりがあればいいという程度に考えておきましょう。自動車が右車線を走る国と左車線を走る国のどちらが正しいか，決められないのと同じです。

15時間目　文章はシンプルに書こう

　卒論の設計図（＝章立て）や書式が決まりました。いよいよ，卒論執筆に取りかかりましょう。ところがいざ書き出そうと思うと，ふと疑問がわいてくる場合があります。「卒論ってどんな文章で書けばいいの？」と。そりゃ，そうです。なにしろ，論文というものを書くのが初めて（最初で最後？）の人が多いのですから。

　しかし，ここで悩む必要はありません。卒論テーマを決める時に，「社会的に意義のある立派なことを書かなきゃいけないのでは」という心のバリアをはずしなさいと言いました。文章についても同じです。「立派な文章」を書こうとすると，肩に力が入っていけません。学生のみなさんは，自分に今そなわっている文章力で書けばいいのです。自分に文章力なんてあるのか，と思っている人も多いでしょう。でも，4年生になるまで，数えきれないくらい授業課題のレポートや試験の答案を書いてきませんでしたか。その時の文章はどうでした。友だちに出すメールのように，「おっはー。今からお昼しようぜ」的な文章では書いていないですよね。

　もちろん時間があれば，定評のある文章論を読んで文章修行するのもよいでしょう。(4) ただ，多くの人はそんな余裕は残されていないのではないでしょうか。自分の現在の実力で勝負するしかない，というのは就職活動と同じです。以下

に，最低限気をつけてほしい原則を書きます。

●文章を書くときの4原則
　①文章は短文で
　②あれこれ言わない
　③読者を意識して
　④自分のリズムで

　まず，「①文章は短文で」という原則です。卒論は，短い単純な構造の文章で書きましょう。1つの文章で，1つのことを伝えるように心がけましょう。小笠原喜康先生は，「一文は，三〇字以内がよい。長くても四〇字前後。六〇字を超えると苦しくなり，八〇字を超えるとわかりづらい悪文となる」と指摘されています（2002, p.197）。1つの目安にしてください（こらこら，誰ですか。私の文章の字数を数えはじめたのは（汗））。鷲田小彌太先生は，『論文レポートはどう書くか──テーマの決め方から文章上手になるコツまで』（1994）という本の中で，「一文一殺の心がけが必要だ」と言っています。ずいぶん物騒ですが，1つの文で明確に自分の主張を言い切ろうという意味です。以下は，小笠原先生が添削した悪文の例です（2002, pp.198-199）。

　　歴史とは，過去にあった出来事そのものではなく，二つ以上の何かしらの過去の出来事の痕跡を関連づけて物語るいまの行為である。

ちょうど60字。悪文の危険水域です。これを読みやすい文章にするためには，文章を短く分割するだけでいいのです。

　　歴史とは，過去にあった出来事そのものではない。それは，二つ以上の何かしらの過去の出来事の痕跡を関連づけて物語るいまの行為である。

（4）　私は，井上ひさしさんが『自家製　文章読本』（1984）で展開されている文章論におおいに刺激をうけました。文章論の名著だと思います。

ただ，よっぽど哲学や現代思想にかぶれた学生（表現が古いですか？）でなければ，逆にこんな悪文は書けないですよね。むしろ，学生のみなさんが注意しなければならないのは，文を際限なく続けることができるマジックワードです。例えば，清水幾太郎先生は，『論文の書き方』の中でわざわざ一章を設けて，「『が』を警戒しよう」と注意されています。以下は，清水先生が引用した悪文の例です（1959, p.50）。

　　かくして現代における社会と個人との対立また闘争は後者の優越をもって特徴づけられているのであるが，これは正しく人類文化の危機の表現でなければならない（一部旧字を現代仮名づかいにあらためた）。

74字。この文の途中に出てくる「が」は，肯定なのか否定なのかあいまいだという点を，清水先生は問題にしています。実はこの文は，清水先生が若いころに書いたものです。自分の文章を悪文の例として出す，というのは見上げたものです。そして当時の自分は，「が」の前後の関係を十分に考えていなかったと反省されています（1959, p.56）。

　もう1つ私が「が」の多用がいけないと思う理由は，読者に不親切だからです。清水先生の文例で言えば，「現代における社会と個人との対立（は）……特徴づけられている」とここまで筆者の主張を読んできた読者は，「が」という助詞ひとつで別の方向を向かなければならなくなります。「人類文化の危機の表現でなければならない」というもう1つの主張も，連続して考えなければならなくなります。まったく僭越ながら大先生の文章を私が短文に切らせていただくと次のようになります。

　　かくして現代における社会と個人との対立また闘争は，後者の優越をもって特徴づけられている。これは正しく人類文化の危機の表現でなければならない。

意味はまだ難解です。でも，少なくても読者がいったん止まって考えるリズムができます。清水先生の文章は1935年に書かれたものですが，現代の学生

も意外に「が」を使って文をつないでいます。そのほか，もっと幼い文章に感じられるのは，「で」です。「……で，……で，……だから，……だ。」のような，間のびした文章をときどき見かけます。「一文一殺」の心がけで，切れのいい文を書きましょう。

「②あれこれ言わない」というのは，「これ」「それ」のようないわゆるこそあど言葉を使うのをできるだけやめましょうということです。さきほどの清水先生の悪文例を見てみましょう。「が，」のすぐ後に，「これは正しく人類文化の危機の表現でなければならない」という文が続いています。この文の「これ」は，いったい何をさしているのでしょうか。「現代における社会と個人との対立また闘争」でしょうか。「個人が優越しているという特徴」でしょうか。私にも読み取れません。かりに清水先生が，「これ」は「個人が優越しているという特徴」をさすと考えていたとしたら，次のように書いたほうが明確な文になります。

　　かくして現代における社会と個人との対立また闘争は，後者の優越をもって特徴づけられている。個人が優越しているという現代の特徴は，正しく人類文化の危機の表現でなければならない。

まだ意味は難解です。ただし何が「人類文化の危機の表現」だと筆者が考えているのかは，明らかになります。できれば，「これ」「それ」を使わないで，言葉を言い換えたほうがクリアな文章になります。

「③読者を意識して」とは，卒論の読み手をどのように想定しているかで文章が変わってくるということです。「先生とコミュニケーションしよう」のところで書いたように，卒論の第一の読み手はゼミの先生です。となると，どのような文章の調子（文体）で書けばいいか自然に決まってきます。友だちへのメール文とは違いますよね。ただ先生向けだからと言って「です・ます」調だとていねいすぎます。卒論は，「だ・である」調で書きましょう。

それから先生が読者だとしても，「先生は自分が書くテーマについてはよく知っているだろう」と必要な説明を飛ばしてしまうのもよくありません。卒論の読者は，自分の書くテーマについてあまり知らないことを前提に，ていねい

な説明にこころがけましょう。「なるほどよくわかった」「あなたの言うことがもっともだ」と，読者に納得させることが大事です。

「④自分のリズムで」とは，前にも言ったように，自分に今そなわっている文章力で書く，「立派な文章」を書こうと肩に力を入れないことです。もちろん，各分野で多くの人が意味を共有している専門用語を使うことは必要です。ただ，難しい言い回しをしないと，論文らしくないと思っている人がいます（学生に限りませんが）。たとえば，「××的」「○○性」などの言葉を多用する人がいます。そんな虚飾は必要ありません。

私はゼミ生の書いた卒論を読む時に，その人特有のリズムを感じることがあります。ある人は流れるように，自分の考えを語ります。ある人は慎重に考察を進めています。1年以上ゼミでいっしょだったのに，4年生の最後に卒論を読んで，いままで知らなかった学生の一面を見るような気がすることがあります。そのほうが，変に着飾った文章を読んでいるより楽しいものです。

16時間目 悩まない。とにかく書き出す。書きながら考える

さて，卒論の文体についての確認が終わったところで，卒論の執筆に取りかかりましょう。私の経験から言えば，執筆のコツはただ1つ。「悩まない。とにかく書き出す。書きながら考える」ということです。卒論を書いていく道のりの中で，一番大変なのは最初の1ページです。ただここを突破すると，おもしろいように文が出てくるランナーズ・ハイの状態がきっときます。

よく学生で「集めたいと思った資料が完全に集めきれていないので，まだ書き出せない」という人がいます。でも，半年一生懸命探しても手に入れられない資料は，一生かかっても見つけられないかもしれません。あきらめが肝心です。私が，「とにかく書き出す」ことをお勧めするのは，文章にすることで自分の研究の進み具合が目に見えるからです。少し書いてみると「この点について少し資料が足りないなあ」とか，「自分ではけっこうわかっているつもりだったのに詰めが甘い」とか反省点が見えてきます。そうしたら，補足的に資料を集めるとか，調査結果をもう一度分析するなどをすればいいのです。

あなたの目の前には，卒論執筆の道のりが書かれている卒論設計図＝章立て

があります。この設計図に，執筆スケジュールを当てはめていけばいいのです。たとえば，第1章は，400字詰め100枚の2割＝20枚。1日5枚書くとして，4日で仕上げるなどと計画を立てます。3，4日連続して卒論を書いたら，必ず疲れが来ます。自分へのご褒美として1日は完全休養にして映画を見に行ったりしてリフレッシュしながら執筆を続けたらどうでしょう。

　みなさんの手もとには，半年間せっせと集めてきた資料や調査結果を記したノートがあります。第1章は，先行研究や自分のテーマに関する新聞・雑誌記事をもとに，論文テーマ・研究対象の現状や定説を書くんでしたよね。書くべきことが決まっていて，書くことの根拠になる資料があれば，意外なほど筆は進みます。ランナーズ・ハイも目の前です。私は1章分を書く資料を1つの段ボール箱に詰め込んで，1章書き終わるごとに入れ換えるようにしています。すぐ手に届くところにすべての資料を置いておくためです。箱の中味の入れ替えも，次の章に向かうリセットになります。

　最後に執筆の際に気をつけたいことは，「保存！　保存！　保存！」です。ワープロで書く卒論の原稿は，デジタルデータです。いつ何かの事故で消えてしまうかもしれません。神経質なくらい，保存に気をつけましょう。ありがちなのは筆がノッテいて夢中で，または締め切りが迫っていて焦っていて保存をおこたる時。その時神様（悪魔？）が降りてきて，突然パソコンをフリーズさせたりします。

　私は気がついた時には，ワープロ・ソフトの保存ボタンを押すようにしています。それからUSBメモリーなどのリムーバル・ディスクは，必ず2個以上用意します。自分のパソコンを持っていたらハードディスクにもデータを残しておきます。さらに裏技としては，自分あてに添付ファイルでメールを送れば，どこかのサーバーが記憶しておいてくれます。最近では，クラウドサービスを利用して文章を保存している人もいるでしょう。ここまでやれば完璧です。原稿執筆にかけた時間を無駄にしないために，保存！　保存！　保存！　です。

　そして卒論の完成は，締め切りの1週間前くらいに置いた方が無難です。間際症候群というのがあって，人間焦るとミスを犯しがちです。卒論提出日に，自宅でプリントアウトしようと思ったら，プリンターが故障して提出できなかったという学生がいます（実話）。消費者金融のCMではないですが，「卒論は

計画的に」。さあ，執筆を始めましょう。

●引用・参考文献—————————
井上ひさし『自家製　文章読本』新潮文庫，1984年。
小笠原喜康『インターネット完全活用編——大学生のためのレポート・論文術』講談
　　社現代新書，2003年。
清水幾太郎『論文の書き方』岩波新書，1959年。
鷲田小彌太・廣瀬誠『論文レポートはどう書くか——テーマの決め方から文章上手に
　　なるコツまで』日本実業出版社，1994年。

［藤田真文］

第II部

卒論のテーマ別アプローチ

第1章 メディア史
——雑誌をめぐって——

1 「一生もの」としての卒論

　大学時代,文学部で日本近世史を専攻していた私の卒業論文のテーマは,「村方騒動と小前——南河内富田林村・古市村を事例として」でした。
　江戸時代の終わりの100年程の間に,ともに4回の大きなもめごとを経験した2つの村をとりあげました。最初は村内上層の主導権争いだったものが,騒動のたびごとに村内のより低い階層の人々までもが参加するようになり,最後には「小前(百姓)」を名乗る小作・日雇層へと広がっていった,云々。富田林村(大阪府富田林市)・古市村(羽曳野市)の旧家が所蔵していた騒動記録などを読み漁って卒業論文をまとめました。身分制度の厳しい幕藩制下にあって,自らを 同 定(アイデンティファイ)する新たな呼称(小前)を用いて,村内の指導層(長百姓)にさまざまな要求をつきつけていく,たとえその闘争自体は敗北に終わったとしても,そこに新たなセルフ・アイデンティティが立ち上げられた意義は評価すべきではないか……。
　そんなことの何が面白いのだ,とたずねられたら,今自分で振り返ってみても「？」です。が,くずし字辞典を片手に和紙に筆で書かれた古文書を読み解く作業も,何やら暗号解読めいていて,私の中では楽しい思い出となっています。
　大学卒業後は,広告代理店の社員を7年間やった後,2年間休職してマスコミ研究の大学院修士課程にもぐりこみました。修士論文のテーマは,「広告のフレイム・アナリシス」。私たちがふだん何気なく「広告」と呼んでいるもの

とは何なのか，そうしたカテゴリーはどのような歴史的な過程を経て社会に定着したものなのか，とかなんとか。その後，貯金も底をついたので元いた会社に戻り3年間勤め，縁あって現在の職場に転職しました。そして教員をやる傍ら細々と研究を続け，博士号（社会学）は『族の系譜学――ユース・サブカルチャーズの戦後史』（青弓社，2007年）にていただきました。

　われながら脈絡のない人生のようですが，『族の系譜学』は，ある若者たちが「〇〇族」と社会（とりわけマスメディア）から名指され，また時には自ら名乗ってきたことをめぐる歴史社会学といった著作です。幕藩体制崩壊期に自らを小前とカテゴライズし，闘争の主体として立ち現れた小百姓・水呑百姓。そして，与えられたレッテルを嫌いつつも，時には〇〇族として自身らの存在を誇示した戦後の若者たち。基本的な発想は同じです。学士を得た論文と博士を得た論文との20年ほどの間に，社会学をかじり，状況の定義だ，レイベリングだ，構築主義がどうしたこうしたと能書きは増えましたが，ま，人間さほど進歩するものではないようです。というか，二十歳(はたち)前後で考えたことは，けっこう一生ものなのではないか，と思うわけです。

　もちろん，「おまえは現在そうした職にあるからそんなことが言えるんだ」といった反応は承知の上です。でも，会社員生活を含めその後の人生において，大学生最後の一年間，かなり本気で卒論に取り組んだ経験は，私には決してムダだったとは思えない，とは声を大にして主張しておきたいと思います。

2　卒論へのモチベーション――そもそも，自分にとって「雑誌とは何か」

　とは言いつつ，私の場合，大学4年生の途中まで真剣に大学院進学を考えて

（1）　社会学の伝統の中では，ある状況への参加者たちは「そこで行われている・起きていることは何か」をつねに同定しつつ，ある行為を遂行している，もしくはその出来事に対応しているのだといった議論が繰り返しなされてきました。それが，「状況の定義」と呼ばれる問いです。レイベリング理論とは，ある人々を〇〇だとレッテルをはることとは，という問題群。構築主義はレイベリング理論から派生して，ある社会問題は，本質的に，ないし超歴史的・汎社会的に「問題である」わけではなく，当該社会におけるさまざまな人々の相互作用を通じて問題として構築されてきたのだとする考え方。構築主義は「社会問題の社会学」にとどまらず，近年さまざまな領域で議論されています。

いました。そのためには，少しでも学術的な価値のある卒論を書かねばと思っていました。テーマ設定に関しても，「研究史の穴をつく」ことを狙いました。当時あまり多くの人がやっていない領域で，まだ本格的に論じられていない論点を……，といった模索をしたのです。それまでの日本史研究の成果・蓄積の上に，たとえ僅かであっても自分が何かを付け加えてやろう，という気負いは持っていました。多くの人が研究者を志望する文学部の雰囲気に，何かしら影響を受けていたのかもしれません。

しかし現在私が勤めているのは社会学部であり，学部学生たちの間でも「高学歴ワーキングプア」といった社会問題が認識されている現状では，あまり多くの大学院進学希望者は望めません。頭ごなしに「学術的な価値のある卒論を書け」とゼミ生たちを叱咤してれば済む，というご時世ではありません。でも，研究者を目指さない学生にとっても，卒論を書くことは有意義でありうるはずだとは思います。私が勤める学部で卒業論文が必修なのは，たいへんよいことだと考えています。

第Ⅰ部の繰り返しになってしまうかもしれませんが，この第Ⅱ部第1章でもまず，「卒論を書く意義」について具体的な例をもとに確認しておきましょう。

本章では研究テーマを「雑誌」に求めているので，この機会に，2006年から2009年にかけて私のもとに提出された卒業論文の中から以下の6編を取り出し，読み返してみました。やはり，これらの卒論が，これを書いた人たち（のその後の人生）に無意味であったとは思えません。

 (a) 2006年卒女性「ライフスタイルを生み出す女性誌：光文社の打ち出す女性の人生観」
 (b) 2006年卒女性「マガジンハウス・クロニクル：雑誌黄金時代復活への提言」[2]
 (c) 2006年卒女性「被服選択と自立度・成熟度の関係性」

（2）　マガジンハウスは，1945年に月刊誌『平凡』を創刊し（当時は凡人社），産声を上げた出版社です。1954年に平凡出版と改称，1983年からはマガジンハウス。『平凡パンチ』『an・an』『POPEYE』『Olive』『Hanako』など，一時代を築いた雑誌を多く発行してきました。

(d) 2008 年卒女性「読者モデルの市場価値：口コミは，操作する時代へ」
(e) 2009 年卒男性「雑誌擁護論」
(f) 2009 年卒女性「現代雑誌が描く『かわいい』女性像」

　以下本節では，「卒論を書く動機づけ」という観点から，これらを3つのパターンに分類して考察しておきます。

（1）　卒論はその後の人生を暗示する。

　このうち(a)と(d)は，編集アシスタントないし読者モデルとして，学生時代に雑誌の送り手とかかわった経験にもとづく卒論です（以下このパターンを(A)と表記します）。二人とも，阪神間に位置する大学の女子大生の1つの類型である，いわゆる神戸系ギャルという外見の人たちでした。(a)の冒頭には以下のようにあります。

> 高校に入学すると同時に，私の愛読雑誌はSEVENTEENからJJへと変わった。……晴れて高校生となり，嬉々として読み始めたJJ。最初は，自分がJJを読んでいる，ということ自体に満足していたのだが，次第にその誌面内容に違和感を覚えるようになってきた。その違和感の根源は，私が誌面から漠然と感じた，「異性にモテる＝幸せ」「結婚＝幸せな人生のゴール」という図式である。他社の同系雑誌，RayやCanCamなどにはない，（と私は感じた）この独特の図式に，高校生だった私は反発を覚えてしまった。……中学時代に「高校に入学したらJJを読む」と心に誓った私は，このとき「大学に入学したらJJについて調べる」と決心したのである。

（3）　1970〜80年代に『JJ』は，阪神間の「ニュートラ」ファッションを広く世に知らしめました。その娘世代に向けて出された『JJ bis』でも，やはり神戸や中京圏（いわゆる名古屋嬢）の女子一貫校ファッションがフィーチャーされていました。神戸系とされるブランドの隆盛や「神戸コレクション」の開催もあって，現在，「ギャルだけどどこかエレガンス」なファッションを指して「神戸系」と称することが多いようです。

3年生の夏，(a)さんは『JJ』（光文社）の派生誌（妹誌）である『JJ bis』にライター募集の告知を見つけ，編集長との面接を経て，2004年秋から記事の作成・編集に参加していくことになります。

一方，以下は(d)の序論からの抜粋です。

> では何故，口コミを研究する上で読者モデルなのか。／それは，私自身の経験からだ。読者モデルと洋服の販売の両方に携わったことで，売上げへの影響を直接目の当たりにしたからである。／私が働いていた職場では，毎日人気女性誌に高い掲載料を出して広告を載せている。しかし，雑誌の販売翌日からかかってくる問い合わせの電話は，プロのモデルさんに着てもらっていた服よりも，1円も出していない，読者モデルがファッション・スナップ頁で着ていた服の方がはるかに多い。……しかし，一般人の代表であるはずの読者モデルだが，彼女達はしっかり企業の広告塔として利用されているのだ（実際，私の職場のブランドも，読者モデルが撮影日前日になるとプレスルームに服を借りに来ている）。

誌面では「私物です」とされているものの多くが貸出であることを，貸す側としても借りる側としても体験したことから，(d)さんは「読者モデルとは」というテーマを選びます。そして，『JJ』『CanCam』『Ray』『ViVi』のいわゆる赤文字系4誌1年分の全頁中に，「読者モデルとして誰が何カット登場したか」を丹念にカウントしていきます。読者モデルの一人として，「どういったタイプの子がどの雑誌によく取り上げられるのか，またそれはなぜなのかをぜひ知

（4）『JJ bis』は，『JJ』『Classy』『Very』『Story』『Hers』といった光文社の雑誌系列の最年少版として2001年に創刊されました。かつて『JJ』を読んだ母親たちの娘誌でもあります。その後『bis』に誌名を変更，2006年に廃刊。年代毎にセグメントされた雑誌を出版し，より年長向けの雑誌へと，同一出版社内で読者を「バケツリレー」していく方策に関しては，吉良（2006）を参照してください。

（5） 1990年代頃から『JJ』（光文社）『CanCam』（小学館）『ViVi』（講談社）『Ray』（主婦の友社）の，女子大生・若年OLをターゲットとしたファッション誌が，その題字の色から赤文字系と呼ばれはじめました。時にカジュアルであったりもしますが，基本的には男ウケ，親ウケのよいフェミニンなスタイル。

りたい！」という執念を感じさせる分析は，緻密で秀逸なものでした（少なくとも，「この1年で『CanCam』に105回出てる○○さんは，『Ray』にも91回，『JJ』にも33回出ている」とか，「関西読者モデル率が最も高いのは『JJ』，低いのは『Ray』」といった知見は，(d)さんならではのものでした）。

　その後，(a)さんは就職情報などを扱う企業に入社してキャリアをつみ，(d)さんはタレント事務所に所属し，人前にでる仕事を模索していきます。年の離れた男性である私の目からは，外見的には同様なギャル（神戸系）に見えた(a)さんと(d)さんですが，(a)さんの裏方志向と(d)さんの「自分が表舞台に出たい」志向との違いは，卒論からもはっきりと読み取れました。やはり，卒論はその後の人生を暗示しているのです。

（2）　卒論は職業人への覚悟の場でもある。

　私のゼミの場合，3年の11月頃にゼミ・レポート（4000字相当）を提出し，大多数は就職活動に突入，身の振り方が確定した者から順次卒論（2万字相当）へと意識を切り替えていく，といったスケジュールで進んでいきます。

　(b)さんと(e)くんは，ゼミ・レポートの段階でも雑誌を研究対象にあげており，4年生の早い段階で出版社から内定を得た学生でした。そして迷いなく，卒論テーマを雑誌に定めました（以下このパターンは(B)と表記）。ここでも，まず(b)の冒頭を引いておきます。

> 高校時代，私はインテリアを学ぶ学部を志望していた。しかし，インテリアデザイナーになりたいわけでも，図面がひきたいわけでもなかった。私は，マガジンハウスの月刊誌，『カーサ・ブルータス』の編集者になりたかったのである。／結局，その大学からはお呼びがかからず，関学社会学部に入学した。そして今，学部での勉強のおかげというべきか，実際には全力で遊ばせてもらったおかげといったほうがしっくりくるが，ともかく雑誌出版社への就職が決まった。(6)

　女性ファッション誌・ライフスタイル誌に定評のあるx社に採用が決まった(b)さんは，戦後の昭和期，つねに新たな雑誌のあり方を提案し，業界を牽引し

てきた出版社の戦後の歴史を振り返り,「もうすぐ自らが身を置く出版業界の未来を占う」ことで,「これからの私にとって何か大切なものが見つかるのではないか」と卒論に取り組んでいきます(そして 2010 年現在, x 社の女性誌に編集者としてクレジットされています)。

その 3 年後,やはり雑誌を主力とする y 社に内定した(e)くんは,卒論の冒頭に次のように記しています。

> 雑誌というものに興味を持ちはじめたのは,2005 年の春ごろ,「そろそろインドに呼ばれていませんか」というカーサ・ブルータス(マガジンハウス刊)の見出しを書店で見かけたときだと思う。そこで私は初めて女性誌コーナーでの立ち読みを敢行し,「インドに呼ばれてるかも」と思った。そしてその年の夏には実際にインドへ旅立っていた。…その体験から私の中には「雑誌は人のアクションを強烈に喚起する危ない存在だ!」という考えが生まれ,それが今も続いている。それ以来,私はあらゆる雑誌を読むようになり,実際にそんな雑誌を作りたいと思うようにもなり,フリーペーパーをつくったりもした。(7)

(b)さんが卒業した頃以上に,(e)くんの就職時には雑誌の部数低迷が深刻化し,廃刊ラッシュが続いていました。そうした中,(e)くんは「雑誌はこれからも生き残り続けるという仮説を立て,雑誌とは何か,そして雑誌の過去・現在・未来について論じ,徹底的に雑誌を擁護していきたい」と論を展開していきます。出版不況のトンネルからの出口は,依然見つからない状況でしょうが,(b)さんと(e)くんには健闘を期待したいものです。

---

(6) 大学時代(b)さんが,ただ遊んでいたとうけとめられては困るので注記しておきますが,ともかく何事にも積極的で,好奇心の旺盛な学生でした。グラフィック・デザイン関係のサークルを切り盛りし,フリーペーパーを作り,映画好きが高じて映画館でバイトを続け,編集・出版業関連のセミナー受講のために深夜バスで上京し…等々。

(7) 私のゼミでは,「オリックス・バファローズの試合への大学生の動員策」について企画・立案し,関西の他大学のゼミとともに球団側に競合プレゼンテーションをする機会を設けたことがあります。それが機縁となって,球団広報から依頼を受け,ゼミで『Buffalo'07』というフリーペーパーを制作しました。その中心にいたのも(e)くんでした。

1　メディア史——雑誌をめぐって

（3）　卒論は学生生活への決別でもある。

　最後に，それまで雑誌には読者として接してきて，かつ卒業後も一読者としてあろうとする人たちが，卒論で雑誌をとりあげた(c)・(f)のケースです（以下このパターンを(C)と表記）。まず(c)の冒頭から。

　　私を含め私のまわりの友人にはいわゆる"お姉系（ねえ）"の人が多い⁽⁸⁾。しかし"お姉系"って何!?と言う疑問が頭をふとよぎった。というのも，人の装いには系統があるが，"お姉系"と分類される中でも細かく見るとさらに細分化することができる。そして，同じ"お姉系"と呼ばれる人たちでも全く雰囲気の違う服装をしていることがあるからだ。

　こうした問題意識から発し，(c)さんは，「お姉系」の人たちが周囲にアピールしていく自己像には4類型があり，それらは「自立度」「成熟度」という2つの座標軸による4つの象限にそれぞれ位置づけることができると結論していきます。そして当時の『CanCam』の好調は，その4類型毎にカリスマ的な人気を誇る専属モデルを擁した点にあると指摘しました⁽⁹⁾。
　一方(f)さんは，モデル蛯原友里さん——(c)さん言うところの成熟度高・自立度低の象限にある「お嬢さんかわいい（エビちゃん系）」担当——の全盛期に大学時代を過ごし⁽¹⁰⁾，その影響を強く受けていました。(f)の冒頭には以下の文章があります。

---

(8)　2000年代に入り，（コ）ギャル卒業生のファッションとして，よりコンサバティブでわかりやすくセクシーな「お姉系（ねえ）」が注目されました。その後，お姉の代名詞であった「巻き髪」は，『小悪魔ageha』（インフォレスト）に由来するage嬢たちに，よりパワーアップして受け継がれていくことになります。
(9)　論文の論旨の流れはこうですが，実際には，当時『CanCam』がさかんに提唱していた「カジュアルかわいい」「小悪魔かわいい」「イイ女かわいい」「お嬢さんかわいい」とは何なのか，という問いが(c)さんの出発点です。被服心理学や自己の社会学などの文献を読み込む中から，「自立」と「成熟」というキーワードが抽出されていきました。
(10)　エビちゃんこと蛯原友里は，山田優らとともに『CanCam』の専属モデルとして当時絶大な人気を博し，雑誌以外にも活動の領域を広げていました。その後モデルとしては，押切もえがメインをつとめる『AneCan』（当初『お㊙さん系CanCam』『㊙Can』と表記）へと移行。

第Ⅱ部　卒論のテーマ別アプローチ

　　おしゃれに興味を持ち始めた中学生時代の私にとって，女性ファッション誌は人並みにおしゃれをするための'ものさし'だった。約10年間，女性雑誌の影響を受けてきた私は，ごく'普通'の女子中学生，女子高生，女子大生として生活を送ってきた。一般受けする見た目と，周囲から浮かない格好を私は望んできた。その意味で女性誌は絶大な力を持っており，雑誌を参考にすることで私の望みはかなった。……雑誌の中の憧れのモデルを目指し，ファッションにこだわり，体型を維持し，キャラクターをも知らず知らずのうちに身に付けてしまう。これで'内輪かわいい現象'が成立する。

　また(f)さんは，「コンサバ女性誌の世界に染まれば，「かわいい！」という褒め言葉，賞賛を得ることのハードルは低くなる」とも述べています(11)。(f)さんの場合，自分が『CanCam』やエビちゃんを志向してきた理由——多くの人にとってわかりやすい「かわいらしさ」，特に同性の友人たちからの，ほどよく「かわいい」との承認を求めて——に思い当たるための卒論だったようです。

　(c)さんも(f)さんも，3年生11月のゼミ・レポートの時点から，「女性ファッション誌」をテーマに掲げてきました。ただし，その段階では「いちばん身近で考えやすい……」くらいの漠然とした動機づけだったし，何を明らかにしたいかの問題意識もさほど明確ではありませんでした。(B)の場合は雑誌が好きだという思いが高じて，誌面を作り，「ものさし」を世に送り出すことを明確に志向していたのに対し，(c)さん(f)さんともに，読者（共同体の一員）として好きなのであって，「ものさし」の選好はしても，それを創り出したいわけではないという自覚はあり，出版業界への就職活動はしませんでした。

　卒論執筆へのモチベーションの強さで言えば，(A)(B)に軍配は上がるのでしょう。ですが，論文のできとしては，最終的に(c)(f)はかなりいい具合に仕上がりました。二人ともポテンシャルはもともと高い人たちだったのですが，就職活動のプロセスで鍛えられたという印象を私は持っています(12)。同一ないし同様のファッション誌の読書体験により，多くの前提を共有しあっている同性の

---

(11) 2000年代，赤文字系の中でも『JJ』『CanCam』がより「コンサバ（ティブ）」でした。『ViVi』『Ray』は，ややギャルよりのテイスト。

友人たちが，互いの「かわいらしさ」を認証・賞賛しあう温かい空間——そこに参加し，そこでポジションを確保することの苦労は多々あるのでしょうが——から外へ出ていき，未知の「ものさし」によって採用／不採用が決まっていく場に臨んだことが，自らが「お姉」や「エビキャラ」を選んできた理由・意義を自省する契機となったように思います。そして，就活の過程を通じて培われた，温かい空間になずんでばかりはいられないという覚悟は，納得のいく就職活動の結果とともに，自らも成員としてある読者共同体の成り立ちを精査する卒論へとつながったと思います。顧客への対応や職場内での人間関係は，温かいものばかりではないかもしれませんが，(c)さん(f)さんの社会人・職業人としての健闘を祈ります。

（4） 卒論を書く意義とは

さて，6つの例をみてきましたが，共通して言えるのは，大学3年から4年にかけて，卒論のテーマを何にするかで悩むことは，就職活動でいうところの「自己分析」と密接に連関しうるという点です。時には「(出版業界やある出版社への)志望動機」の確認——好きなことを仕事にしたい！——にもなるし，またある時には，好きなことと仕事は別という「ふんぎり」にもなりうるわけです。(A)の場合は，雑誌にかかわってきた自己の経験とは何だったのか，(B)の場合は，なぜ自分は雑誌作りに携わりたいのだろうか，(C)の場合は，なぜ私は雑誌が好きなのだろうか（この手の雑誌が好きな私とは何者だろうか）……。こうした問いを考える機会というだけでも，卒論という制度はじゅうぶん存在する意義があると言えるでしょう。

ただし，研究者を目指さない大多数の学生にも，学術的な価値を少しは追求してほしいとは思います。多くの学生の眼には，アカデミックな世界は一様に退屈で，どれもこれも似たりよったり……，と映ってしまっているかもしれません。教員側の責任はもちろんありますが，アカデミア（学究的世界）とは，本来はそれぞれがオリジナリティを追求している刺激的な世界であるはずです

---

(12) 余談ですが，(c)さん(f)さんともに公立進学校の出身。(f)さんは，『JJ』に始まる光文社の女性誌ラインアップを，私立女子一貫校にたとえ，それとの比較において『CanCam』は「敷居が低い」と指摘しています。

(もちろん凡庸な研究・議論もあるでしょうが，多くの研究者は，少しでもこれまでの学問の歴史の上に「自身にしかできない何か」をつけ加えようとしています)。これまでの研究史・学説史の文脈を踏まえ，その上で少しでも独自なものを提示しようとする努力。その試行錯誤の中で得られたものは，就職活動にも転用可能ではないでしょうか。オリジナリティのある卒業論文を書くためには，これまでの研究の到達点や議論の流れを把握し，その上で自分にしかできない何かを求めて，自らの研究の構想を練る必要があります。そうした作業は，凡百のエントリーシートの中に埋もれてしまわないために，もしくは面接官に「またかよ」という顔をされないために戦略をたてることと，どこか相通ずるところがあるはずです。

　要するに，卒論に向けて準備する過程は，さまざまな能力の涵養の場となり得ると言いたいわけです。[13]

　2009年暮に放送されたNHK教育テレビの番組「知る楽・仕事学のすすめ　人を動かすデザイン力」では，アートディレクターの佐藤可士和さんが，美大生や芸大生ではない大学生のゼミを受けもった様子が描かれていました。[14]「次のオープンキャンパスで，この大学が高校生・受験生に対して何をすべきか」といった企画をグループごとに立案させ，その案のプレゼンテーション大会を開き，単に講評するだけではなく，よい案は採用し，その実施・運営までを学生たちに担当させたそうです。佐藤さんによれば，社会に出て結局役に立つのは，「コミュニケーション能力，プランニング能力，プレゼンテーション能力」であり，それらを養成するにはこうした実践がいちばん，とのこと。

　もちろん，このようなコンペティションだけが，それら3つの力を培う場ではありません。くどいようですが，卒論に取り組む過程でも，これら諸力の底上げは可能です。聞き取り調査に限らず，文献調査といえども必要な資料・史料に到達するためには「コミュニケーション能力」が必要ですし，ユニークなテーマや着眼点を探り当て，分析結果や結論におけるオリジナリティを追求する発想力・思考力，さらには独りよがりにならないための配慮，長丁場の卒論

---

(13)　本田（2009）での「柔軟な専門性」という議論や難波（2014）を参照してください。
(14)　佐藤可士和さんは，ある総合大学の校章などSI（スクール・アイデンティティ）のデザインを請け負い，その大学でゼミを持つことになりました。

執筆を効率的に進める周到さなどの「プランニング能力」も不可欠です。そして，構想段階の発表や途中経過の報告などに加え，最終的に卒論を書くという「プレゼンテーション能力」。これら3つの力は個々別々に存在するわけではなく，密接に関連しています。

　3～4年生が所属するゼミを主宰する身としては，極力これら3つの力を身につけてから，就職活動に挑んでほしいと願うのみです。3年の終わりから決まるまでエンドレス，という就職活動の現状では，なかなか困難な点も多々ありますが，ゼミ生たちが少しでも未来を切り開くことに寄与するゼミの運営，卒論の指導を心がけたいとは思っています。

3　雑誌を研究するのか，雑誌を通じて研究するのか

　では次に，雑誌を研究対象にするということを，もう少し掘り下げて考えてみましょう。

　私は，雑誌研究には大きく分けて2つのパターンがあると考えています。[15]

　まず，1つ目は「雑誌そのものが研究対象となる場合」です。たとえば，阪本博志『『平凡』の時代——1950年代の大衆娯楽雑誌と若者たち』(2008) という本があります。この書では，戦後のある時期，一世を風靡した雑誌『平凡』に関して，送り手・受け手の双方の視点から徹底的に検討が加えられています。また，恥ずかしながら自著を例に引くと，難波功士『創刊の社会史』(2009) という新書もあります。こちらは筆者自らの創刊号コレクションをネタに，雑誌とは何か，雑誌というメディアはその社会・時代の状況の中でどのような役割を果たしたものか，と愚考したものです。

　もし日本マス・コミュニケーション学会の学会誌『マス・コミュニケーション研究』や日本出版学会の『出版研究』が図書館にあれば，バックナンバーを眺めてみてください。雑誌そのものを対象とした論文が見つかるはずです。

（15）　もちろんこうした二分法には，いささか乱暴なところがあって，阪本さんの著作にしても，『平凡』を通じて1950年代の大衆文化・若者文化の諸相を解明したという側面もあります。また辻 (2009) などは，1990年代の女子高生ブームとは何だったのかを問いつつ，「男性週刊誌（のジェンダー）論」となってもいます。

2つ目は、「雑誌を分析対象とすることで何かを明らかにしようとする場合」です。たとえば、上野千鶴子『セクシィ・ギャルの大研究』(1982) という本があります。そこでは、雑誌に掲載された図像などの分析を通じて、当時の日本社会を覆っていたジェンダー・バイアスが暴かれています。また、石田あゆう『ミッチー・ブーム』(2006) という新書もあります。これは、当時の女性週刊誌などにもとづいた、1959年のご成婚前後の「美智子様」人気とその意味の検証です。

ただし、これら二冊以外を参照していくと、この二人が異なるタイプの研究者だとわかってきます。上野千鶴子さんは実に多様なテーマを取り扱っており、必ずしも雑誌の研究者とは言えないようです。一方、「石田あゆう」で検索すると、どうやら「雑誌そのものを研究対象とした人」だと見当がついてきます。石田あゆう「『若い女性』の誕生──雑誌が生み出す読者像」高井昌吏・谷本奈穂編『メディア文化を社会学する』(2009)、といった論文や『戦時婦人雑誌の広告メディア論』(2015) という著書など、雑誌関連の文献が数多くヒットするはずです。

想像ですが、上野さんも石田さんも雑誌を繰るという行為自体が、たいへん好きな方のように思います。というか、雑誌を研究の対象にする人に必要な要件は、とにもかくにも雑誌を読む・眺めるのが好きだということです。好きならば、地道な分析作業も苦になりません。もちろん、何らかのテーマがまずあって、それを研究していく上で雑誌の分析が不可欠となるケースもありうるでしょう。しかし、テーマ設定と分析対象選択との関係は、表裏一体というか円環構造をなしていることが多いと思います。雑誌が好きで、日々ページを繰っている中から、何らかの問題意識が立ち上がってくるパターンがほとんどです。

デビュー作『セクシィ・ギャルの大研究』以後の長い研究生活の中で、上野さんはより広範な社会理論や社会時評へと仕事を展開させていきました。一方石田さんは、女性雑誌研究を基盤にすえた歩みを続けています。もちろん卒論の場合は、お二方の研究歴のように十数年さらには数十年といった長期的な話ではありませんが、やはり雑誌そのものについて論じたいのか、雑誌を通じて

---

(16) 同書には、村瀬敬子「『主婦之友』にみる台所と女性──生活空間の意味変容」も収録されています。

何かを語りたいのかははっきりさせておきましょう。その方が，「結局何がしたかったの？」「これって何についての卒論？」といったことにならずに済むと思います。

前節で出した例で言うと，以下の3編は雑誌そのものに照準して
(a) ある出版社の雑誌群が描きだすジェンダーのあり方の特異性とその社会的背景
(b) 雑誌メディアの全盛期の様相とその中心にあった出版社の軌跡，その社会的・文化的含意
(e) 新たなメディア環境下での，雑誌というメディアの可能性

を論じた卒論であったのに対し，他の3編は
(c) ファッション（ティスト）の選択はいかに行われるか
(d) マーケティング・ツールとしての口コミの現状と可能性
(f) 「かわいい」とは何か

をファッション雑誌の分析を通じて明らかにした卒論ということになります。
「雑誌で卒論！」と思い立った時には，ぜひ一度「千鶴子か，あゆうか」と呟いてみてください。

4 雑誌（史）研究の tips

（1） 研究対象の絞り込み

ティプス（tips）とは，まあコツとか，ポイントみたいなことです。

雑誌の頁をめくるのは好きだから，雑誌に関わる卒論を書きたいけど，研究テーマとか言われても，まだ漠然としていて……，という状態の人に授けるコツは，ではとりあえず見ていく雑誌（の種類やジャンル）や期間を絞りなさい，ということです。

学部学生に，旧漢字・旧かな遣いの戦前の雑誌は，少ししんどいかも。ゆえ

---

(17) 研究者を目指すのならば，卒論であっても「研究史の穴をつく」ことと同時に，今後の研究の広がりを感じさせるテーマを。卒論から発展したという阪本（2008）にしても，ある雑誌を単に経年的に分析するだけではなく，「大衆社会状況とは」という大きな問題群へとつながっています。

に，この章のタイトルはメディア史となっているのですが，基本的には戦後の事例をとりあげています。語学に堪能ならば，海外の雑誌という選択肢もあるかもしれませんが，それもここでは除外して考えます。また卒論指導を担当する先生によっては，「その類(たぐい)の雑誌はちょっと……」ということもあるかもしれません。[18]

　それから，自分の今いる環境で，閲覧しやすい雑誌は何か……，というところから決めても，それはそれで構いません。私自身も，少女マンガ雑誌を検討して「少女という読者」荻野昌弘・宮原浩二郎編『マンガの社会学』(2001)を書いたのは，勤務先の学部に少女マンガ雑誌コレクションがあったからです。[19]

　雑誌のジャンルと期間を絞ると，チェックすべき先行研究も見えてきます。[20]取り扱うジャンルを絞る，期間を区切る以外にも，とりあえず一誌に限定するという方法もあります。ある雑誌を経年的にたどっていく手法です。最寄りの図書館に「某誌があまり欠号なくそろっている！」といった場合，検討してみ

---

(18) たとえばエロ（マンガ）雑誌には，永山(2006)や米沢(2010)といった労作があり，塩山(2009)，団(2010)など当事者の弁も非常に参考になります。こうしたややアンダーグラウンドな世界から発した「サブカル誌」に関しても，ビスケン(2000)，香山(2008)，赤田・ばるぼら(2014)，本橋・東良(2015)など興味深い著作が多々あります。このあたりを対象とした卒論を考える学生がいれば，私は支持します。逆に，研究職を得ようとしている大学院生がこうした領域に進もうとすると，それは定職についてから……，となだめに入ると思います。

(19) そういえば，大学生の時に卒論で富田林村をとりあげたのは，所属していた大学の古文書室に，富田林村某家文書（の現物ないしマイクロフィルム）があったからです。また大学で講義を担当されていた某先生が，富田林市史編纂に関わっておられ，紹介状を書いていただけました。そして何より，実家から富田林市役所まで原付で30分。一村だけではと思い，富田林村にほど近い古市村をとりあげたのも，研究会でお世話になっていた某先輩から市史編纂室にて古市村の某家文書を整理中との情報を得たことと，やはり羽曳野市役所まで実家から原付で30分，といった事情からでした。

(20) たとえば「戦後の女性誌」と絞ると，先述の石田あゆうさんをはじめ，主要な研究者が比較的簡単にリストアップできることでしょう。ごくごく基本的な文献だけを挙げておきますが，井上(1989)，諸橋(1993)，中尾(2009)，米澤(2010)，津野(2013)，江刺(2014)，小関(2015)などは必読書。その他情報誌ならば大阪府立文化情報センター編(2008)や掛尾(2011)，男性誌ならば景山(2010)やツルシ(2010)，論壇誌ならば竹内・佐藤・稲垣編(2014)や佐藤編(2015)，同人誌ならばPiepmeier(2009：2011)などが，糸口となるでしょう。

て損はないやり方です。

　丹念に雑誌を繰っていくこと，そこからさまざまな発想が湧いてきます。頭で考えて煮詰まった時は，とりあえず体を動かしましょう。要するに，雑誌現物を探しに出かけ，手に取ってみましょう。基本的に創刊号だけであれこれ言おうとした私の『創刊の社会史』などは邪道ですが，それでも創刊号を求めて，それなりにいろんな所をウロウロしました。雑誌バックナンバーをそろえているような図書館が学内にも近隣にもない，上京して図書館を回ったり，またはネットで買い集めたりするには経済的にきつい，といった多くの大学生がおかれている状況は承知の上なのですが。

（2）　関連文献の集め方

　分析対象とする雑誌が絞られ始め，実際に手に取るめどがつきだしたならば，その雑誌に関する情報や文献，先行研究も集めていきましょう（もしくは関連文献や先行研究の検討の中から，取り上げる雑誌を絞っていきましょう）。

　雑誌関連のデータ・情報収集のためには，各年の毎日新聞社『読書世論調査』，全国出版協会出版科学研究所『出版指標年報』，日本雑誌協会『マガジンデータ』，出版ニュース社『出版年鑑』などが定番でしょう。雑誌の部数も正確に知りたいところですが，なかなかこれは困難な作業です[21]。しかし，これら年鑑類や日本雑誌協会のホームページなどを見ると，おおよその趨勢は見当つきます。また出版社の社史は，基本文献です。たとえば平凡出版（マガジンハウス）のように，ひじょうに自己言及好きな出版社（ないしそこの編集者たち）には，関連文献も豊富です[22]。出版史に関しては多くの碩学が存在します[23]。また，

---

[21]　栗田（2006）を参照。

[22]　平凡出版（マガジンハウス）の場合，比較的参照しやすいものだけでも，赤井（2002），赤木（2004），赤木（2007），堀内（2007），椎根（2008），新井（2008），コロナ・ブックス編集部（2008），塩澤（2009），塩澤（2010），長田（2010），酒井（2014），椎根（2014）など。社史ないし社史に近いものとして，平凡出版（1965），江藤（1966），岩堀（1970），江藤（1983），清水（1985），マガジンハウス（1985），木滑（1998）などがあります。

[23]　植田康夫・塩澤実信・浜崎廣・福島鑄郎・小田光雄といった著者名で検索をかけてみてください。

ムック類もバカにできません。雑誌に関する新聞雑誌記事の検索も必要でしょ[24]
う。『創』や『編集会議』といった業界関係誌も注意しておく必要があります。[25]

　書籍に収録されている論文の中にも基本文献が潜んでいます。たとえば戦後の女性雑誌の研究をする以上，落合恵美子「ビジュアル・イメージとしての女——戦後女性雑誌が見せる性役割」井上輝子ほか編『日本のフェミニズム7　表現とメディア』（1995），吉澤夏子「性のダブルスタンダードをめぐる葛藤」青木保ほか編『近代日本文化史8　女の文化』（2000），坂本佳鶴惠「消費社会の政治学——1970年代女性雑誌の分析をつうじて」宮島喬編『講座社会学9　文化』（2000）は必読です。

　学会誌や大学紀要にも，重要な論文が掲載されていたりもします。やはり女性雑誌を例にとれば，稗島武「レディメイドと身体——女性ファッション誌『アンアン』に見る身体イメージの変遷」『社会学評論』（2005）や栗田宣義「女性ファッション誌研究の新方法論」『ソシオロジスト』（2006）など。これらは時にPDFファイルでダウンロードできる場合もあります。また，意外な領域の学会誌に雑誌研究論文があったりします。原田ひとみ「"アンアン""ノンノ"の旅情報——マスメディアによるイメージ操作」『地理』（1984）や井上雅人「日本における「ファッション誌」生成の歴史化——『装苑』から『アンアン』まで／『ル・シャルマン』から『若い女性』まで」『都市文化研究』（2010）などです。これらの論文は，社会学やマスコミ研究，出版学などの文献からの芋づるでは，なかなかヒットしにくいので，第Ⅰ部で紹介されていた検索手法を駆使して探し当ててください。

　ただし，こうした文献や記事類を読んで，わかった気になるのは危険です。以下，こうした雑誌周辺の情報や先行研究を「資料」と表記し，雑誌現物を「史料」と表記することにしましょう。史料ときくと，私などはいまだに和綴

---

[24] ムックとは雑誌（magazine）と書籍（book）との中間形態の出版物を言います。古くは宝島社（1997），宝島社（1999），洋泉社（2001）。最近では宝島社（2008），コスミック出版（2010）など。新保（2000），能町（2013）も隠れた名著。

[25] 大学図書館などから大宅壮一文庫の雑誌記事索引検索や新聞社のデータベースにアクセスできれば，かなり効率的に情報収集が可能です。実際に購入するに至らないにせよ，アマゾンや「日本の古本屋」などネット通販のホームページで，雑誌表紙の書影だけでも確認してみましょう。

じの冊子などを思い浮かべてしまいますが，コンビニで買った今月号の雑誌でも，現代史ないし現在史の立派な史料です。再三例に挙げてきた6編の卒論にしても，戦後の『平凡』創刊から説き起こした(b)以外は，書かれた当時はすべて「同時代史としての雑誌史」でした（数年経って読み返してみると，言及されていた雑誌の廃刊などもあり，それら卒論自体もすでに歴史の領域に入りつつありますが）。

（3） 調査に出かける

　大学の図書館で雑誌バックナンバー（史料）にふれられる，という恵まれた学生は数少ないと思います。例に挙げた卒論の書き手の中には，赤文字系4誌の過去1年分なら全部家にあります，『JJ bis』は創刊から全巻そろいです，『CanCam』が本棚ひとつ占拠してるのですが捨てられないんです……，といった人たちもいました。が，それはやはり例外でしょう。

　友人・知人が見せてくれるという幸運でもない限り，頼りは図書館です。私の知る範囲では，やはり国立国会図書館にとどめを刺します。雑誌記事の取り寄せに利用されることの多い大宅壮一文庫も，直接足を運べば現物を手にとることができます。また雑誌の専門図書館も存在しますし，専門図書館の中には，特定領域の雑誌のバックナンバーがコンプリートされていることもあるでしょう。ただし，これらもやはり首都圏中心。私は紙の本への思い入れの強い人間なのですが，これらの施設・機関を利用するための交通費・複写費などを考えると，電子出版や過去の出版物のデジタル・アーカイブ化もやむを得ないのかもしれません。

　ただし，マテリアルとしての雑誌，もしくは雑誌の物質性（マテリアリティ）ということを考えると，図書館もじゅうぶんではありません。雑誌につきものの付録までは，普通保存されていないからです。合本されていると，背表紙の確認もできません。万難を排して現物にふれましょう。神田神保町などの古書店（雑誌専門店もあり）や，ネットでの古雑誌の通販やオークションに頼るのも1つの方法で

---

(26) コンビニと言えば，『出版ニュース』など業界誌を繰れば，紀伊國屋書店の年間の売上をセブンイレブンの書籍雑誌売上が超えている現実が明らかとなるでしょう。雑誌流通という研究テーマは，まだまだ未開拓です。

しょう。ただし，付録にまでけっこういい値がついていることが多いです。昔読んでいたティーン向けファッション誌を，卒論のために集めてみようとした女子大生にとって，「無名時代の〇〇ちゃんがストリートスナップされている！」というだけでウン千円払うアイドルオタクたちは，天敵にも思えてくることでしょう。

　で，付箋・ポストイットと目薬片手に図書館にこもり，いよいよ調査・分析です。雑誌を史料とすることの醍醐味は，マンガ雑誌ならばマンガ以外の部分にあります。マンガ雑誌とはマンガだけで成り立っているわけではないのです。かつて少女マンガ誌の分析をしていた際，1960年代くらいまではまだまだ小説や絵物語，スターのグラビア頁，悩み事の相談室，文通コーナー，プレゼント・懸賞欄などが充実しており，「柱」と呼ばれるマンガの余白部分にまで情報が満載されていた点が印象的でした。ある時点までは，少女マンガ雑誌は確実に「少女の総合誌」として存在していました。まさに「雑」誌です。[27]

　『CanCam』などを分析した卒論(f)も，読者参加ページや広告ページを分析することで，エビちゃんの「着まわし劇場」のような夢物語とは別に，読者たちを取り巻くリアルな現実も，1つの雑誌の中に併存していることを論じています。[28]また雑誌の場合，「奥付」など書誌データも気にしてください。ただの読者であるときは，出版社がどこかを余り気にせずに読んでいる場合も多いでしょうが，同じ会社（グループ）内で読者のとりあいにならないよう「棲み分け」るのが，複数の雑誌を発行している出版社の鉄則です。どのような企業戦略があって，こうした誌面作りがなされているのだろうかと，いろいろ想像をたくましくしてください。また奥付からは，編集長や発行人の交代（とそれに

---

(27)　また当時，ティーンや若い女性向けの雑誌にもマンガは多く，現在では完全にファッション誌となっている『SEVENTEEN』も，70年代まではマンガと男性アイドル情報中心の雑誌でした。小山・赤枝・今田編（2014）の諸論文を参照して下さい。

(28)　「女性誌には1冊の中で現実逃避をするページと現実と向き合うページがある。そのリアルとバーチャルの上手い具合のブレンドが，女性誌独特の世界観を創りだしている」と(f)にはあります。エビちゃん扮するOLがモテてモテて困る，といった類の着まわし劇場からは，2006年キャンキャン6月号別冊『CanCam × EbiChan エビちゃんシアタースペシャル版』などもスピンオフしています。キャラとしてのエビちゃんに関しては，赤坂（2007）を参照。また読者欄の分析としては，松谷（2008）も示唆に富んでいます。

ともなう誌面刷新），編集プロダクションがどこかなどの事情も見えてきます。何巻・何号かを見れば，その雑誌の老舗度がわかります。一見新たな創刊誌のようであっても，1巻1号でない場合は，既存誌の別冊や増刊号などのかたちで，パイロット（見本版）的に出されたものであると推測できたりもします。

こうした史料・資料の分析以外にも，雑誌研究にはやり方があります。それは読者調査です。前述の阪本博志さんの『平凡』研究などは，かつての読者たち（のネットワーク）への綿密な聞き取り調査が圧巻です。大教室の講義を利用してのアンケート調査などには，サンプルの偏りなどいろいろ問題はありますが，でもやらないよりはましだと私は思います。誌面を精査するだけでは，見えてこないものも多々あることでしょう。

もう1つは，送り手や作り手にアクセスする方法です。『JJ bis』の学生ライターだった経験を活かした(a)は，編集者へのインタビューや媒体資料を盛り込んだ点がユニークでした。媒体資料とは，出版社（の広告担当部署）側が広告主（ないし広告代理店）に対する説明資料として用意するもので，その雑誌がどのような読者層を抱えているか，露骨に言えばその雑誌への広告出稿がどのような効果をもたらすかといった商談用のツールです。出版社調べゆえにデータの客観性に難ありですが，その雑誌の読者のことをいちばん知ろうとしているのは，やはり送り手側であることは確かでしょう（最近はネットで媒体資料が公開されていることもあります）。

（4） 論文執筆に挑戦

現物，文献，メモ，コピー，プリントアウトなどが手元におき，いよいよ執筆開始。書き方一般については他の章などを参照してほしいのですが，雑誌研究の場合，特に気をつけてほしいのが図版の扱いです。説得力を増すためには，ここぞという誌面の引用に際しては，現物のスキャニングやカラーコピーを奮発してください。

あと，もう1つ注意を促しておきますが，(A)タイプのように自己の経験を総括したり，(B)タイプのように雑誌（ないし出版業）の未来がどうあるべきかを提言したりといった場合，心がけるべきことは，自己の体験・意見の相対化・客観視です。論旨の展開はあくまでも冷静に。ただし，研究を進める原動力は，

究極のところ主観的な思い入れでありパッションだと私は思っています。なので，卒論の「おわりに」の最後で，心情を吐露することを私は許しています。たとえば(b)の「おわりに」には，「私も雑誌の作り手になる以上は，せめて一人でもいいから，誰かの人生の転機となるような雑誌，記事を手がけたい。……自分の夢の再確認をしてゆく作業は楽しかったし，身の引き締まる思いにもなった。仕事に忙殺され，今の気持ちを忘れそうになった時には，読み返して初心を振り返りたい」とあります。

　一方(C)タイプでも，客観的に分析・記述を進めていく中で，最終的には自身への問いかけへと落ち着くことが多々あります。こうした雑誌を好きな，ないしはこの手のファッション・テイストやライフスタイル好きの私は，どのような社会的背景，歴史的過程の中で形作られてきたのか。そこに思い至るプロセスこそが，メディア史研究の真骨頂でしょう。大学とともにエビちゃん好きからも卒業して，『@キャン』に移行すべきか否かを思案しつつ書かれた(f)の「おわりに」は，「時に過剰なまでの情報や女性に対する基準を発信する現代女性誌とは，距離を保って冷静に付き合っていかなければならない。女性誌とうまく付き合っていくことは，全くの自由を恐れてしまう現代コンサバ女性に与えられた課題なのである」と結ばれています。

5　あなたは忘れても，私は覚えている

　今回，6編の卒論を読み返してみて，前述のように「これももはや歴史史料だなぁ」と思ってしまいました。かつては，こんなに雑誌に熱くなる学生たちがいたんだ……，という回顧ないし懐古です。それほど若者の雑誌離れは深刻

---

(29)　他にも，ゼロ年代の『JJ』vs.『CamCan』の構図を描いた，2007年卒業女性「モテ語事情──『モテる』vs『愛される』」，ファッション誌ターゲットの低年齢化を指摘した，2007年卒業女性「おしゃれの低年齢化」などが私の手元にあります。

(30)　たとえば(b)には「私に夢を与えたのは，マガジンハウスだった。『カーサ・ブルータス』がなければ，私が雑誌編集者を夢見ることはなかっただろうし，『リラックス』のおかげで，ヒットチャートの外側の世界を知った。ファッションの楽しさは『オリーブ』で学んだ。私は，マガジンハウスに育てられたのである」とあります。こうした学生を，1990年代くらいまではやたらと見かけました。

化しています。⁽³¹⁾

　2010年度の講義の初回に，簡単なメディア利用のアンケートをしてみました⁽³²⁾。例の安易な教室調査でしかないのですが，私の本務校の1〜2年生のおおよその傾向として，もっとも自分にとって大事な「一番手メディア」は圧倒的にケータイ，以下二番手メディアにはPC，三番手メディアの座をテレビと携帯型音楽（MP3）プレーヤー（iPodなど）が争い，書籍と雑誌は五・六番手，個人差の激しいゲーム機・新聞は七・八番手，CDラジカセ（およびコンポ）や固定電話は廃れゆくメディアといったことのようです。「書籍とは感心な」と思われる年輩者や大学関係者もいるかもしれませんが，マンガ単行本やライトノベル込みの書籍です（ケータイの使用法に関して，小説サイトを挙げた学生が1名だけ存在）。それから自由記述欄には，iPadへの期待の声が目につきました。「メルマガ」はさほど定着しなかったにせよ，紙媒体・印刷媒体へのこだわりはあまりないようです。やはり，ウェブ雑誌や電子書籍の動向は要注目です。

　紙媒体と言えば，私の研究室は書籍・雑誌が層をなし，魔窟とも腐海とも称されていますが，不思議と過去のゼミ生の卒論は，埋もれきってしまうことなくすぐにサルベージできます。20年前だと，まだ手書きの学生もいたんだな，とか。やはり，卒論そのものがメディア史の史料であるわけです。でも，そうした史料的価値から，卒論が保管されているのでは実はありません。

　けっこう使えるのですよ，卒論は。ゼミ卒業生の披露宴に呼ばれ，挨拶など

---

(31) 池上（2009）は，日本中の男子の同期的体験としてのマンガ雑誌（発売日）と，その「想像の共同体」についてふれています。現在では同期的なメディア体験の中心は，ネットだし，スマホなのでしょう。

(32) 2010年4月6日，関西学院大学社会学部「ポピュラー・カルチャー論」の授業中にて。女性161名・男性103名から回答がありました。これら10のメディアについて，10点満点で「自身にとっての重要度」を数値化してもらい，かつそれぞれの使用の目的や状況を記述してもらいました。「以上の10のメディア以外に思いつく，自身にとって重要なメディアがあれば」との問いには，HD/DVDプレーヤー/レコーダー，電子辞書，デジカメ，カーナビ，カーステ，デジタルサイネージ（街頭の電子掲示板・看板），映画館など。なお，ラジオ（受信専用機）を挙げた者は皆無でした。秋にも選択肢に「HD／DVDレコーダー・プレーヤー」「デジカメ」を加えて同様の調査を行いましたが，雑誌の衰勢は変わらずでした。難波（2011）参照。

第Ⅱ部　卒論のテーマ別アプローチ

指名された時には。

　たとえば，某ブロック紙の記者となっているゼミOBの結婚式の席上で，新郎の卒論タイトルは「新聞論」であり，その最後は「新聞が危ない。この変動の時代，もう一度原点に返り，荒波に立ち向かっていく必要がある」と結ばれていますと紹介しました。新郎の上司や同業者にはけっこうウケていました。新郎は冷や汗出してましたが……。

　このやり方で，私は幾度か「ではゼミの先生から，お祝辞と乾杯のご発声を」を切り抜けてきました。やはり，その後一生引きずっていくものなのです，卒論は。

　おろそかにせず，ぜひとも渾身の力を込めて書いてください。

　（付記）本書の初版時点ですでに，雑誌メディアの退潮は顕著でしたが，2015年現在，その傾向はよりいっそう強まっています。休刊・廃刊が相次ぎ，『出版指標年報2014年版』によれば，2002年に1兆3600億円あった雑誌販売金額は，2013年には9000億円を割り込んだそうです。今春，私のもとに提出された卒業論文の中に，「デジタルメディアはファッション誌に代わって流行をつくれるのか。」というタイトルのものがありました。結論としては，今後紙媒体とデジタルメディアは相互補完の関係を強め，ファッション誌はこれからも一定の影響力を保ちうると予測しています。しかし，これを書いた学生の進路は，デジタルマーケティング関連。雑誌というメディアは，いよいよ絶滅危惧種となりつつあるのかもしれません。しかし，だからこそ，メディア史研究の対象として，その生成・発展・衰退の経緯が，冷静に分析され，記述されるべき時期にきているのではないでしょうか。映画の全盛期が過ぎたころから，映画研究（フィルムスタディーズ）が隆盛をむかえたことを考えると，印刷ないし電波媒体の歴史（社会学）的研究は，これからがいよいよ本番なのかもしれません。デジタルやモバイルなメディアがあって当たり前の環境下で育ってきた大学生たちだからこそ，かつてのマスメディアを新たな視点から論じることも可能でしょう。今後の研究に期待したいところです。

さらなる学習のために

◆上野千鶴子『セクシィ・ギャルの大研究』光文社，1982年。岩波現代文庫，2009年。

社会学者アーヴィン・ゴフマン『ジェンダー・アドバタイズメンツ』に触発された著者が，主に日本の雑誌の図像を例に挙げつつ，そこに表象されたジェンダー・バイアスを読み解いていきます。

◆石田あゆう『ミッチー・ブーム』文藝春秋，2006年。

1959年，時の皇太子のもとに嫁ぎ，皇族入りすることになった正田美智子さんをめぐる流行・熱狂(クレイズ)に果たした，当時創刊間もない各「女性週刊誌」の社会的な役割や機能を検証していきます。

◆難波功士『創刊の社会史』筑摩書房，2009年。

創刊号の魅力を「暗闇への跳躍」のスリルに求め，その後の編集方針の紆余曲折の軌跡をたどることを楽しむ著者が，自らのコレクションをもとに，主として1970年代以降の若者向け雑誌の栄枯盛衰をたどっていきます。

◆阪本博志『『平凡』の時代——1950年代の大衆娯楽雑誌と若者たち』昭和堂，2008年。

ラジオや銀幕のスターをとりあげたビジュアルな誌面構成で，全盛期には100万部超の発行部数を記録した月刊誌『平凡』。戦後の大衆文化史を語る上で欠かせない雑誌をとりあげ，その読者共同体のあり方を解明します。

◆吉田則昭編『雑誌メディアの文化史——変貌する戦後パラダイム［増補版］』森話社，2017年。

さまざまなタイプの雑誌の戦後史をたどるとともに，マンガ雑誌を中心としたメディアミックスのありようや海外での版権ビジネスなどにも言及しています。「主要雑誌創刊年表」もあり，雑誌研究の最初の一歩に最適です。

第Ⅱ部　卒論のテーマ別アプローチ

●引用・参考文献────────

赤田祐一『証言構成「ポパイ」の時代』太田出版，2002年。

赤田祐一・ばるぼら『20世紀エディトリアル・オデッセイ──時代を創った雑誌たち』誠文堂新光社，2014年。

赤木洋一『平凡パンチ1964』平凡社，2004年。

赤木洋一『「アンアン」1970』平凡社，2007年。

赤坂真理『モテたい理由』講談社，2007年。

新井恵美子『マガジンハウスを創った男　岩堀喜之助』出版ニュース社，2008年。

池上賢「『週刊少年ジャンプ』という時代経験」『マス・コミュニケーション研究』75号，2009年。

石田あゆう『ミッチー・ブーム』文春新書，2006年。

石田あゆう「『若い女性』の誕生──雑誌が生み出す読者像」高井昌吏・谷本奈穂編『メディア文化を社会学する』世界思想社，2009年。

石田あゆう『戦時婦人雑誌の広告メディア論』青弓社，2015年。

井上輝子・女性雑誌研究会『女性雑誌を解読する──日・米・メキシコ比較研究』垣内出版，1989年。

井上雅人「日本における『ファッション誌』生成の歴史化──『装苑』から『アンアン』まで／『ル・シャルマン』から『若い女性』まで」『都市文化研究』12号，2010年。

岩堀喜之助『平凡通信この10年　平凡出版株式会社小史』平凡出版，1970年。

上野千鶴子『セクシィ・ギャルの大研究』光文社，1982年。岩波現代文庫，2009年。

江刺昭子『『ミセス』の時代──おしゃれと〈教養〉と今井田勲』現代書館，2014年。

江藤文夫『見る雑誌する雑誌──平凡文化の発見性と創造性』平凡出版，1966年。

江藤文夫編『喋る──平凡出版38年のあゆみ』マガジンハウス，1983年。

大阪府立文化情報センター編『『プガジャ』の時代』ブレーンセンター，2008年。

小関孝子『生活合理化と家庭の近代──全国友の会によるカイゼンと『婦人之友』』勁草書房，2015年。

落合恵美子「ビジュアル・イメージとしての女──戦後女性雑誌が見せる性役割」井上輝子ほか編『日本のフェミニズム7　表現とメディア』岩波書店，1995年。

掛尾良夫『『ぴあ』の時代』キネマ旬報社，2011年。

景山佳代子『性・メディア・風俗──週刊誌『アサヒ芸能』からみる風俗としての性』ハーベスト社，2010年。

香山リカ『ポケットは80年代がいっぱい』バジリコ，2008年。

木滑良久責任編集『雑誌づくりの決定的瞬間──堀内誠一の仕事』マガジンハウス，1998年。

吉良俊彦『ターゲット・メディア主義』宣伝会議，2006年。

栗田宣義「女性ファッション誌の受容度規準」『(武蔵大学) 総合研究所紀要』16 号，2006 年．
栗田宣義「女性ファッション誌研究の新方法論」『ソシオロジスト』8 号，2006 年．
コスミック出版『昭和の雑誌グラフィティー』2010 年．
小山静子・赤枝香奈子・今田絵里香編『セクシュアリティの戦後史』京都大学学術出版会，2014 年．
コロナ・ブックス編集部『堀内誠一——旅と絵本とデザインと』平凡社，2008 年．
酒井順子『オリーブの罠』講談社現代新書，2014 年．
坂本佳鶴惠「消費社会の政治学——1970 年代女性雑誌の分析をつうじて」宮島喬編『講座社会学 9　文化』東京大学出版会，2000 年．
阪本博志『『平凡』の時代——1950 年代の大衆娯楽雑誌と若者たち』昭和堂，2008 年．
佐藤卓己編『青年と雑誌の黄金時代——若者はなぜそれを読んでいたのか』岩波書店，2015 年．
椎根和『POPEYE 物語』新潮社，2008 年．
椎根和『銀座 Hanako 物語——バブルを駆けた雑誌の 2000 日』紀伊國屋書店，2014 年．
塩澤幸登『平凡パンチの時代』茉莉花社，2009 年．
塩澤幸登『「平凡」物語』茉莉花社，2010 年．
塩山芳明『出版奈落の断末魔——エロ漫画の黄金時代』アストラ，2009 年．
清水達夫『二人で一人の物語——マガジンハウスの雑誌づくり』出版ニュース社，1985 年．
新保信長編『消えたマンガ雑誌』メディアファクトリー，2000 年．
宝島社『別冊宝島 345——雑誌狂時代！』1997 年．
宝島社『別冊宝島 423——雑誌のウラ側すべて見せます！』1999 年．
宝島社『別冊宝島 1504——おしゃれ革命』2008 年．
竹内洋・佐藤卓己・稲垣恭子編『日本の論壇雑誌——教養メディアの盛衰』創元社，2014 年．
団鬼六『悦楽王』講談社，2010 年．
辻泉「〈女子高生〉はなぜブームになったのか——週刊誌記事のジェンダー論」藤田真文・岡井崇之編『プロセスがみえるメディア分析入門』世界思想社，2009 年．
津野海太郎『花森安治伝——日本の暮らしをかえた男』新潮社，2013 年．
中尾香『〈進歩的主婦〉を生きる——戦後「婦人公論」のエスノグラフィー』作品社，2009 年．
ツルシカズヒコ『『週刊 SPA！』黄金伝説 1998〜1995——おたくの時代を作った男』朝日新聞出版，2010 年．
長田美穂『ガサコ伝説——「百恵の時代」の仕掛人』新潮社，2010 年．

永山薫『エロマンガ・スタディーズ――「快楽装置」としてのマンガ入門』イーストプレス，2006年．

難波功士「少女という読者」荻野昌弘・宮原浩二郎編『マンガの社会学』世界思想社，2001年．

難波功士『族の系譜学――ユース・サブカルチャーズの戦後史』青弓社，2007年．

難波功士『創刊の社会史』ちくま新書，2009年．

難波功士「なぜ『メディア文化研究』なのか」『マス・コミュニケーション研究』78号，2011年．

難波功士『大二病――「評価」から逃げる若者たち』双葉新書，2014年．

能町みね子『雑誌の人格』文化出版局，2013年．

原田ひとみ「"アンアン""ノンノ"の旅情報――マスメディアによるイメージ操作」『地理』29巻12号，1984年．

稗島武「レディメイドと身体――女性ファッション誌『アンアン』に見る身体イメージの変遷」『社会学評論』56巻1号，2005年．

ピスケン『バーストデイズ』河出書房新社，2000年．

Piepmeier, A. (2009). Girl 2ines : Making Media, Doing Feminism, New York University. (野中モモ訳『ガール・ジン――「フェミニズムする」少女たちの参加型メディア』太田出版，2011年).

平凡出版『読者とともに20年――平凡出版株式会社小史』1965年．

堀内誠一『父の時代私の時代――わがエディトリアル・デザイン史』マガジンハウス，2007年．

本田由紀『教育の職業的意義』ちくま新書，2009年．

マガジンハウス『創造の四〇年――マガジンハウスの歩み』マガジンハウス，1985年．

松谷創一郎「差異化コミュニケーションはどこへ向かうのか――ファッション誌読者欄の分析を通じて」南田勝也・辻泉編『文化社会学の視座』ミネルヴァ書房，2008年．

村瀬敬子「『主婦之友』にみる台所と女性――生活空間の意味変容」高井昌吏・谷本奈穂編『メディア文化を社会学する』世界思想社，2009年．

本橋信宏・東良美季『エロ本黄金時代』河出書房新社，2015年．

諸橋泰樹『雑誌文化の中の女性学』明石書店，1993年．

洋泉社『ムックy011――イカす！雑誌天国』2001年．

吉澤夏子「性のダブルスタンダードをめぐる葛藤」青木保ほか編『近代日本文学史8 女の文化』岩波書店，2000年．

米澤泉『私に萌える女たち』講談社，2010年．

米沢嘉博『戦後エロマンガ史』青林工藝舎，2010年．

［難波功士］

第2章 ディスコース分析,内容分析
——新聞記事を資料として——

1 手を動かしながら考える

　卒業論文を何度も書く人はいません。ほとんどの人は最初で最後。だからどのような段取りで進めていけばよいかわからず,しばしば立ち往生するのもやむを得ません。
　そんな立ち往生に付き合いながらいつも思うのは,作業を軌道にのせるまでの大変さです。茫漠とした意識の中に焦点をつくり,問題意識を明確化しながら作業課題を1つひとつ明らかにしていく道のり。気の遠くなる気持ちになることもしばしばです。
　何をやればよいかが明確になりさえすれば,調査,執筆作業はどんどん進んでいきます。たしかに,考察の深め方や文章のまとめ方については若干のアドバイスが必要かもしれません。でも大変なのはとにかく最初のとっかかりでしょう。
　最初に必要なことは,とにかくひたすら手を動かして身体を自分の論文テーマに馴らしていくことです。必要な情報と知識をどんどん集めて整理していきましょう。雑誌論文データベースや新聞記事データベースで情報を探し,メモを取っては整理し,参考文献リストをつくり,年表をつくり,新聞記事リストをつくり,世論調査データからグラフをつくり,コピーした資料をファイルに整理する。単純作業を繰り返しながら少しずつ身体がテーマに馴染みはじめ,思考する環境が徐々に整ってくるものです。いきなり素晴らしいアイデアが閃くことなど絶対にありません。

とりわけ本章では新聞記事を資料として用いますので，新聞記事データベースは何度も何度も使い倒して欲しいと思います。データベースを気軽に使うクセを身につけて，手を動かしながら考える習慣を身につけてください。

さて，本章のテーマは新聞記事を用いたディスコース分析，内容分析です。内容分析とは第Ⅰ部で触れられているとおり，「メディアの内容について体系的に，かつ再現可能な形で分析するもの」です。再現可能な形というのは，誰がやっても同じ結果が出るような客観的な手続きを踏んで行うことを意味します。内容分析は，第二次大戦後のアメリカで発達したマス・コミュニケーション研究の中で有力な調査方法の１つとして認められてきたものです。当初は戦時中に敵国の軍事行動を予測することを目的として利用されていましたが，やがて，マス・メディアと現代社会の深い関わりを読み解こうとする多様な目的のために役立てられるようになりました。

本章では以下に触れるディスコース分析の補助手段として，新聞記事量の測定を調査の有効な道具として利用していきたいと考えます。新聞記事を調査対象とする場合，大量の記事データを取り扱うことになりますが，そこで膨大なデータの海から一定の有益な推論を引き出すためのテクニックとして内容分析的な考え方が強みを発揮するわけです。

ディスコース分析は，英語で表記すると Discourse Analysis です。この Discourse Analysis は現在，人文科学，社会科学の広範な分野で用いられるようになった言葉で，現代思想，言語学，文学，社会学，心理学，社会心理学などの分野でそれぞれ独特のニュアンスをもって異なる使われ方がみられます。それぞれの考え方の違いを出すために「言説分析」，「談話分析」，「批判的談話分析」，「ディスコース分析」などと表記が使い分けられることがあります。

本章では「ディスコース分析」の表記を用います。入手しやすい文献でいう

（１）　内容分析の手法を用いた研究方法の具体的な手引きについては，有馬（2007），藤田（2000）が分かりやすくお薦めです。

（２）　コーダーと呼ばれる分析作業従事者とともに調査を実施する正式な方法については有馬（2007）を参照してください。

（３）　言説分析は，フランスの思想家ミシェル・フーコーの思想及び彼の影響のもとに発達してきた考え方です。他の考え方と識別するために「ディスクール分析」とフランス語的に表記する場合もあります。

と，本章の議論はバー（1997），野口（1999），鈴木（2007）などを参考にしています。といっても，それほど細かな考え方の違いをここで知る必要はありません。ここで理解して欲しいのは，これらのあらゆる立場で共有されている基本的前提だけです。すなわち言語についての深い理解が社会分析にとって決定的に重要な鍵を握ると考える人々の間で共有されている基本的前提です。それは，ものごとを意味づける人間の活動が言語の性質によって深く規定されているという考え方です。モノや出来事に予め客観的な本質が備わっていて，そこから意味が引き出されてくるのではなく，言語のあり方が物事の意味を決めるという考え方です。

本章ではこうした基本的前提から導き出される「現実の言語的構成」という考え方に注目し，新聞記事を用いた調査研究に役立てたいと考えています。「現実の言語的構成」とは，バーガーとルックマンの知識社会学から野口

（4）「談話分析」は藤田（1993）によると，もともと文の構造や文法の仕組みを詳細に分解し研究していた言語学者が文という単位を超えた「話 Discourse」に目を向けることで生まれてきた研究領域です。この領域の文献は数多くあります。最近のものでは例えば林宅男編著『談話分析のアプローチ――理論と実践』（2008）などを参照のこと。

（5）「批判的談話分析」は，70年代後半に登場した「批判的言語学」にルーツを持ちつつも，隣接の社会学，心理学，メディア研究などの成果を取り込んで発展してきた学際的研究領域です。基本はあくまでも言語学者の「談話分析」であるため，「談話分析」の解説書の中で取り上げられているケースが目立ちます。まとまった説明を読みたい人は，例えば野呂香代子，山下仁編著『新装版 「正しさ」への問い―批判的社会言語学の試み』（2009）などを参照してください。

（6）鈴木（2007：43-44）は，心理学の立場から「談話分析」「言説分析」「ディスコース分析」の表記の使い分け方について簡潔な説明を加えており，参考になります。本章では鈴木の考え方を参考にしています。

（7）表記の使い分け方についても合意があるわけではありません。この章での説明は他の著書の説明と必ずしも一致するわけではないので注意してください。

（8）本章でこうした立場を選択する理由は，「言説分析」がマニュアル化に適さない面があり，「談話分析」が社会分析としての意義が見えにくい面があるのに対し，「ディスコース分析」は，議論が明快で，社会分析としての意義が見えやすく，議論が比較的マニュアル化しやすいという長所があるためです。無論マニュアル化できる議論の水準には限界があります。個人的に明確な問題意識を持っている人は，マニュアルを一読した後にこれを乗り越えて自分の方法を切り拓く気概を持たねばなりません。学問の面白さは，まさにこの点にあるのですから。

(1999) が引き出してきた考え方で，それは次のような指摘に端的に表現されるものです。
(9)

> 直接目にしている世界をある言葉で語るということは，別の言葉で語らないという選択がなされたことを意味する。このとき，世界は，別の言葉ではなくある特定の言葉が指し示すようなものとしてわれわれの前に立ち現れてしまう。つまり，言葉が世界を構成する（野口，1999，p.20）。

わかりやすい具体例はいろいろ探し出せそうですが，ここでは鈴木 (2007) の例をみてみましょう。ある子どもが次々と物を壊している場面にAさんとBさんが遭遇しました。Aさんは「子どもが物を壊した」と言い，Bさんは「物が壊れた」と言いました。二人とも同じ出来事を指して事実を述べているのですが，Aさんの言い方は明らかに子どもに物を壊した責任を負わせようとしていますし，Bさんの言い方はその子を免責しようとしていることがわかります。このケースでは物が壊れたことについてその子にどの程度の責任を負わせるかをめぐってAさんとBさんの間に争いが生じるかもしれません。
(10)

この例からは，ある言葉（＝子どもが物を壊した）で語ることが，別の言葉（＝物が壊れた）で語らないことの選択であるということがよくわかります。本章における「ディスコース分析」の研究課題とは，このように具体的な事例に沿って新聞記事を丁寧に読みながら，「どのような言葉で語られているのか？」「なぜ別の言葉で語られないのか？」を考えてみることにあります。

そのための調査の段取りを以下において説明していきます。本章では「研究テーマを決める」「予備調査を実施する」「問いを立てる」「先行研究を集める」

---

(9) 社会学者バーガーとルックマン (1977) の議論は「現実の社会的構成」の考え方として知られています。「現実の社会的構成」についての詳しい説明は野口 (2001) を参照のこと。なお野口 (2001) はバーガーとルックマンの議論を自らのナラティブセラピーの研究へと展開するにあたって，①現実は社会的に構成される②現実は言語によって構成される③言語は物語によって組織化されると重要なポイントを整理しています。本章ではこのうち②の部分の考え方だけを参照しました。

(10) 鈴木はこれを「事実の構成」と表現しています。なおフェアクロー (2008：138) や小林 (2009：110) にも類似の例示が見られます。

「データを収集して分析する」「考察を加える」「調査の意義をまとめる」という段取りを想定して議論を進め，特に下線部の箇所を重点的に取り上げていくことにします。説明に当たっては，筆者が以前論文執筆に際して取り扱ったことのある「原子力」を素材とします。

2　新聞記事データベースを利用した予備調査

（1）　問題意識はデータベースを利用してつくる

躓きやすいポイント①：初動の遅れ

学生「先生，いまこういうこと考えているんですけど」

教員「前は随分違うこと言ってたよね。議論の方向性が大幅に変更されたのは，もうこれで3度目じゃなかったっけ？」

学生「そうなんですよ。少し迷走気味で，なかなかテーマが定まらなくて」

教員「先行研究どれくらい調べながら悩んでいるのかな？新聞記事も少しは見た？」

学生「文献は1，2冊読みましたよ。でも新聞記事はまだ調べてませんね。なかなかそこまでいけないんですよ〜。問題意識がはっきりしなくて……」

　研究テーマを決めることは簡単なことではありません。自分の中に論文にしたいほどの問題意識など存在しないと感じている人にとっては，とりわけ「テーマ決め」が苦痛に思われることでしょう。このような場合，問題意識の固まるのを待っていては日が暮れてしまいます。

　問題意識は手を動かしながら「つくる」ものです。テーマが漠然とでも決まったらデータベースを使って何かを探してみましょう。例えばここでやろうとしているのは「ディスコース分析」「内容分析」ですので，「原子力」という研究テーマの候補が決まったら，雑誌論文データベースの検索ボックスに「原子力　内容分析」などと放り込んでみればよいのです。そこで引っかかる論文が

あればまず一本でもよいから読んでみる。そこから始めていくことが大切です。

さて，現在大学図書館で利用できる雑誌記事論文データベースとしては，「CiNii（サイニィ：国立情報学研究所・論文情報ナビゲータ）」や「J-STAGE」（国立研究開発法人科学技術振興機構・「科学技術情報発信・流通総合システム」），また「Magazine Plus（日外アソシエーツ雑誌・論文情報）」がよく知られています。

論文データベースの機能は日々進化していますが，論文本文の無料ダウンロード機能ほどありがたいものはありません。2016年の3月をもって論文の受付を終了したCiNiiの場合，検索結果の画面に「CiNii PDF」（CiNii内部のPDF化された論文をダウンロード可能）や「機関リポジトリ」（関連研究機関へのリンクを通して論文本文をダウンロード可能）などの表示がある場合，論文本文をダウンロードすることができたのです。検索画面の検索ボックスの真下に検索条件を設定するためのチェックボックスが表示されており，そこで「CiNiiに本文あり，または連携サービスへのリンクあり」を選択して検索すると，本文がダウンロードできる論文だけが表示されました。現状，論文データベースを利用して本文をダウンロードできるケースは非常に限られてはいますが，利用時には一応確認してみる価値はあるでしょう。

なおCiNiiで「原子力　言説分析」で検索したところ0件でしたが，「原子力　内容分析」と検索したところ3件の論文がヒットしました。そのうちの1件，七沢（2008）は次の新聞記事データベースを利用した予備調査を実施するにあたっても非常に有益な内容でした。

（2） 新聞記事データベースの利用上の注意点

本章では新聞記事データベースを利用して，予備調査をじっくりと行うことを強く薦めます。「予備調査」などというと大袈裟に聞こえますが，新聞記事をひたすら「眺める」というだけのことです。自分が時間をかけて考えてみたい疑問を掘り起こすために，まずひたすら自分の選んだテーマに関連する記事全体を「俯瞰する」よう努めるのです。[11]このためには新聞記事データベースに早く馴染むことが必要です。

ここ10年から20年の間，大学図書館の情報検索機能は急速な進化を遂げてきました。利用可能な情報検索サービスの種類が広がり，性能が向上し，驚く

表Ⅱ-2-1　聞蔵Ⅱ　収録記事（2010年5月現在）

本紙（朝刊・夕刊）最終版		地域面	
1984年8月～	東京本社ニュース面	1988年6月～	東京・神奈川・千葉・埼玉・茨城・群馬・栃木
1988年4月～	東京本社学芸部関係面	1990年11月～	大阪・京都・兵庫・奈良
1989年2月～	大阪本社	1993年10月～	静岡・山梨・宮城
1989年4月～	西部・名古屋本社	1993年11月～	広島・岡山・福岡
1993年1月～	日曜版・スポーツ面	1994年1月～	愛知
1995年5月～	短歌・俳句	1997年1月～	沖縄以外の全都道府県
1998年6月～	北海道支社	2000年4月～	多摩
2002年4月～	be 週末	2001年4月～	東京川の手
		2004年4月～	むさしの

（出典）　聞蔵Ⅱ「使い方マニュアル」（データベース内でPDFファイルをダウンロード可能）より筆者作成。

ほど便利になってきています。新聞記事データベースに関していえば，『聞蔵Ⅱビジュアル』，『ヨミダス文書館/歴史館』，『日経テレコン21』，『毎日NEWSパック』，『産経新聞ニュース検索サービス』などの検索性能を向上させたデータベースサービスが導入され，誰にでも手軽に利用できるようになっています。[12]

　ここでは朝日新聞社の「聞蔵Ⅱ」を使って調べていきます。データベースを実際に使用するにあたっては，収録されている記事の範囲を事前に把握しておくことが必要です。「聞蔵Ⅱ」（「朝日新聞1985～/週刊朝日・AERA」）の場合は2010年5月現在の時点で表Ⅱ-2-1の範囲を網羅しています。データベース収録記事が1984年8月から始まっている点にまずは注意してください。単純なことですが，いつから始まっているかはしっかり覚えておく必要があります。それを忘れて80年代前半にはほとんど報道がされていなかったなどと思わな

---

[11]「原子力」のような膨大なデータ量が存在する事例の場合，データベースを上手く使いこなして俯瞰する必要がありますが，データ量がある程度まで絞れる場合は，縮刷版を利用して実際の紙面の中で記事を読むほうが望ましいでしょう。紙面全体から伝わってくるその時代ごとの空気にできるだけ触れ，どのような風景の中で自分の調査対象が眺められていたかを追体験することが必要です。

[12]　大学の規模，学校の図書館予算などによって利用可能なデータベースの種類や同時アクセス数などは随分と異なってきますから，自分の大学の図書館でどのような新聞記事検索サービスが利用できるかを早めに確認しておきたいところです。

いようにしなければいけません。

　次に，記事の種類によって収録開始時期が異なっている点も要注意です。ここは重要なところです。たとえば1997年1月以後は，沖縄以外の全都道府県において記事データが収録されていますが，それ以前は一部の地域を除いて記事が収録されていない地域面が数多くあります。つまり「聞蔵Ⅱ」の情報は，地域面を含めてカウントすると，1997年以前と以後とで収録している記事量が大幅に異なってくるのです。そのため「地域面」を除外しないままに報道量の増減を調べようとすると，90年代後半以降，不自然に報道量が増えるような錯覚が生じます。90年代後半以降新聞が関心を強めたかのように見えてしまうのです。しかし，これはあくまでもデータベースの特殊な事情によるものに過ぎません。

　このようなミスをおかさないためにも，報道の量や傾向を探るときには，検索条件に注意する必要があります。検索条件の設定は簡単に操作できます。まずログインして「スタート画面へ（SSL）」ボタンを押すと，検索画面に辿りつきます。この最初の状態では必ず〈検索モード〉が「シンプル検索」で設定されているので，「詳細検索」に設定し直してから作業を始めましょう。「対象紙誌名」の中から「朝日新聞」だけを選択し，「詳細検索」のチェックボックスを選択すると「検索オプション」が選べるようになります。「検索オプション」には「検索対象」，「分類」，「朝夕刊」，「面名」，「本紙/地域面」，「発行社」があります。このうち，「本紙/地域面」で「本紙」のみを選択し，「発行社」を「東京」あるいは「大阪」などと設定すればよいわけです。

（3）「聞蔵Ⅱ」を使ったセカンドキーワード検索

　さて，以上の条件設定のもとで「原子力」関連記事の予備調査を進めたいと思います。まずキーワード「原子力」を放り込んでみました。結果は「検索対象」を「見出しと本文」にした場合1万8213件，「見出し」にした場合は1919件でした（これは2010年6月4日現在の結果）。

　これだけの記事を「俯瞰する」ためには一工夫必要です。工夫といっても何か決まった方法があるわけではありません。何も思いつかなければひたすら全部眺めてみるしかありません。ただこのケースでは先に発見した七沢（2008）

論文において，セカンドキーワードを用いたクロス検索が役立つことが示されていました。「原子力　安全」「原子力　経済」など「原子力」にかけあわせるもうひとつの言葉（セカンドキーワード）は，本来，調査者が自分の問題意識に沿いながら下調べを通してひとつひとつ拾い上げていかなければなりません。ですが，今回はすでに調査が実施されているのでその成果を利用させてもらうことにしました。

「聞蔵Ⅱ」は，「朝日新聞1985～/週刊朝日・AERA」のほかにも1945年から1984年までを網羅した「朝日新聞縮刷版」が利用できますが，ここではまず1985年以降のデータベースをもう一度利用してセカンドキーワードを用いたクロス検索を行ってみました。その結果が**表Ⅱ-2-2**です（2010年6月4日現在の結果）。これは「見出しと本文」を検索した結果です。ちなみに「見出しのみ」の検索だと結果の傾向が変わります。表Ⅱ-2-2の（　）内の数字は「見出しのみ」の検索結果です。この場合は「安全」と「事故」が突出し，他の単語でほとんどヒットしていません。

これは見出しになりやすい単語とそうでない単語の差が大きく出たためでしょう。「安全」という言葉は「原子力安全委員会」などの組織の名称に組み込まれています。新聞記事の見出しには記事の情報源や記事で取り上げられている組織や人物の名前が記されることが多いため，「安全」という単語は見出しになりやすいのです。「事故」という単語も，原子炉などでトラブルが起きた場合に「チェルノブイリ原発事故」のように出来事の名称の末尾に据えられて記事の見出しになりやすい単語であるため見出し検索では多く登場しやすいと考えられます。「見出しと本文」検索の結果と「見出し」のみの検索結果では大きく傾向が異なることがあるという点を認識しておく必要があります。

---

(13)　聞蔵Ⅱの「縮刷版」検索画面では昭和（戦後）「1945～1989」と表示されていますが，2010年6月現在で「キーワード検索」ができるのは1984年までです。新聞データベースは現在も日々改良され，進化を遂げている途中であることを認識しておく必要があります。

(14)　ここでの記事検索はあくまでも傾向を調べることが目的です。報道の量を厳密に検討しようとする場合，記事件数だけでは不十分で，文字数の総量をカウントするか，記事スペースの面積を測る必要があります。写真やグラフィックが使用されていることを考えると，もっとも正確な結果が得られるのは面積を測る方法です。

第Ⅱ部　卒論のテーマ別アプローチ

表Ⅱ-2-2　「原子力」のセカンドキーワード　朝日新聞　聞蔵Ⅱ（1985～）

キーワード	件数（うち，見出しのみ）
安　全	6658（318）
経　済	4910（ 17）
事　故	4414（164）
エネルギー	3924（ 15）
環　境	2999（ 9）
プルトニウム	2050（ 32）
再処理	1783（ 25）
放射能	1861（ 16）
放射性廃棄物	1072（ 15）
核燃料サイクル	947（ 8）

表Ⅱ-2-3　「原子力」のセカンドキーワード　朝日新聞　聞蔵Ⅱ縮刷版（1945～1984）

キーワード	件数（うち，見出しのみ）
放射能	1533（188）
事　故	974（159）
経　済	934（119）
安　全	743（359）
エネルギー	603（ 92）
再処理	430（128）
プルトニウム	209（ 66）
放射性廃棄物	174（ 21）
核拡散	123（ 13）
環　境	103（ 28）

　次に「縮刷版」データベースでもう少し古い年代の記事を調べてみたいと思います。縮刷版の「見出しとキーワード」検索をした場合，表Ⅱ-2-3のような結果が出てきました。（　）内は「見出しのみ」の結果です。まず一番最初に目につくのは，1984 年以降のものと比べて「放射能」が多いことです。1000 件程度の記事数であれば，一度に閲覧できる記事数を 100 件に設定すれば，見出しをざっと眺めるのにさほど手間はかかりません。手早く見出しを眺めてみることにしました。

　このケースの場合見出しをざっと眺めたところ，「放射能」が多かった理由の 1 つは「むつ」という単語が見出しに数多く並んでいることと関係がありました。これは「原子力船むつ」の放射線漏れ事故を扱った記事で，「放射能」を見出しに掲げた記事全体の 3 分の 1 にあたる 596 件にのぼりました。「原子力」という言葉が，〈原子力発電〉よりも，〈原子力船〉とより強く結びついていたようです。これなどはデータベースを利用しないと得られない興味深い発見です。

　表Ⅱ-2-3を見ていてさらに興味を持ったのは，「再処理」というやや専門性の高い言葉が比較的上位にあるということでした。「安全」や「事故」，また「放射能」という言葉は原子力の複雑な問題にあまり興味が無い一般市民にと

---

(15)　「むつ」は日本初の原子力船で，1974 年，青森県沖合いで試験航海中に放射線漏れ事故を起こした。

っても気になるキーワードであることはよくわかります。しかし，なぜ「再処理」などというやや専門性の高い言葉が比較的数多く取り上げられているのでしょうか？　この点についても同じように見出しをざっと追いかけてみたところ，70年代後半に日米間で日本の再処理技術の開発をめぐってひと悶着あったことと深く関係がありそうでした。

　新聞記事を拾い読みしていくと大筋の流れが見えてきました。石油危機が起きた70年代当時，地下資源の乏しい日本では深刻な危機が叫ばれ，石油に代わる新たな基幹エネルギー源として原子力発電が大きな期待を集めていました。中でも通常の商業用原子炉から出た使用済み燃料からプルトニウムを取り出し燃料を加工する「再処理」技術と，そのプルトニウム混合燃料を燃やす「高速増殖炉」の技術を柱とした「核燃料サイクル計画」が日本を資源枯渇の危機から救うと大きな期待を集めていたのです。しかしプルトニウムが核兵器の材料となる物質であったことから，この開発を核兵器開発に転用されないようにという観点から厳重に規制しようとする米国と日本の間で激しい摩擦が起きたのです。新聞記事は米国が資源小国日本の切り札になるはずの技術開発に横ヤリを入れてきたと激しい反発をみせ，猛烈な批判記事を連日掲載していました。政府，開発技術者，ジャーナリストなどが一丸となって米国の政治的圧力に頑強に抵抗している姿が当時の紙面から伝わってきて非常に驚かされました。今からは考えられない70年代の資源ナショナリズムの熱気と興奮がそこにありました。これも重要な「発見」でした。

　さて，大量の記事を俯瞰する作業に時間をかければかけるほど，それなりに「発見」は増えていくでしょう。とりわけ時間をさかのぼっていくほどに，自分が知らないことも増えてきます。いまではすっかり消えて無くなった常識的感覚に触れて驚くことも少なくないはずです。

　問題は，これらの中に自分でとことん深めてみたい「発見」があるかどうかです。自分を突き放しつつ，いま自分が手にしている「発見」が本当に面白いものかどうか，時間をかけてその意味を追求するに値するものかどうかを自問

---

(16)　当時は高速増殖炉を利用する場合と利用しない場合のエネルギー利用効率の差が60倍にもなるといわれ，新聞もそのように報道していましたが，現在ではこの数字が極めて現実性に欠け，願望を表したに過ぎない数字であることが判明しています。

自答してみてください。時間をかけ，心に余裕をもってじっくりと考えてみてください。

3　研究課題の明確化

（1）　問いを立てる

深めてみたい「発見」に出会えたならば，そこから「問い」を立てる必要があります。論文の命は，興味深い「問い」があるかどうかにかかっています。

ただし本章では既に「問い」の立て方に縛りがかかっています。冒頭で触れたように，「どのような言葉で語られているのか？」「なぜ別の言葉で語られないのか？」という形で問いを立てるという前提で調査の段取りを組んでいます[17]。残されているのは，「○○は，どのような言葉で語られているのか？」の○○の部分に具体的な素材を当てはめることだけです。

70年代当時の記事を見てわたしが驚いたのは，後の時代とのギャップでした。後に詳しくみるように，95年に高速増殖炉「もんじゅ」が火災事故を起こしたとき，新聞を含め，当時の日本のマスコミが凄まじいバッシングを行ったことを非常に印象深く記憶していたからです。当時，開発組織である動燃（動力炉・核燃料開発事業団）は事故に関わる情報を隠したことも手伝って「ウソつき動燃」などと厳しく糾弾されました。しかし，せいぜい20年程度さかのぼっただけの70年代の新聞記事において，動燃は救国の英雄でした。高速増殖炉，再処理は，資源小国日本の弱点を克服する切り札であり，その開発に携わる技術者をわれわれは本当に応援したいのだと興奮する記者の息づかいが聞こえてくるような記事が紙面に溢れかえっていたのです。

70年代と90年代の語られ方の違い（＝語られ方のパターンの変化）を上手く浮き彫りにできれば面白いと思い，高速増殖炉の開発に調査対象を絞り込むことにしました。つまり「高速増殖炉の開発政策は，これまでどのような言葉で

---

[17] ここではあくまでも「どのように語られているか？」だけを問題にしています。「なぜこのように語られたのか？」とすぐに問いたくなりますが，この問いはディスコース分析の問題関心の外にあるものと思ってください。この点についても鈴木（2007）を参照のこと。

語られてきたのか？」がこの調査の具体的な問いになったのです。

　この問いに取り組むためには，当然のことながら高速増殖炉の開発の歴史について情報を集める必要があります。原子力という問題の中で高速増殖炉という次世代型の原子炉の開発がどの程度の重要性をもって位置づけられてきたのかを知る必要があります。大学図書館HPや国会図書館HPを利用して文献を調べ，該当しそうなものはどんどん手に入れて内容を確認していきます。このケースでは，吉岡斉著『原子力の社会史』という本が原子力開発の歴史を幅広くフォローしており，大変勉強になりました。

　読んで納得するばかりでなく，こうした文献を片手に自分の興味関心にとって重要な出来事を拾い出しながら後述する表Ⅱ-2-4のような年表をつくることが調査を前進させるためには不可欠です。時間の流れに沿って出来事の経過を整理していくことで調査課題がはっきりとしてきます。年表は漫然とつくるのではなく，自分の調査課題にとって必要な情報を厳選してつくるようにしましょう。

（2）　既存の世論調査データを利用する

　「問い」を立てる際には，世論調査のデータなども大いに参照してみるのがよいでしょう。問題点を浮き彫りにしてくれるデータが得られるかもしれません。柴田・友清（1996）には，図Ⅱ-2-1のようなグラフが紹介されていました。これは朝日新聞社が同一の質問文を用いて定期的に行ってきた調査の結果を示すものです。質問文は「あなたは，これからのエネルギー源として原子力発電を推進することに賛成ですか。反対ですか。」です。

　これを見ると70年代後半には圧倒的に賛成意見が多かったことが分かります。80年代を通して反対意見が上昇して賛否逆転し，90年代中頃から賛否拮抗する流れが見て取れます。原発に対する国民一般の評価がここまで激しく変化してきたのであれば，70年代と90年代の語られ方が大きく異なることは当然ともいえます。こうしたデータもあわせて頭の片隅に入れておく必要があります。

　なお既存の世論調査のデータを入手したい場合，総理府HPや新聞記事データベースなどを使うのが手軽で便利です。しかし数少ない調査を全て残さず拾

第Ⅱ部　卒論のテーマ別アプローチ

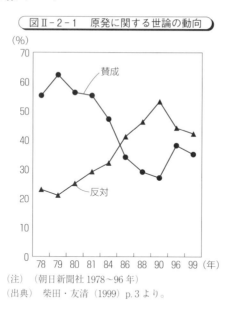

図Ⅱ-2-1　原発に関する世論の動向

（注）（朝日新聞社 1978～96 年）
（出典）　柴田・友清（1999）p. 3 より。

い出したいような場合は，過去に政府，地方自治体およびそれらの関連機関，大学，新聞社・通信社・放送局などの報道機関が行った調査を網羅したリストにあたる必要があります。もっともよく知られたものに『世論調査年鑑――全国世論調査の現況』（内閣府大臣官房政府広報室編）がありますが，他にもいろいろあります。過去の世論調査の調べ方については，国立国会図書館関連HP「リサーチ・ナビ　国立国会図書館」を一度訪れてみるのがよいでしょう（http://rnavi.ndl.go.jp/rnavi/）。

　検索ボックス（検索語入力欄）に「世論調査　調べ方案内」と打ち込むと世論調査を探すための豊富なリストのガイドが掲載された画面が登場します。そのほか，市販されていて比較的入手しやすいものに読売新聞社世論調査部『日本の世論』（弘文堂，2002 年），NHK 放送文化研究所『現代日本人の意識構造（第七版）』（NHK ブックス，2010 年）などもありますし，テーマによっては「ピュー・リサーチセンター」（The Pew Research Center for the People & the Press）や「ワールド・パブリック・オピニオン」（World Public Opinion），「グローブスキャン（GlobeScan）」のような海外の世論調査機関の HP を活用したほうがよいものもあるでしょう。

4 新聞記事データの収集と分析

（1） 報道集中期の特定

　年表を作成したら，いよいよ分析の資料となる新聞記事の収集に取り掛かります。理想を言えば関係する新聞記事の全てを収集できればよいのですが，そうもいきません。記事を丁寧に読み込める程度の分量に絞り込んでいく必要があります。

　そのために，ここでは「報道集中期」（Critical Discourse Moment）を特定します。報道集中期とはジャーナリストがまとまった報道や評論を行うきっかけとなるような重要な出来事が発生し，メディアで議論が特に活性化する期間のことです（Gamson & Modigliani, 1989）。こうした集中的に話題が沸騰する期間に，その時期のジャーナリストたちの基本的な考え方や手持ちの情報が詳細に提示されるので，すべての新聞記事を網羅しなくても，語られ方の大まかな変遷を追うことは出来ると考えるわけです。

　年表を見ながらキーワードをひとつひとつ新聞記事データベースの検索ボックスに放り込んでいきましょう。今回のケースでは表Ⅱ-2-4の★印が報道集中期として特定されました。これらの出来事の前後2週間，もしくは直前，直後2週間の時期を対象に，朝日新聞，毎日新聞，読売新聞の主要3紙の関連する新聞記事を収集することにしました。

　収集した記事は出来事ごとに分類，整理しファイリングしていきます。またエクセルを利用して記事ごとのデータを整理していく必要があります（表Ⅱ-2-5参照）。逆に言えば，記事の細かなデータ整理が可能な範囲に記事の総量をとどめることが現実的な判断というものです。今回のケースでは当初★印のついた出来事は全て網羅するつもりでしたが，記事量全体が多くなり過ぎたため，×印の出来事については分析の対象から除外しました。

　最終的に取り扱った記事は全部で200件程度でした。この程度までなら，やる気を出してエクセルの表を一生懸命つくることができるだろうと判断したわけです。ちなみに★印がついていない下線をひいた出来事についても関連記事については一通り目を通してはいます。ただしこれらの記事は分析対象として

第Ⅱ部　卒論のテーマ別アプローチ

表Ⅱ-2-4　年表の例（高速増殖炉開発関連略年表）

1953.12	アイゼンハワーの原子力の平和利用演説
54. 3	国会で初の原子力予算が出現
55.11	米国で高速増殖実験炉 EBR1 が炉心溶融事故
56. 5	科学技術庁発足
66. 7	東海原発で初の商業用発電開始
67. 7	動力炉・核燃料開発事業団法案可決
77. 4	★高速増殖実験炉「常陽」臨界（77件）
77. 9	×　日米再処理交渉終結
79. 3	スリーマイル事故
82. 5	高速増殖実験炉「もんじゅ」建設閣議で正式決定
83.10	米国で高速増殖原型炉クリンチ・リバーの建設断念
85. 9	「もんじゅ」設置許可処分の無効確認と建設・運転差し止めを原告団が提訴
86. 4	チェルノブイリ事故
87.11	仏で高速増殖実証炉スーパーフェニックスⅡ計画を白紙撤回
91. 3	独で高速増殖原型炉 SNR300 の建設断念
93. 1	×　核燃料輸送船「あかつき丸」が東海港に入港
94. 4	★高速増殖原型炉「もんじゅ」臨界（21件）
95.12	★高速増殖原型炉「もんじゅ」事故（104件）
97. 3	東海村再処理工場で爆発事故
98. 9	動燃事業団解散（10.1 核燃料サイクル開発機構発足）

は扱わず，参考情報として利用しました。

（2）　語られ方のパターンを抽出する

　記事のひとつひとつを丁寧に読み込みながらエクセルに整理していく作業を通して，「どのような言葉で語られているのか？」を検討していきます。ここでは特に，語られ方のパターンがどのように変化してきたかを分析してみたいと思います。この作業を進めるうえで米国の社会学者，ギャムソンら（1987, 1989）のフレーム分析の方法は大いに助けになります。[18]

---

[18] 語られ方のパターンを抽出するための概念は他にも色々あります。たとえば第一部で言及されている「物語」などは近年の社会学で大いに注目されている概念です。他にも「善/悪」「敵/味方」などの二分法を抽出する方法もあります。またフレームという概念を用いながら，具体的な語りの抽出方法が本章とは全く異なる場合もあります。重要なのは，それぞれの抽出方法における強みを把握したうえで，適切な文脈で利用するということです。

2 ディスコース分析, 内容分析——新聞記事を資料として

表Ⅱ-2-5 新聞記事分析リストのサンプル

報道集中期(高速増殖炉「常陽」臨界) 1977年4月16日〜4月30日					
朝日新聞					
日付	掲載面	見出し	パッケージ	記事の様式	解釈的要素
4月16日	1面 夕刊・1面	「東海村計画」の変更要求 「東海村計画」決着つかず	× ×		
4月18日	2面	米国も研究始める	×		
4月19日	4面(経済) 8面(経済) 夕刊・8面	核 揺れる あすのエネルギー 「核再処理」にも見通し 常陽臨界(上)「燃料一筋に15年」	自立 × 自立	解説 特集・ 囲み記事	米ソの核寡占化 国産の核燃料の必要性, エネルギーの自立
4月20日	夕刊・10面	常陽臨界(中)「熱取り出す主役」	自立	特集・ 囲み記事	技術の自主開発の意義
4月21日	4面(解説)	高速増殖炉「常陽」のメカニズム	自立	解説	自主技術, 資源有限時代, 増殖炉を実用化したらウランが数十倍に使え, 日本のエネルギーの自立につながる
〜以下省略〜					

　フレームは多様な使われ方のする概念ですが, ここでは, 原子力という問題を記事として取り上げるにあたって「何が問題なのか?」を定義づけている基本的な考え方を指すものとして理解してください。たとえば開発が始まったばかりの頃は,「<u>日本は高速増殖炉開発競争における欧米諸国からの遅れをどうやって取りもどすことができるか?</u>」がもっぱら問題とされていました。この場合下線部の考え方がフレームに該当します。

　表Ⅱ-2-6は, 分析結果の一覧をまとめたものです。それぞれのフレームに沿って組み立てられた言葉や映像のまとまりをパッケージと呼んでいます。パッケージという言葉には, それぞれのフレームに特有のキーワードや言い回し, 固有のメタファーなどが一式まとまってセットになっている(パッケージ化されている)ことが含意されています。[19]

　フレームを抽出してパッケージを特定するための決まった方法があるわけで

表Ⅱ-2-6 高速増殖炉開発のパッケージ

パッケージ	フレーム	指標となる要素
キャッチアップ	いずれ到来する原子力本格時代を前にして、高速増殖炉開発における欧米先進各国からの遅れをいかにして挽回できるか？	「遅れ」「挽回」及びこれに類する語
		資源小国・ウラン資源の稀少化・自主技術による開発
		先進各国における激しい開発競争
エネルギーの自立	今後一層のエネルギー危機を迎えるにあたって、日本がいかに自主的な技術開発によって資源小国という自らの弱点を克服し得るか？	「依存」「自立」及びこれに類する語
		資源小国・石油、ウラン資源の稀少化・自主技術による開発
		米国の核寡占を示唆する語
孤立	高速増殖炉開発がもはや合理性を失った現状で日本が、開発に固執し続けることが妥当か否か？	「孤立」及びこれに類する語
		「固執」及びこれに類する語
		開発の非合理性を説明する語
パイオニア	日本が従来の技術導入体質から脱却し、人類に貢献する巨大システムを築くに相応しい国か否か、パイオニアとして相応しい開発体制を構築できるか否か？	「貢献」及びこれに類する語
		資源の有限性と有力代替エネルギー源の不在を説明する語
説明責任	国民が納得し安心できる開発体制をいかにして構築することができるか？	「秘密主義」及びこれに類する語
		「不信」及びこれに類する語
		「情報公開」及びこれに類する語
暴走	「誤りの許されない技術」を人間が制御し通すことができるだろうか？	「過信」及びこれに類する語
		原子炉の事故が致命的な帰結をもたらすことを示す語

(出典) 烏谷 (2003) p.204より。

はありませんが、気をつけるべき点が2つあります。1つは記事を丁寧に読み比べること。一種類のフレームの記事だけを見ていても特徴はわかりにくいも

---

(19) たとえば「高速増殖炉開発における欧米諸国からの遅れを挽回すべし」という問題を取り上げる記事には必ず、日本に先んじて開発を進めている欧米諸国間の競争がいかに厳しいかが語られ、そのうえで決まってほとんどの場合「遅れ」とか「挽回」といった単語がキーワードとして登場します。このようなキーワードがこのフレームの考え方の特徴を示しており、フレームを特定するうえでの指標となります。

のですが，種類が増えてくると自然とそれぞれの特徴が際立って見えてきます。もう1つは新聞記事以外の言葉を広く参照するということです。ギャムソンらはメディア上に出現するパッケージが専門的著書，論文，白書，関連団体の機関誌，裁判所の記録などの関連する外部の言葉と複雑な相互作用を織り成すことで形成されたものである点を指摘しています。そのためパッケージを特定するにあたっては，かえって新聞記事以外の言葉を参照することで記事の考え方の特徴が浮き彫りになるのです。[20]

　表Ⅱ-2-6のような形でフレームの抽出，パッケージの特定作業が一区切りついたら，年表の流れに沿ってそれぞれどのような形で1つひとつのパッケージが登場してきたのか，その流れを記述していきましょう。このケースであれば，高速増殖炉の開発が始まった歴史的経緯から説き起こし，石油危機の時代を経て，90年代に事故が起きて「もんじゅ」が運転を停止するまでの大まかな経緯を記述していくのです。つまり自らが選んだ事例が新聞記事において「どのような言葉で語られたのか？」を順を追って説明していくわけです。

5　考　察

　語られ方のパターンを1つひとつのパッケージの特徴に即して説明するだけでも十分意義のあることですが，ただそれだけで終わっては面白くありません。細かく記事を読み比べていく中で何か「発見」がなかったかひたすら自問自答してみてください。「どのような言葉で語られたのか？」を説明しながら「な

---

(20)　ちなみに，表Ⅱ-2-6のパッケージのうち「キャッチアップ」「孤立」「パイオニア」は筆者が自ら命名したもので，残りはギャムソンらのアメリカ社会の先行調査結果からそのまま引用しました。というのは，「エネルギーの自立」や「説明責任」などは日本のみならずアメリカでも類似の内容が語られていたからです。これに対して「欧米に追いつけ追い越せ（キャッチアップ）」や「孤立」「パイオニア」は日本が置かれた特殊な状況を反映した内容でしたから，アメリカの調査成果から得られたものを機械的に援用することはできませんでした。そこで日本原子力産業会議編（1986），日本弁護士連合会ほか（1994），読売新聞科学部（1996）などの関連する著書から手がかりを得て，「キャッチアップ」「孤立」「パイオニア」という中心的キーワードを拾い出してパッケージを特定したのです。

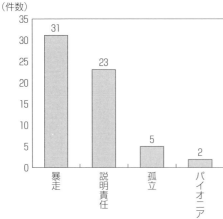

図Ⅱ-2-2　もんじゅ事故のパッケージ

（出典）鳥谷（2003）p.207より。

ぜ別の言葉で語られていないのか？」に留意するように気をつけてみてください。

ここでは95年の「もんじゅ」の事故の記事を読み込む中で気がついた点を取り上げて，考察の対象としました。まず「もんじゅ」の事故に際して，どのようなパッケージが見られたのかを検証しました。事故直後2週間の記事サンプル総数は104件，そのうち特定のパッケージに識別可能であったものは61件でした。その内訳が図Ⅱ-2-2です。[21]

　もっとも多かったのは「暴走」パッケージでした。このパッケージでは，原子力が「誤りの許されない技術」であることが重視されています。ポイントは技術者の「過信」（驕り）と，事故の被害の深刻さの双方を強調する点にあります。漏れ出したナトリウムの規模が極めて大きいものであったことが強調されていたり，火災事故現場の凄惨な状況を捉えた写真が連日新聞紙面を飾ったことなどは，このパッケージに沿った解釈が打ち出されたことを物語っています。

　ただし新聞記事を普通に読んでいるぶんには，大きな事故だったのだなとしか思えません。大きな事故だったから，大きな扱いをしているのだと思うのが普通の感覚です。しかし事故の大きさは物体の大きさのように，誰からも文句の出ない客観的な物差しで測れるものではありません。事故の客観的本質などというものを想定することはできないのです。

　つまり，この事故とても言語によって「構成された現実」でしかあり得ない

---

(21)　全ての新聞記事が何かのパッケージに分類可能なわけではありません。パッケージとは何らかの解釈を含みこんだものであるため，純粋に事実だけを伝える記事（例えば第一報の記事）には分類不能なものが少なからずあります。

のです。というよりも「事故」という言葉を用いていることそのものが，実は，この出来事を特定の立場から再構成しようとすることに他なりません。そのことを示す証拠が新聞記事の中に隠れていました。

「暴走」パッケージに分類された新聞記事の周辺には，小さな扱いの関連談話記事がいくつかくっついていました。「事故は想定範囲内」とする当時の通産事務次官の見解や，「事故評価は最低レベル」との科学技術庁の発表がそこで小さく紹介されているのです。よほど細心の注意を払わないと，開発当事者や関係者が自分たちの保身のために苦しい言い訳をしているのだと思って素通りしてしまいます。しかし，これは一定の合理的根拠がある指摘なのです。と言うのも，もんじゅの事故は，原子炉事故の国際的な事故評価尺度（International Nuclear Event Scale：INES）に従うなら，極めて小さなものだったからです。チェルノブイリ事故がレベル7，スリーマイル事故がレベル5，もんじゅに先立つ日本の原子炉事故の中でもっとも大きかったとされる福島第二3号機事故，美浜2号機事故がそれぞれレベル2である中で，当の「もんじゅ」事故はレベル1にも満たないものでした。

躓きやすいポイント②：＜マスコミ批判＞にも注意が必要

学生「先生，インターネットを調べていたら，○○の問題は科学的な基準からするとたいしたことなかったのに，マスコミが大騒ぎしただけだって書いてました。マスコミはなんで本当のことを書かずに大騒ぎするんでしょうか？」

教員「マスコミが不勉強なあまりセンセーショナルに騒ぎ立てて真相を歪めたってこと？」

学生「ええ。専門家もそんなこと書いてましたよ。やっぱりメディアリテラシーって大切ですよね」

ネット時代が到来し，これまで以上に「マスコミの語る〜〜は，実は……」式の話が世の中に氾濫するようになりました。しばしば驚くのは，メディアリテラシーについて大学で勉強している学生たちが，「マスコミが語る〜〜」は

「ウソ」で，「実は……が正しい」式の議論に驚くほど無警戒なことです。「マスコミに騙されてはいけない」と気にするあまり，「騙されるな」と教える側から流れてくる情報については容易に鵜呑みにしてしまうという奇妙な現象が起きているのです。

　報道が事実を誤認して伝えているというのなら話は別です。しかし，そうでなければ，報道と報道を批判する言葉は単に「判断基準が違うだけかもしれない」「語る言葉の種類が違うだけかもしれない」と一度は考えてみる必要があります。この「もんじゅ」事故の場合は，INESの事故評価尺度の基準が「放射性物質がどの程度漏れたか」「作業員や一般公衆にどの程度の被ばくが生じたか」に照準を置いているがゆえに，火災が起きただけの「もんじゅ」事故は軽微なものと評価されたことが分かります。また，そもそもこの尺度に沿う限りは，「事故」として定義されるものですらなかったのです。

　しかし，この「専門家的」，「純技術的」な評価尺度が本当に原子炉トラブルへの評価としていつも完全に適切かどうかは，意見が割れるところでしょう。このケースでは，ナトリウムが漏れて火災が起きました。誰も被ばくはしていません。ですが，だからといって本当に騒ぐほどのことでもなかったと言い切れるかどうかは疑問です。空気に触れれば燃焼し，水に触れれば爆発するというナトリウムがどれほど危険で取り扱いの難しい物質であるかは高速増殖炉の取材を一度でもしたことのある記者なら誰でも知っていることです。日本以外の他の欧米先進国は，このナトリウムを扱いきれずに開発を断念してきた経緯があるのです。この点を踏まえるなら，ナトリウム漏れ火災事故は，取るに足らない些細な出来事とは言えないはずです。

　しかし動燃関係者は記者会見の席上，「事故」ではなく，「事象」という表現を用いました。自分たちが習慣的に用いている専門的言語を使ったに過ぎないのですが，記者たちはそう受け取りませんでした。記者席から直ちに「事象じゃなくて事故だろ！」と厳しい叱責が飛び出し，その一幕は技術者たちの「過信」を示す格好の証拠として記事に取り上げられたのです。つまり「暴走」パッケージを形成するエピソードになってしまったのです。深刻な「事故」を反省することもなく些細な「事象」にすり替えようとしていると評価されたわけです。

この事例は，物理的現象をありのままに報告したようにしかみえない記事が，実はある特定の言語体系を通して解釈されたものであることをよく物語っています。ある特定の言語が特定の「現実」の見え方を構成していることがよくわかります。深刻な「事故」なのか，それとも些細な「事象」に過ぎないのか，いずれの定義が勝るかによって開発主体である動燃が迫られる責任の重さも変わってきます。そしてこうした点を具体的なデータや例示の積み重ねによってどれだけ濃密に書き込むことができるかによって論文の説得力は大きく変わってきます。

　たとえば深刻な「事故」であることを示そうとする新聞記事が，事故現場の様子をどのように表現していたのかは緻密に描写しておく必要があるでしょう。ある記事では事故現場が科技庁の想定（900度）を遥かに超える1400度の"異常高温"であり，"想定範囲外"の事故であったこと，漏洩したナトリウムの規模が世界の事故史に照らしても異常な量であったことなどが紹介されていました。壮絶な事故現場の様子を切り取った写真が大々的に使用されていたことも忘れてはいけません。些細な「事象」などではないことを執拗に証明しようとするかのような記事が多数産み出されていたのです。深刻な「事故」であるという現実の定義をどんどん補強するような形で言葉が大量生産されていったのです。

　その結果「もんじゅ」はこの事故の後，イギリス，フランスからの返還プルトニウムを焼却するという重大な任務を抱えながらも運転停止に追い込まれ，長らく活動が凍結されることになりました。また，この後さらに別の「事故」を起こした動燃は，98年には組織として解体されることになりました。

　以上のケースからは「現実」をどう定義するかによって，政治的意思決定や社会的行為の前提がまったく変わってくることがよくわかります。「なぜ別の言葉で語られていないのか？」と問いながら，言語がどのように「現実」を構成していくのかを，ある程度の厚みをもって書き込めたはずだという感触を得たならば，ここでの考察の課題はクリアーできたといってよいでしょう。

第Ⅱ部　卒論のテーマ別アプローチ

6　調査の成果をまとめる

　記事を収集，分析し，ポイントを絞って考察を加えたなら，あとは論文の成果を総括しまとめるのみです。ここまでくればあとはもう一歩です。ただ，最後に気をつけて欲しい点があります。

躓きやすいポイント③：自分の研究成果を軽視したまとめ方

教員「論文の最後にいきなり登場して盛り上がる話があるけど，これは何？」

学生「いや〜，どうまとめていいかわからなくて，とりあえず格好良く見えそうなのを持ってきたんですよ。だって他の人の論文を読んでいても，最後にちょっと壮大な話につなげる式のまとめ方って結構あったし……」

教員「大きな議論に繋げるのはいいけど，せっかく本文中で分析して考察してきた成果が全く活かされていないよ。まとめっていうのは，分析した成果をまとめるってことなんだから」

　論文のまとめの箇所では，自分の議論に意義があることを強調してから文章を締めくくる必要があります。しかし自分が本文で必死に取り組んできた内容を忘れて，いきなり有名な大御所の研究者の名前を持ってきてデカイ話にすり替えるようなことをやってはいけません。自分はこれだけ大きな問題意識を持って取り組んだのだという証を残したい気持ちで胸が一杯になることがあるかもしれません。でも，その場合でも本文中で自分が達成した最良の成果を引き立てる形になっているかどうかを慎重に見極めてください。一番大切なのは自分が調査によって得た具体的な成果の意義を自分の言葉で語ることです。

　本章では，新聞記事を利用しつつ具体的な事例に沿って，言語が「現実」をどのように構成するかを分析しようと試みてきました。したがって，最後までこの点にこだわりながら文章をまとめる必要があるわけです。では，ここまで

例示してきた事例研究にどのような学問的意義があったと言えるでしょうか？言語が「現実」を構成するという指摘自体は誰もが知っている非常にありふれたものでしかありません。したがって一見するとあまり新鮮味の無い議論をしたようにも見えます。

しかし，何か目新しいアイデアを打ち出すことだけが大切なわけではありません。とりわけ言語が「現実」を構成するというのは非常に曖昧で漠然とした指摘でしかありません。肝心なのは言語が「現実」を具体的にどのような形で構成するのかということであり，その点を浮き彫りにするためにどれほどのデータや例示を積み重ねることができるかということです。どれだけ厚みのある記述によって「言語による現実の構成」を示すことができたかが問題なのです。高速増殖炉「もんじゅ」からナトリウムが漏れた出来事を，深刻な「事故」と捉えるのか，些細な「事象」とみなすのかが決定的に争われていたことを多くの根拠を持って示せたことは，この点において意義のあることだったといえるでしょう。

以上のように最終的に強調しておきたいポイントがまずあって，その点を補強するために新しい話題をさらりと持ち出すことは悪いことではありません。でも，高名な思想家や研究者のデカイ話に引きずられて自分の調査の一番の意義を見失わないように，くれぐれも注意してください。

最後に，余裕があれば今後の展望を語ってみるのもよいでしょう。もちろん普通の大学生は，二度と卒論を書くことがありませんから，今後を語る必要はそれほど無いのかもしれません。しかしこれはあくまでも，自分が関わった研究領域全体の今後という意味です。自分が先行研究に助けられて調査を実行できたように，自分の書いた論文も誰かがいつか参考にするかもしれません（ゼミの後輩など）。その人に向けて，自分はこういう点に苦戦しながらもここまでやった，次にやる人はこんなことに気をつけてみてはどうかと一仕事終えた立場から語るわけです。

無論これはおまけに過ぎません。論文の命は，結論部分にはありません。分析と考察の部分がどの程度充実しているかが何より大切です。結論部分はこの本体がしっかりとしていることを確認するだけです。分析と考察にとにかくエネルギーを割くようにしましょう。

そして最後の最後に戻ってくるのは，最初の節です。全体を通して言いたい内容が最初の節を読んで読み手に伝わるようになっているかどうかを確認しましょう。伝わるように書けていれば，論文はひとまず完成したものとみてよいでしょう。あとは自分が納得のいくまで見直して手直ししてください。

さらなる学習のために

◆鈴木聡志『会話分析・ディスコース分析——ことばの織りなす世界を読み解く』新曜社，2007年。

　初学者にも分かりやすい文章です。本書で紹介されている「事実構成」，「解釈レパートリー」などの概念は，本章の考え方に類似しており，参考になるはずです。この著書の「ディスコース分析」の説明内容に興味を持った人はさらに，ヴィヴィアン・バー『社会的構築主義への招待——言説分析とは何か』（田中一彦訳，川島書店，1997年）に進むとよいでしょう。

◆小林直毅編著『「水俣」の言説と表象』藤原書店，2007年。

　水俣病事件がメディアの中でどのように描かれてきたのかを検証した研究書。とりわけ編者の「総説　『水俣』の言説的構築」は社会問題に言説分析の視点から切り込んでいこうとする者にとって，必ずやよき手本となるはずです。「ひとつの戸惑いの告白」から始まるこの文章は，「なぜ言説分析が必要なのか？」というポイントに読み手を一気に引き込んでいきます。同じ著者が初学者に向けて言説分析の方法について解説している小林（2009）もあわせて参考にすると理解が進むでしょう。

◆大石裕『ジャーナリズムとメディア言説』勁草書房，2005年。

　ジャーナリズムの社会科学的研究に言説分析の考え方を活かそうと試みた興味深い研究書です。とりわけ「ホロコースト」の社会的記憶を事例に取り上げた第Ⅲ部の「メディアイベントとメディア言説」は，言説分析の優れた見本といえます。また言語に着目することの重要性を，社会学と政治学の双方の知的伝統から汲み出している点が興味深いところです。本章との関連では言説分析と内容分析の違いに言及している「第5章　ニュースの言説分析」も参照して

欲しい箇所です。

◆佐藤俊樹・友枝敏雄編著『言説分析の可能性――社会学的方法の迷宮から』東信堂，2006年。

　言説分析に正面から取り組みたい人にとっては，今後避けて通ることのできない必読の一冊です。知的ゲームとしての社会学の面白さが如何なく発揮されており，真剣に社会学を学びたい人にとっては格好の入門書でもあるでしょう。本章の内容との関連でいえば，言説分析と知識社会学の決定的違いを論じた「序章　閾のありか」（佐藤俊樹）は必読です。また「第1章　言説分析の困難（改定版）」（遠藤知巳）も重要な論文であり，下記赤川の著作とあわせて読むと大変勉強になります。

◆赤川学『セクシュアリティの歴史社会学』勁草書房，1999年。

　ミシェル・フーコーの言説分析の思想を，経験的な社会学の調査方法論に取り込むべく正面から挑んだ研究書。近代日本の性・性欲に関する言説の形成と変容を辿りながら言説分析の可能性が具体的な調査の現場で繰り返し鋭く問われていく様は非常に興味深いものがあります。赤川の研究方法に対して批判を加えた上記の遠藤論文に対する返答が，『構築主義を再構築する』勁草書房，2006年，「第一章　言説分析とその可能性」で展開されています。本格的に言説分析を学ぼうとする人にとっては必見の論争です。

◆フーコー, M.『狂気の歴史――古典主義時代における』田村俶訳，新潮社，1975年。

　社会学者が言説分析という場合，多くはこのフランスの思想家，ミシェル・フーコーの思想を指しています。Discourse Analysis を議論するいろいろな立場がありますが，間違いなく言えるのは，この人の著作が多くの人を唸らせる迫力ある分析をしているということです。優れた結果を出した人の手つき，手捌きをひたすら注視して思考の道筋を模倣することが学問にとって一番大切なことです。フーコーが自らの言説分析の方法について理論的考察を加えたのは『知の考古学』ですが，これはいきなり読むにはあまりに難解です。手始めに読むのに適したものとして，あくまで筆者の個人的感想ですが，フーコーの処女作であり特殊なフーコー語が登場しない『精神疾患とパーソナリティ』（中山元訳）と本書をあわせて読むことで，現代思想に疎遠な人にもフーコーの思

第Ⅱ部　卒論のテーマ別アプローチ

想世界への入り口が見えてくるように思います。

●引用・参考文献──────────

有馬明恵『内容分析の方法』ナカニシヤ出版，2007年。
伊藤守・藤田真文「構造主義以降のコミュニケーション理論」『新聞学評論』39号，1990年。
内田樹『寝ながら学べる構造主義』文藝春秋，2000年。
大石裕『ジャーナリズムとメディア言説』勁草書房，2005年。
大石裕『政治コミュニケーション──理論と分析』勁草書房，1998年。
大谷信介・木下栄二・後藤範章・小松洋・永野武編著『社会調査へのアプローチ　論理と方法　第2版』ミネルヴァ書房，2005年。
岡井崇之「言説分析の新たな展開──テレビのメッセージをめぐる研究動向」『マス・コミュニケーション研究』64号，2004年。
烏谷昌幸「高速増殖炉開発をめぐるメディア言説の変遷──ニュース言説の生産過程の分析に向けて」鶴木眞編『コミュニケーションの政治学』慶應義塾大学出版会，2003年。
小林直毅「総説　水俣の言説的構築」小林直毅編『「水俣」の言説と表象』藤原書店，2007年。
小林直毅「テクスト分析，言説分析の視点」伊藤守編『よくわかるメディア・スタディーズ』ミネルヴァ書房，2009年。
佐藤俊樹「近代を語る視線と文体」『講座社会学　1　理論と方法』東京大学出版会，1998年。
佐藤俊樹「閾のありか──言説分析と『実証性』」佐藤俊樹・友枝敏雄編『言説分析の可能性──社会学的方法の迷宮から』東信堂，2006年。
柴田鉄治・友清裕昭『原発国民世論──世論調査にみる原子力意識の変遷』ERC出版，1999年。
鈴木聡志『会話分析・ディスコース分析──ことばの織りなす世界を読み解く』新曜社，2007年。
ソシュール，F.（小林英夫訳）『一般言語学講義』岩波書店，1972年。
七沢潔「原子力50年・テレビは何を伝えてきたか──アーカイブスを利用した内容分析」『放送研究と調査　年報2008』NHK放送文化研究所，2008年。
日本原子力産業会議編『原子力は，いま』日本原子力産業会議，1986年。
日本弁護士連合会ほか『孤立する日本の原子力政策』実教出版，1994年。
野口祐二「臨床のナラティヴ」上野千鶴子編『構築主義とは何か』勁草書房，2001年。
野口祐二「社会構成主義という視点──バーガー＆ルックマン再考」小森康永・野口

祐二・野村直樹編『ナラティブセラピーの世界』日本評論社, 1999年。
バーガー, P.・ルックマン, T. (山口節郎訳)『日常世界の構成——アイデンティティと社会の弁証法』新曜社, 1977年。
フェアクラフ, N. (貫井孝典・吉村昭市・脇田博文・水野真木子訳)『言語とパワー』大阪教育図書株式会社, 2008年。
——————(日本メディア英語学会, メディア英語談話分析研究分科会訳)『ディスコースを分析する——社会研究のためのテクスト分析』くろしお出版, 2012年。
藤田真文「テクストとディスクール——マス・コミュニケーション研究における意義」常盤大学人間科学部紀要『人間科学』10巻2号, 1993年。
藤田真文「ニュースの内容分析」大石裕・岩田温・藤田真文『現代ニュース論』有斐閣, 2000年。
読売新聞科学部『ドキュメント「もんじゅ」事故』ミオシン出版, 1996年。
吉岡斉『原子力の社会史』朝日新聞社, 1999年。
Fariclough, N. L. *Discourse and Social Change*. Cambridge: Polity Press, 1992.
Gamson, W. A. & Modigliani, A. "Media Discourse and Public Opinion on Nuclear Power: A Constructionist Approach" in *American Journal of Sociology*, 95, pp. 1-37, 1989.
Gamson, W. A. & Modigliani, A. "The Changing Culture of Affirmative Action" in R. G. Braungart & M. M. Braungart (Eds.), *Research in Political Sociology*, (vol. 3, pp. 137-177). Greenwich, CT: JAI Press, 1987.
Gamson, W. A. et.al. "Media image and the social construction of reality" in *Annual Review of Sociology* 18, pp. 373-93, 1992.

[烏谷昌幸]

第3章 視聴者研究
―― テレビの視聴時間をテーマに ――

　本章では，テレビや活字メディアの視聴者・読者層，あるいはメディア行動（視聴・購読行為）の特徴について明らかにするための調査法を解説します。たとえば，メディア間の影響関係やメディアが人々のある特性に及ぼす影響，メディア利用者の特性に関する分析がこれに当たります。特に本章では調査方法論を用いた分析法について紹介します。調査方法論においては，以下のような手順によって分析を行うことが一般的です。

　　ステップ1：調査テーマの決定
　　　　　　↓
　　ステップ2：作業仮説の構成
　　　　　　↓
　　ステップ3：調査対象の決定とサンプリング
　　　　　　↓
　　ステップ4：調査票の作成＆プリテストによる修正
　　　　　　↓
　　ステップ5：調査実施
　　　　　　↓
　　ステップ6：データ分析
　　　　　　↓
　　ステップ7：論文執筆

3 視聴者研究――テレビの視聴時間をテーマに

1　研究テーマを決めよう

（1）　研究課題の設定

　研究課題の設定は個人的体験，言い換えますと，ひらめきから始めて構いません。最初はぼんやりとしたひらめきでも，自分自身が考えているテーマに関係しそうな文献をどんどん読んでいくことで，次第に明確な像を結んでいくことがあります。また，自分のテーマについて色んな人たちと話をしてみるのも，ひらめきを整理するうえで大切なプロセスとなるはずです。

　その過程において，既存の知識や理論，人々の‘検証されていない’常識レベルの観察記に対し，なんらかの「疑問」を感じるとさらに良い研究になるはずで，研究はその「疑問」を解いていく楽しい作業となっていきます。調査方法論を用いた研究は，どの段階も重要ですが，中でも計画の段階をしっかりしておかないと，アンケートを実施しても良いデータを集めることができません。データが適切でなかった場合は，どんな分析をしても良い結果は得られず，調査結果を活用することもできません。

（2）　K子さんのテーマ――日本におけるテレビ視聴時間は，インターネット登場後かなり減っているのでは？

　ここで，私は学部生のK子さんの問題意識を紹介します。

　K子さん自身インターネットのヘビーユーザーで，インターネットはテレビを代替してしまっているのでは？という疑問をもって私の研究室を訪ねてきました。以下は彼女の言葉です。

　　　最近のインターネットの威力はすごく，テレビの代わりにYahoo!でニュースを見たり，ケーブルの音楽専門チャンネルかよりYouTubeで手軽にPVが見られちゃったりしています。インターネットをたくさん利用している人はテレビや新聞を見る時間が相当減っているのではないかと思いました。そして，私はこの問題を解こうと，少し関連文献を調べてみました。しかし，総務省の調査によると，日本人のテレビ視聴時間はインター

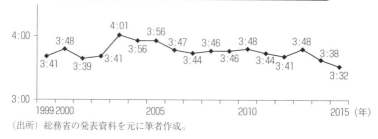

（出所）総務省の発表資料を元に筆者作成。

ネット登場後にもあまり変化が無いことがわかりました。インターネット利用時間は確実に増えつつあるのに，依然として日本人のテレビ視聴時間は減っていない。それはなぜなんでしょうか？　本当にテレビ視聴時間は減ってないのでしょうか？

確かにK子さんの指摘とおり，www（ワールドワイドウェブ）が登場した1999年以降の日本人のテレビ視聴時間は，図Ⅱ-3-1に示されているように減るところか，むしろ微増しているような傾向が示されていますね。

K子さんの研究課題は以下のように整理することができます。

インターネット利用時間が増えている
（ネットではニュースや動画が見られていて，テレビと似た機能を果たしている）
　　↓
インターネットを使っている人はテレビをあまり見なくなるはず
　　↓
しかし，日本人のテレビ視聴時間の平均は減らないままである。
　　↓
インターネットはテレビを代替していないのだろうか？

K子さんが疑問に思っている問題は，メディア研究においてきわめて重要な意味を持っているのです。新たなメディアが登場し，古いメディアを代替していくのであれば，我々の生活に大きな影響を及ぼすことは言うまでもなく，情

報の質や量にも変化が起きる可能性が高いのです。調べたいテーマが決まったら，次は適切な調査方法を決定します。

（3） H君のテーマ——ミクシィ利用は部活を活発にする？
もう1人学部生のH君の問題意識を紹介しましょう。

> ミクシィ（mixi）(1)をよく利用している人は社交的で，部活にも積極的に参加する人であるような気がします。ぱっと思うと，ネットでミクシィを利用するには一定時間パソコンや携帯を使う必要があって，一人でいる時間が長く，引っ込み思案のようなイメージが強かったですが，でも私の印象は逆です。ミクシィはテレビと違って，人間関係を維持・形成するメディアで，部活などといった人々との触れ合いや社会参加を促す効果があると思います。逆にテレビというメディアにはその逆の事が予想されます。

H君の研究課題を整理してみましょう。

ミクシィは，人とのコミュニケーションや人間関係形成・維持のために使われている
　　↓
ミクシィ参加者は社交性があり，部活など社会的活動にも積極的であるはず
　　↓
ミクシィは社会参加を活性化する

テレビは娯楽や時間つぶしのために視聴する場合が多く，社会参加のためのものではない

（1） 2004年2月日本でもっとも早い時期からサービスを展開したSNSサービスの1つ。2008年12月10日から18歳以上としていた年齢制限を緩和，15歳から利用できるようになりました。2010年3月1日からは招待制から登録制に変更，新規加入が容易になりました。2010年4月現在ユーザ数2000万人突破と発表されました（ミクシィプレスリリースより2010年4月14日）。

↓

テレビの視聴時間は社会参加（たとえば，大学生の場合は部活）の時間と競合する（ミクシィとは逆？）

↓

テレビは社会参加を活性化するものではない

　H君の仮説は2つのメディアの社会参加における役割について分析をすることになり，大学生の社会活動の1つである部活との関連を調べたいと思っているようです。この仮説が証明されるかどうか楽しみですね。

　本論では，K子さんとH君の仮説を例に，調査方法を用いた研究法について説明します。

2　作業仮説の構成

（1）　調査方法について解説

　調べたいテーマが決まったら，どのような調査をするのかを考えます。ここでは，仮説探索的アプローチ vs. 仮説検証的アプローチの2つの目的を持って質問紙の設計をすることになります。自分のテーマにふさわしいアプローチを選ぶことが次のステップです。

①仮説探索的アプローチ

　質問紙調査を実施することを通じて，とにかくある事柄についての状況を把握したい場合はこのアプローチによる調査を行います。たとえば，テレビ視聴時間が知りたい，テレビやインターネットの利用パターンを調べたい，テレビを見る理由とジャンルについて調べたい等，現状を把握する目的で行う調査を意味します。つまり，具体的な仮説が無く，とにかくテレビ視聴やインターネット利用などさまざまな事柄を聞くことによって，これから仮説を立てていくためのたたき台にしたいと考えた場合にこのアプローチによる調査を行います。

　「仮説探索的アプローチ」とは，「実態把握型」とも言われ，わりと広いテーマで，浅く聞かざるを得ないことが多くなります。そもそも調べたい事柄に対

して，まんべんなく聞いておいて，次の仮説を立てるのに役立てたいと思う時はこのようなアプローチで調査票を作成します。しかし，この段階だけでは，「テレビとインターネットは競合しているのか，していないのか」という問題に対し，明確な答えが出にくい可能性があります。というのは，そもそも「実態把握」のためのリサーチの目的は，実態を把握し，変化の兆しをつかまえることであり，そんなに突っ込んだ質問をしないからです。

こういった質問紙は，マーケティング分野で良く用いられます。たとえば，新車を購入したいと思っている人はどういう人なのか，「将来の消費者」の実態を調査しておいて，どのような新車を開発するかにヒントを得る目的で用いられます。どういったライフスタイルやライフステージの人々が新しく車を購入するのか，とかを把握し，生産やマーケティング・広告活動の参考にするのです。

②仮説検証的アプローチ

「仮説検証的アプローチ」とは，自分の研究課題から具体的な仮説を設定し，それを検証するために，データを収集し，仮説と一致するかどうかを明らかにするために行うものです。

K子さんの研究テーマは，「インターネットがテレビ視聴を代替する」というものでした。本当にインターネットというメディアがテレビを代替するのか，という問題意識をどのように砕いていけば，分析・検証可能なものになるのでしょうか。このように問題意識から実際分析可能な仮説を作り，検証していく調査票を作成することも可能であり，これを「仮説検証的アプローチ」と言います。この作業において先行すべきことは「仮説」を作成することです。

検証とはまさに"事実に照らして仮説の真偽を検討する"という意味で，このアプローチは，仮説について定量的に調べ，因果関係を立証することが目的となります。ここでいう「定量的」とは，量的とも呼ばれる分析法で，主に「実験法」[2]や「質問紙調査法」[3]によってその結果を数量的かつ統計的に分析するのが一般的です。一方，「定性的分析法」「質的」分析法もあり，これは主に「参与観察」[4]や「インタビュー法」[5]によって得られた質的データを把握することで数字に現れない内容を分析する方法です。[6]

本章では，定量的分析法による「仮説検証的アプローチ」について解説し，「質問紙調査法」について詳しく説明します。

(2) K子さんの仮説——テレビとインターネットの代替関係

K子さんやH君のテーマを仮説検証的アプローチによって調査分析を行うためにはまず仮説が必要です。そして，その仮説を構成するために，従来の研究を元にした関連理論を調べる必要があります。

K子さんが言う，メディアの代替関係に関する説明には，大きく以下の2つの仮説・理論があります。

① 「時間剥奪的代替仮説」

新メディアが実際に旧メディアの利用時間を奪うことによって，代替が進むことですから，これは，メディアの利用時間あるいは利用程度を測定して，新旧メディアの利用量の相関関係を分析することによって，お互いの関係性を把握することができます。[7]

---

(2) 実験法（Experimental design, Design of experiments）とは，人工的に用意した装置や状況の中で，人や物がどのように行動したり反応したりするのかを調べるものであり，さまざまな要因をコントロールすることによって，知りたいと思う特定化された目的に関わる変数のみに焦点を当てたデータを集めることができる（盛山など，1992）。

(3) 質問紙調査法（questionnaire method）は，対象となる人間の興味・パーソナリティ・態度・意見など，直接観察することのできない人間の内面意識などを紙面に書かれた質問項目に回答させ，その結果を一定の基準に従って整理する方法です。

(4) 参与観察（Participant Observation）とは，調査者自身が調査対象集団の活動に何らかの形で参加して，特定の行動や活動を観察し，記録することによってデータを得る方法です。社会学や人類学，文化人類学，民俗学等で，特定の社会集団を研究する際によく用いられています。

(5) インタビュー法とは，簡単な質問項目を用い，それに対する回答を聞きとっていく調査法で，少人数の標本から深い内容の回答を得ることができるメリットがあります。

(6) K子さんの研究の場合，テレビが置かれている家庭を訪問し，家族と直接生活をしてみながら仮説を追及する「参与観察」や家族メンバーに対しインターネットとテレビ利用に関する「インタビュー」を行うことによって定性的データを得ることが可能です。

(7) このように時間的代替・補完を主張するのは，ゼロサム的なメディア利用時間を前提に分析を行う「メディア代替仮説（Media Substitution hypothesis）」による研究です。

②「メディアの機能的代替仮説」

　機能的に類似しているメディア間においては新メディアによって旧メディアが容易に代替される場合を示します。一方，機能的相違がある場合，補完・補充関係が成立すると言われます。この仮説の場合は，新旧メディアのそれぞれの利用動機を把握し，両者の関係性から今後を予測する研究です。

　上記の仮説は2つの理論をもって"分析可能な形"のものに変換する必要があります。このように実際の分析を行うための仮説を「作業仮説」（あるいは，操作的仮説）と言います。今回，K子さんは，②の「メディアの機能的代替仮説」，つまりメディアの動機の類似性を比較する方法より，①の「時間剥奪的代替仮説」による実際時間的側面における代替関係の検証に比重を置いています。インターネットがテレビの時間を剥奪し，いずれ代替する，という仮説は，以下のような「作業仮説」を構成することによって分析可能なものになります。

H1．インターネット利用時間が長い人ほど，テレビ視聴時間が短い。
H2．インターネット利用時間はテレビ視聴時間を説明する重要なファクターである。

（3）　H君の仮説──テレビとインターネットが社会参加に及ぼす影響

　H君の問題意識は，メディア利用と社会参加への積極度との関係を議論する研究の一環としてとらえることが可能です。これまでの研究によっては実は以下のようなことが議論されてきました。

①メディアと社会参加の競合関係説

　人々の限られた生活時間の中でメディアと社会参加はお互い競合する可能性がある

（8）　このようにメディアの機能的代替・補完を主張する『機能的オルタナティブ（Functional Alternative）メカニズム』を主張するのは「メディアの利用と満足理論」による研究です。人々のメディア利用動機を測定単位と用い，新旧メディアの利用動機を把握・両者の関係性から今後を予測する研究です（Kaye & Johnson, 2003；Lin, 2001；金相美，2004）。

②テレビの培養効果と社会参加

　テレビ番組内容の一部は社会参加や人との触れ合いに対する動機づけを弱める可能性がある。テレビで描かれる犯罪のような内容に繰り返し接触すると，現実社会においても他者は信頼できないと考えることで社会参加しにくくなるという培養効果が生じる[10]

③インターネット利用の利用動機と社会参加[11]

　インターネットは自己表現，人間関係を形成・維持するメディアとして利用されている

　K子さんもそうですが，H君の"果たして，ミクシィは社会参加を促すツールとして機能しているのでしょうか"という問題意識は一見，とても新しいものに見えたのですが，似た問題意識をもって行われた研究が結構あるのですね。自分の問題意識と関係する先行研究を読んだ後，次のような仮説を作成しました。特に，H君は大学生における社会参加の代表例として「部活の積極性」を調べることにしました。

H3．ミクシィ非利用者より利用者の方が部活に積極的である。

(9) 人々の一日は24時間と限られていて，メディア利用時間が長くなればなるほど，屋外での社交的活動や人々との会話などの社会参加に費やす時間が減るということを意味することになります（Moy, Scheufele, & Holbert, 1999；Putnam, 2002）。特に，Putnam (2000) は，テレビ視聴量の増加により，市民の余暇時間そして市民連携の土台となる対人接触の機会が?脱され，社会に対する不信感，懐疑主義が拡散されたと示しました。つまり，テレビ視聴が市民的ネットワーク，社会参加に否定的効果をもつと主張しているのです。

(10) 培養効果（教化効果＝cultivation effect）は，テレビドラマなどのフィクションに長期的・反復的に接することで，その人の現実認識がそのテレビに描かれる現実像に近いものになってしまうことを示す，メディア効果理論の1つです。ガーブナーらは，アメリカで1960年代から70年代のテレビドラマを分析し，現実の統計資料よりもはるかに多く暴力や犯罪が描かれていたこと，そしてテレビの長時間視聴者ほど不安傾向や他者への不信感が強かったことを明らかにしました。

(11) インターネットの利用動機には，本文で取り上げた「自己表現/交流的利用動機」以外にも，「気晴らし/習慣的利用動機」，「情報的利用動機」「娯楽的利用動機」などがあります（金　相美，2003）。

H4．テレビ視聴時間が長ければ長いほど，部活に消極的である。

3　調査対象の設定とサンプリング

（1）調査対象の設定とは

次のステップでは，どのような人々を調査の対象にするかを決めます。たとえば，K子さんの場合，日本人の情報行動に関する研究ですから，本来ならば，日本人全体を対象にした調査を行う「全数（悉皆）調査」(12)が望ましいです。しかし，コスト面や掛かる手間を考えると，これはほぼ不可能であり，調査対象を限定的にせざるを得ません。

統計的研究では，限られた対象を調査することで，全体の特性を推測することになります。ここで，知りたいと思う対象全体を「母集団（Population）」といい，その中で実際に調査対象となる人を「標本（サンプル，Sample）」と呼びます。この標本の「代表性」を確保することが統計的研究において重要です。そのためには，標本が特定地域，特定階層，特定年齢などの特定集団に偏らない必要があります。そのような標本を用いて仮説の検証が行われてこそ，学術研究の最終目的とも言える「一般性」が確保できると言えるでしょう。

それでは，「標本調査」について紹介したいと思います。

（2）サンプリングをしましょう！——標本調査の方法

「標本調査」とは，この母集団から標本を選び出し行う調査です。調査研究法では，研究目的に相応しい「母集団」をあらかじめ決め，その中から「標本」を抽出する「標本調査」を用いることが一般的です。そして，その調査の結果は，「母集団」の特徴を明らかにするものとなります。つまり，「母集団」が明らかでない標本調査は，どの集団の特性を分析したのかがわからないので，調査研究として意味を持てません。

たとえば，テレビでよく見かけるアンケート調査では母集団をはっきり示さ

---

(12) 全数調査は母集団の中のすべてのメンバーを対象にした調査で，代表例として「国勢調査」がある。

ず標本と結果のみを示す例が多々あります。

　渋谷のハチ公前の 100 人に聞きました。"あなたは現政権支持していますか。"その結果，29％の若者が支持，71％の若者は不支持と答え，日本の若者の殆どは現政権を支持していないことが分りました。

　しかし，ここの調査結果は「渋谷のハチ公前の 100 人」は，"偶然または，たまたまそこにいる人たち"だけの話であって，「若者」という特定集団の特性を説明するものにはなりません。多くのサンプルが確保したとしてもそのサンプルが"母集団を代表する推論ができるか，どうか"そして，"母集団の中からその人々が選ばれる確率は等しいか否か"という観点から判断する必要があります。

　つまり，標本調査は，"「母集団」のどの部分でも同様の事象が同じ頻度で起こっている"という考え方に基づいたものですが，標本を取り出す際にこれが本当に中間的でかつ平均的な集団の特性を表すかどうかを正確に判断するのは極めて困難です。それでも我々は科学的な調査のために，できるだけどの辺を採ってもほぼ等しい結果を得るためにサンプリングにこだわらなければいけません。このような目的を果たすための標本抽出方法には以下のものがあります。

①ランダム・サンプリング法（Random Sampling＝確率標本抽出＝無作為抽出法）
　サンプリング（標本抽出法）にはさまざまな手法がありますが，一般的に行われているのがランダム・サンプリング法です。各対象者が選ばれる確率は同じにするあることが目的です。例えば，政党の支持率に関する調査を行う場合，地域や年齢によって結果がぶれる可能性があるため，日本全国を対象にランダム・サンプリングを行ったほうが適切でしょう。

②非確率標本抽出（non-probability sampling）
　標本は研究目的によって異なりますので，必ずしもランダム・サンプリングにこだわる必要はありません。非確率標本抽出法には，以下のような方法があります。

・割当標本抽出（quota Sampling）
 すでに明らかになっている母集団の構成に沿うようにサンプルを割り当てる。つまり，性別や年齢，学歴，職業等特定集団におけるサンプリングをする方法。
・便宜標本抽出（available Sampling）
 調査者側の都合でサンプルを決める方法で，街頭インタビュー等がこれに当たります。
・裁定標本抽出（purposive Sampling）
 サンプルとして相応しいと専門家が判断した対象者を選ぶことも可能です。

（3） K子さんとH君の標本

 それでは，K子さんとH君の調査に戻って考えてみましょう。K子さんの研究目的は日本におけるインターネットとテレビの代替関係，H君の場合は，mixiとテレビが社会参加に及ぼす影響関係であり，調査対象は，自ずと日本に在住する人々になります。しかし，母集団を「日本人」に設定してはランダム・サンプリングが困難なので，今回は母集団を「日本の若者」に設定し，インターネットがテレビを代替するかどうかという命題の未来的予測も視野に入れました。K子さんは，「日本の若者」の母集団の特徴を最もよく表していると思われる「大学生」が標本を抽出することにしました。

（4） どれくらいの標本があれば良いの？

 標本数は多ければ多いほど，母集団の分布と近似することができます。でも，たくさんの標本を得るためには，時間的・金銭的制約があるわけですので，ここでは，統計分析のために必要な標本数について解説します。K子さんとH君は，日本の大学生を母集団とし，標本を抽出したいと思っていますが，どれくらいの数があれば良いのかを計算したいと思います。
 標本調査の場合，母集団（N）から選び出す人数（標本の大きさ）を決めるための手順は次の通りです。

① 差（e）を決定する

　日本人男性の平均身長は171±2cmと言ったときの，幅（2cm）のことで，これが小さいほど，精度の高い調査となります。あくまで予測の幅であり，次の信頼率とは異なります。調査者が決定すればいいが，大概10％～5％に設定されます。

② 信頼率（a）

　予測がどれだけ当たっているかということで，通常95％と設定します。90％や99％にする場合もあります。

③ k

　信頼率aに対応する標準正規分布の％点で，信頼率によって自動的に決まります。例えば，信頼率a＝0.95（95％）と設定した場合，k＝1.96，a＝0.90ならばk＝1.65，a＝0.99ならばk＝2.58となります。信頼率の95％，90％，99％当たり標準正規分布の％点（k）の3つの数値は覚えておいた方が良いでしょう。

④ 母集団の回答比率（P）

　過去の同種のアンケート結果を基に予測するものですが，通常は予測できないことが多く，50％（0.5）とすることがほとんどです。

　そして，計算式は標本の大きさをnとすると，以下の通りです。統計関連の書籍に書いてあるので特に覚える必要はありません。

$$n \geq \frac{N}{\left(\frac{e}{k}\right)^2 \frac{N-1}{P(1-P)}+1}$$

　それでは，実際K子さんやH君がどれくらいの標本が必要なのかを計算してみましょう。日本人の若者（統計書類上，「若者」は18歳～25歳）は約1000万人，誤差範囲を10％，信頼率を95％とした場合，大体97人以上の標本を調査すれば良いです。つまり，計算上では18歳～25歳までの日本の若者を母集

団として計算しても±10％の誤差範囲ならば大体100人弱いれば，良いということです。実は，母集団を日本人とし，1億を代入して計算しても標本の大きさはほぼ変化せず，母集団の大きさに応じて，標本の大きさが大きく変わるわけではないです。しかし，誤差の範囲を5％にすると385人と約4倍，2.5％にすると1537名となり，大きく変動します。

4　調査票作成とプリテストによる修正

(1) 調査票 (Questionnaire) 作成

質問票作成の第一歩は，調査票に載せる質問項目を挙げていきながら，整理・統合したり追加したりして，順序をつけた階層的な項目リストを作成していくことです。この過程においては，ワーディングにも注意すべきです。

①主テーマ質問

調査研究の目的の中核をなす質問項目です。たとえば，K子さんの場合，テレビ視聴時間，インターネット利用時間，一方，H君の場合は，ミクシィ利用の有無などがこれに当たります。まず，K子さんの場合，以下のような質問になります。

あなたは，インターネットを利用していますか

1．はい　　　　2．いいえ

SQ　上記の質問に「1．はい」と答えた人に聞きます。
(ア)　あなたはどこでインターネットを利用していますか。当てはまる番号にすべて○をつけてください。

1　自宅　　　　2　職場（学校）　　3　ネットカフェ　　4　公共施設（市や区図書館）

> (イ) あなたは携帯電話でインターネットに接続していますか。
>
> 1　は　い　　　　　　　　2　いいえ

次はH君の質問項目の例です。

> あなたはミクシィに登録していますか。登録している人はどの程度利用していますか。ミクシィに登録していない人は7番に○をつけ，6ページ目の問○に行って続けてください。
>
> 1　日に2～3回以上　　4　月に2～3回くらい
> 2　日に1回くらい　　　5　月に1回以下
> 3　週に2～3回くらい　6　登録しているが，まったく利用しない
> 　　　　　　　　　　　7　ミクシィに登録していない
>
> あなたは現在なんらかの部活（サークル活動など）に参加していますか。参加しているのならどれくらい積極的ですか。部活をやっていない人は4に○をつけてください。
>
> 1．かなり積極的に参加している
> 2．まあまあ積極的に参加している
> 3．あまり積極的には参加していない
> 4．部活はやっていない

②副次質問

　主テーマ質問を補助する役割を果たす質問です。これには主として，予備質問と副問（サブ・クエスチョン＝SQ）とがあります。予備質問は，主テーマ質問の前におかれて，回答者が主テーマ質問に答えやすくなるように，対象者の

属性や基本的な知識を聞いたりする質問項目のことです（盛山，2004）。

③フェイス・シート（Face Sheet）

　性別・年齢など基本的属性の事をいいます。つまり，回答者の基本属性を尋ねる質問です。性別・年齢以外にも国籍や居住地，家族関係，収入，教育水準，職業，宗教などを含みます。調査の目的によってはどのようなフェイス・シート項目を質問するか，そして，それらを調査票のどこに設けるかについては，一定の配慮と注意深さを要します。というのは，ファイス・シート質問はプライバシーに関する内容を多く含んでいるからです。一般的に，統計プログラムの分析によっては個人の情報が特定化されることはないのです。こういったことを調査票の最初のところに記すことによって，できるだけ信憑性のある基礎情報を得られるようにしましょう。[13]注釈のような文章を追加することも良いかもしれません。フェイス・シート項目作成上での注意点は盛山（2004, p.97）を参照してください。

（2）　質問票のワーディングの際に注意点

　ここでは質問項目を作成するうえで，やってはいけない質問について以下の4つの種類に分けて解説したいと思います。

①ダブルバーレル質問

　「休みの時はテレビを見たり，ラジオを聞いたりする」としましょう。休みの時に，テレビはよく見ているが，ラジオは全く聞いていない場合，これはイエスともノーとも答えられない困ったものになります。また，「テレビは子供の教育に良くないのであまり見ていない」というように評価の理由が併記してある質問だと評価への賛否と理由への賛否が一致しない場合に回答が困難となります。テレビはあまり見ていないけど，ただ時間が無いからであって，子供の教育と関係無い場合は，テレビが教育に悪いとは思っていない場合，回答の

---

(13)　個人情報の取り扱いに関する明記の例：『この調査票に記載された内容については，統計として取りまとめるだけで，皆様の個人的な内容はいっさい明らかにされることはありません。』

際に混乱が生じるからです。

② ステレオタイプ的質問

「人の悪口がよく書かれている2ちゃんねる」とか「草の根的な市民運動」とすることでマイナスあるいはプラスイメージが強まるので，回答に影響をしてしまいます。質問項目はなるべく中立的立場に立って作成する必要があります。

③ パーソナルな質問

「人々はネット上でマナーを守るべきであると思いますか」と「あなたはネット上のマナーを守っていますか」とでは，質問の目的が異なります。前者の場合は，インパーソナル質問で事柄に対する市民としての一般的な意識を訪ねる質問であり，後者のパーソナル質問とはそれへの個人的な態度・意識を尋ねることになります。目的によってこの2つの質問を適切に用いる必要があります。

④ キャリーオーバー効果を引き起こす質問

「ネット犯罪によって被害を受けている人が続出しています。あなたはネット犯罪をどう思いますか」と尋ねた直後に，「ネット犯罪防止のための法律の制定にあなたは賛成しますか」と尋ねた場合，後の質問だけを独立して訪ねた場合と比べ，前問の回答の影響による肯定的な回答が多くなることが予想されるが，こうした回答の誘導をキャリーオーバー効果と呼びます。また，同一質問内でも，「最近わが国が実施したインターネット関連法律の実施後，ネット上の犯罪率が大幅減少したとの報道がありましたが，あなたは，インターネット関連法律についてどう思いますか」というように，特定の記述によって回答が誘導されることも同じ効果があるので注意しましょう。

（3） プリテストの実施と調査項目や仮説の修正

質問紙調査に当たっては，何よりも回答者の負担をできるだけ軽減することに留意しつつ行いましょう。そのためには，質問を精選する，似た質問は重複

して尋ねない，どんな場合でも普通の人が 30 分前後で回答できるよう程度に抑えることなどが必要です。そして，本番で行う調査を失敗しないため，事前に「プリテスト」(14)を行ってみることをお勧めします。

　H君は大学生の友達 10 人ほどに調査票を配り，回答完成のための所要時間や調査項目のなかに答えにくい問題はないのか，また結果を元に仮説に無理はないのか，について調べました。10 人のうち，ミクシィ利用者は半々ほどで，仮説段階で設定していたミクシィ利用者・非利用者の 2 グループに分けての分析に特に問題はないと思いました。

　一方で，K子さんは，調査項目において，インターネット利用端末が携帯なのか，パソコンなのかについて SQ を設ける必要があることにも気付き，追加しました。

5　調査実施

　プリテストが終わりましたら，いよいよ実査です。複数の調査員が一斉に実査に取り組む調査では調査の質を同一させるために調査マニュアルを作成し，調査員へのインストラクションを行いましょう。「調査マニュアル」には，調査の目的，主要な質問項目についての解説と記入の仕方などを分かりやすく説明してください。(15)

　実際の方法には，訪問面接調査，留め置き調査，郵送調査，電話調査等があります。最近はインターネット調査(16)を行う場合も多くあります。

●学生調査
　学部生の皆さんが調査を行う場合は，K子さんやH君同様，大学生を対象に

---

(14)　「プリテスト」と「パイロットテスト」について：「プリテスト」が調査票の内容を検討するために行われるのに対し，「パイロット調査」は調査実施地域の環境や対象の適切さを検討したり予備知識を入手したりするために行われるもので，基本的に目的が異なる。ただし，実際にはその両者を兼ねて予備調査を行うことが多い。

(15)　多くのテレビ局や新聞社，研究者は，調査のプロにサンプリングを依頼するのが多く，有効回答 1 票当たり，方法によって 500 円〜5,000 円ほどの金額がかかることが知られています。

調査を行うことがよくあるのではないでしょうか。その際には配布と回収法に大きなぶれが生じないように注意しながら実施してもらいたいと思います。大学生調査で最もよく使われているのは，大型授業の教室の中で，調査票の配布と同時に回収をする方法です。この場合は，個々の回答者が同じ環境で回答を行うので回収率が高まります。しばしば回答を途中で止めてしまう人がいて，無効になってしまうことや，いたずらな回答をする人を少しでも防止できる点からもこの方法は有効です。または，調査票を配布したあと郵送でしてもらい回収する方法もあります。この場合は，切手代がかかるのと，回収率が低くなるデメリットが生じます。最近「インターネット調査」が費用の面で低廉でありよく用いられています。調査の目的によっては，「ネット調査」も問題無いですが，サンプルがインターネット利用者に限定されてしまいますので，調査目的に当たってはふさわしくないことがあります。

6　データの分析

統計分析ソフトには，SPSS や SAS，StatView，R など統計解析ソフトがありますが，ここでは，SPSS（Windows 版）を用いて解説をしたいと思います。SPSS は，もっともよく使われているソフトであり，操作内容と結果がすべて出力ビューアウィンドウにすぐに出力され，便利なソフトであると評価されており多くのユーザを確保しています。特に，SPSS は分析結果を図表で表示してくれるので，コピー＆ペーストでエクセルやワードに貼り付けが可能です。

（1）　尺度について

データの構成要素には，変数（variable）名（データの各項のこと），ケース

---

(16)　ネット調査とは，ホームページ上または電子メールによっておこなう調査で，データ入力を省略することができ，調査員旅費・謝金や，調査票郵送料が不要なため安いのが最も良い長所です。現時点では，インターネットを利用可能な人が限定されてしまいますが，調査目的によっては短所とはならない場合もあります。ネット調査には，Web ページ画面に質問票と回答欄を表示して回答を送信してもらうスタイルが一般的に用いられています。

（一人ひとりの回答結果がケース）があります。

SPSSのデータは，データビューと変数ビューの2つのタブに分かれて表されます。ここでは，変数ビューで見る数値の種類について以下の4つの尺度に分けて説明します。統計分析は数値化されたデータを分析することで，それらの変数が持つ性質を「尺度」という概念で理解する必要があります。

① 名義尺度

　値がカテゴリーとしての意味を持つ場合を言います。つまり，変数の値は単なるラベルであり，数としての意味はありません。たとえば，性別は，M，Fなどの文字で入力してもよいし，男性＝1，女性＝2という数字で入力してもよく，数字で入力した場合でも数値としての意味はありません。なお，カテゴリーをある性質が「あるかないか」という表現に直し（例えば，インターネット利用者か，否か）さらにこれを「1か0か」で表現したものを「ダミー変数」と言います。

② 順序尺度

　値の順序だけが意味をもつものを言います。たとえば，学歴を，中学卒＝1，高校卒＝2，大学卒＝3と入力した場合，数字の絶対的な大きさは意味を持たないが，順序だけは意味があります。つまり，大学卒と中学卒の差（3－1＝2）が高校卒と中学卒の差（2－1＝1）の2倍とは言えないが，値が大きい方が教育年数が長いという順序関係には意味があります。心理学や社会科学の測定においてはほとんど順序尺度で行われますので覚えておきましょう。

③ 間隔尺度

　値の順序に加えて変数の差が意味をもつものを言います。間隔尺度では尺度値の差はどこでも等しいですが，尺度値に絶対0点がなく，尺度値を適当に加

---

(17) 名義尺度の場合，たとえば，男性＝5，女性＝7などと入力しても同じことである。他に職業，出身地などがある。

(18) たとえば，政治的傾向（保守的〜革新的）や社会的地位（上〜下）は順序尺度で測定されるものです。

算しても尺度値全体の意味は変わりません。たとえば,気温は,15 と 35 の差 20 は,5 と 25 の差と同じとみなせますが,気温 20 度は 10 度の 2 倍であるわけではありません。このような変数には,ほかに知能指数があります。

④比例尺度

間隔尺度に加えて値の比率も意味をもつものですが,値 0 が「ない」という意味を持つかどうかで区別できます。たとえば,年収は,差も比率も意味を持つので比例尺度です。ただし,実際の分析では間隔尺度と比例尺度の区別は必要でないことが多いです。

具体的なデータ入力方法については本章の最後に紹介しています SPSS 操作法の本を参考にして行ってください。

（2） 単純集計表及び統計量を見る

データファイルが作成できたら,まず大略な調査結果の確認のため,単純集計を出してみましょう。[19] 単純集計の出し方は極めて簡単です。ここでは紙幅のため,照会できませんが,単純集計表の出し方は SPSS 操作法の本を参照にしてやってみてください。

論文を書く時は,仮説検証の段階に入る前に基本的な統計量を紹介してから仮説検証の作業に入りましょう。たとえば,テレビやインターネットの利用状況に関する基本的な数値を取り出し,現状を把握する必要があります。平均や最大値・最小値・標準偏差などの基礎統計量は[記述統計]のメニューから取り出すことができます。

[記述統計]の SPSS での取り方は,メニューバーから[分析]→[記述統計]→[記述統計]を選び,オプションからさまざまな「統計量（S）」を選ぶことによって簡単に取り出すことが可能です。

K 子さんと H 君の論文では,1 日当たりのテレビ視聴時間,PC でのインターネット利用時間,携帯でのインターネット利用時間の統計量,ミクシィ利用

---

(19) 標本中の変数の値をいくつかの階級（class）に分け,それぞれの度数を数えて表にしたものを度数分布表（frequency distribution）という

表Ⅱ-3-1 記述統計結果：テレビ視聴時間とPCインターネット利用時間に関する統計量

		テレビ平均	PCインターネット平均
度数	有効	469	469
	欠損値	0	0
平均値		109.6	83.5
中央値		94.3	60.0
最頻値		77.1	60.0
標準偏差		88.9	80.5
分散		7909.3	6481.2
範囲		595.7	462.9
最小値		.00	.00
最大値		595.71	462.86

状況と部活参加状況などを分析した結果を紹介しました。結果は表Ⅱ-3-1の通りです。

表Ⅱ-3-1は，テレビやPCインターネット利用時間に関する基本的な統計量をSPSSで出した表です。テレビ視聴時間の一日平均分数は109.6分で，約1時間50分，PCインターネットは83.5分と約1時間24分という結果がしめされました。

統計量は，仮説探索的アプローチはもちろんのこと，仮説検証的アプローチによる研究においても現状を把握するうえで重要な意味をもちます。

(3) 平均と標準偏差

それでは，ここで基本的な統計量である平均と標準偏差について簡単に説明します。

①代表値 (averages)

分布を代表する値で，以下の3つがよく用いられます。

・平均 (mean)

皆さんよくご存じのように，値の合計（統計では「和」とも言います）を，値の総数で割ったものです。

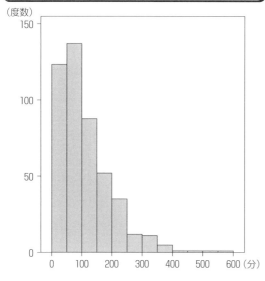

図Ⅱ-3-2　1日当たりテレビ視聴時間のヒストグラム

$$\bar{x} = \frac{x_1 + x_2 + \cdots + x_n}{n}$$

・中央値（メディアン, median）

観測値を小さいものから順番に並び替えたときの，中央の値を言います。

・最頻値（モード, mode）

分布の峰に対応する値です。平均もデータの特徴を表す重要な代表値ですが，最頻値も重要です。例えば，携帯電話での一日通話数の場合，平均は1.2回ですが，最頻値は0回だとしましょう。この場合，一度も電話をかけない人が多いという情報は最頻値から明らかになります。

図Ⅱ-3-2は一日当たりのテレビ視聴時間のヒストグラムですが，このように，（右に）歪んだ分布（右側の裾野が長い）の場合，一般的に

　　平均（Mean）＞中央値（Median）＞最頻値（Mode）

の順になります。英語はなんと辞書順で覚えやすいですね。

②散らばり

図Ⅱ-3-3のA，B，Cは平均・中央値・最頻値いずれも等しいが，分布は明らかに異なります。これを散らばり（dispersion）と言います。散らばりとは分かりやすく言えば，平均から離れている度合いを意味します。

最もよくつかわれる散らばりの統計量に「分散（Variance）」と「標準偏差（Standard Deviation）[20]」があります。

7　論文執筆

それでは，いよいよ仮説の検討と論文作成の作業に入ります。通常，調査研究を用いた研究論文は以下のような順で書くことが多いです。

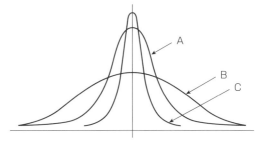

図Ⅱ-3-3　散らばりが異なるデータの分布

1．問題意識と研究の目的（Introduction and Objectives）
2．先行研究のレビュー（Review）と仮説（Hypotheses）
3．調査方法（Method）と主要変数（Main Variables）
4．分析結果（Results）
5．考察（Discussion）

以下では，主に4の分析結果に当たる内容で，分析によってSPSSが出力したデータを元にどのように論文で書くのかと基本的な分析法について解説したいと思います。

（1）　2変数の関連の強さを分析しよう——クロス集計と相関分析

2変数間の強さを見る方法として最も簡単なのがクロス集計表です。ここでは，H君の調査から，ミクシィ利用と性別との関係に関するクロス表を紹介します。

表Ⅱ-3-2で示されているように，男性でミクシィ非利用者と利用者はそれ

---

(20)　計算法は以下の通りです。
$$S^2 = \frac{1}{n}\left\{(x_1-\bar{x})^2 + (x_2-\bar{x})^2 + \mathrm{L} + (x_n-\bar{x})^2\right\}$$
$$= \frac{1}{n}\left(x_1^2 + \mathrm{L} + x_n^2\right) - \left(\bar{x}\right)^2$$
$$S = \sqrt{S^2}$$

表Ⅱ-3-2　性別によるミクシィへの参加有無

		性別		合計
		男	女	
ミクシィ非利用者	度数 (％)	175 (61.6%)	87 (48.3%)	262 (56.5%)
ミクシィ利用者	度数 (％)	109 (38.4%)	93 (51.7%)	202 (43.5%)
合計	度数 (％)	284 (100.0%)	180 (100.0%)	464 (100.0%)

ぞれ175人（61.6％）と109人（38.4％）と，非利用者の方が多いです。一方，女性の場合，87人（48.3％）と93人（51.7％）と男性に比べ，利用者の比率が少々高いことがわかります。通常，新たなメディアは，機械に強い男性がよく利用する傾向がありますが，ミクシィのようなコミュニケーションツールに関してはむしろ女性の方がよく使っていることがわかりました。

それでは，K子さんの作業仮説のH1から分析してみます。

H1. インターネット利用時間が長い人ほど，テレビ視聴時間が短い。

インターネット利用時間とテレビ視聴時間の2変数間の相関関係を明らかにすることにします。

①「相関関係がある」という意味は？

相関とは，2つのデータ（変数）が，かなりの程度の規則性をもって，同時に変化していく性質を言います。相関関係があるというのは，直ちにその2つの変数間に因果関係があるというのではなく，2つの変数間に何らかの関係性が認められるということになります。

相関関係の程度を表す数値を相関係数（correlation coefficient）といいます。よく使われる相関係数には，積率相関係数と順位相関係数の2つがあります。積率相関係数は，Pearson（ピアソン）の積率相関係数（product-moment correlation coefficient）が，順位相関係数では，Kendall（ケンドール）やSpearman（スピアマン）のものがよく使われます。この場合，Pearson の相関係数は r（アール），Spearman は ρ（ロー），Kendall の相関係数は，τ（タウ）と示し，どのような相関係数なのかを示す必要があります。

　この2つのうち，どちらを使うかは，変数がどのような尺度なのかを見て決めましょう。たとえば，前者の「積率相関係数」は，間隔尺度や比例尺度，後者は順序尺度である場合に用います。たとえば，今回のK子さんのテレビやインターネット利用時間は一日当たりの分数である比例尺度となっていますので，前者の Pearson の相関係数を用いることになります。相関係数は −1 から +1 までの値をとり，±1 に近いほど相関関係が強くなり，0 に近づくと弱いと解釈します。つまり，相関係数が高いほど'相関関係性が強い'ことを意味します。+1 に近いと正の相関で，2つの変数が似たような変化をしていることを示し，−1 に近いと負の相関で，2つの変数が反対の変化をしていることを示します。そこで，本当に相関関係があるのか検証するために，相関を行う際には，有意性の検定が行われます。有意確率（p）は，5％以上の場合は，ns と not significant の略語を書き，有意でないことを示し，5％未満〜1％以上の場合は「*」を1つ，1％未満〜0.1％以上の場合は「**」で p＜.01，0.1％未満は「***」（p＜.001）と表します。通常，有意確率が5％未満であれば，相関関係があると考えます。

②相関関係の論文の書き方

　今回 SPSS を用いたK子さんの分析結果は表Ⅱ-3-3の通りです。論文を書く時は，太字（赤字）で表示されている部分を用いて作成します。

　表Ⅱ-3-3で示されている通り，Pearson（ピアソン）の相関係数のrは −.040 でした。係数の方向性はマイナスで2つの変数間に負の相関関係があることが示されたのですが，肝心な有意確率が.390と5％以上でしたので，これは残念ながら，統計的には無意味だったのです。つまり，K子さんの仮説「H1. インターネット利用時間が長い人ほど，テレビ視聴時間が短い」という仮説は今回の調査では確認できなかったのです。

　実際の論文では，仮説が証明されたのか，どうか，相関分析の解説などを以下のように記述・考察することができます。

表Ⅱ-3-3　テレビ視聴時間とインターネット利用時間の相関分析の結果

相関係数

		テレビ（分）	インターネット（分）
テレビ（分）	Pearson の相関係数 有意確率（両側） N	 469	 469
インターネット（分）	Pearson の相関係数 有意確率（両側） N	−.040 .390 469	1 469

　相関分析を行った結果，2つの変数間の有意な関係性は認められず，H1は却下された。つまり，インターネット利用時間とテレビの視聴時間の間において統計的に有意な関係性は認められなかった（r=−.040ns，※数値は相関係数　ns：not significant）[21]。インターネットをたくさん利用しているからといってテレビ視聴時間が減るわけではないことがわかった。

　ここで，2つの変数がどのような関係であったのかを散布図で再確認することにしました（図Ⅱ-3-4参照）。散布図はSPSSのメニューバーの［グラフ］→［レガシーダイアログ］→［散布図/ドット］→［単純な散布図］から簡単に取り出すことができます。
　散布図は論文に示す必要はないですが，相関分析の結果の確認のために一度表示して，2つの変数間の関係をグラフィックな図を通じて確認してもよいと思います。
　図3-4で示されているとおり，テレビとインターネット利用時間の間には一定の方向性は存在しないことがわかりました。
　次はH君の仮説を相関分析によって検証しましょう。

H4．テレビ視聴時間が長ければ長いほど，部活に消極的である。

　今回，部活の積極度は順位尺度であるため，ここでは，Spearman（スピア

---

[21]　有意差が出た場合は，有意水準を確認し，次の説明を加えます．*：$p<.05$
　　：$p<.01$　*：$p<.001$

3 視聴者研究——テレビの視聴時間をテーマに

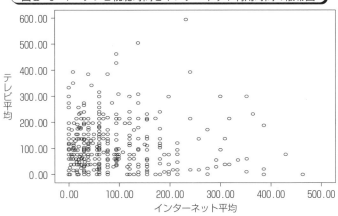

図Ⅱ-3-4　テレビ視聴時間とインターネット利用時間の散布図

マン）の順位相関係数を計算し，表Ⅱ-3-4のような結果が得られました。つまり，テレビ視聴時間と部活の積極度の間における相関関係は負で有意なものでした。論文の書き方は「テレビを沢山見る人ほど，部活の積極度は有意に低い傾向が示され（$\rho = -.117^*$），仮説 H4 は支持された」になります。

（2）　平均の差を検定しよう——t 検定と分散分析

①平均の差の検定をするという意味は？

　平均の差の検定は，収集したサンプルに基づいてグループ間に違いがあるか検証する統計手法で，2グループ間の場合は一般的に t 検定，3つ以上のグループ間は分散分析を行います。本文では，2つのグループ間の差の検定である t 検定について説明します。

　t 検定によって2グループ間に差があるかどうかは，相関分析と同様，有意確率を確認しますが，それが5％以下であれば，検定に用いた変数間に有意差があると言えます。有意差が出たということは，変数間で何らかの原因で違いが現れたことを意味します。

　SPSS での t 検定の結果は2つの表によって示されます。最初の表の「グループ統計量」においては，2つのグループそれぞれの平均値を確認することが

第Ⅱ部　卒論のテーマ別アプローチ

表Ⅱ-3-4　テレビ視聴時間と部活の積極性の相関関係

			テレビ視聴時間	部活動
Spearman のロー	テレビ視聴時間	相関係数 有意確率（両側） N	1.000 . 469	 326
	部活動	相関係数 有意確率（両側） N	－.117* .035 326	1.000 . 326

＊．相関は，5％水準で有意となります（両側）。

できます。次の「独立サンプルの検定」の表がt検定の実際の結果ですが，その中から有意確率を確認することができます。

　有意確率は「等分散を仮定する」というものと「等分散を仮定しない」という2つの検定結果が示されます。これらのどちらかをみればよいのかは，「等分散性のためのLeveneの検定」の結果を踏まえて判断します。これが5％水準で有意であれば「等分散を仮定しない」場合の検定結果を，有意でなければ「等分散を仮定する」の結果を用いれば良いです。

② t検定結果を論文に書く

　H君の仮説H3.「ミクシィ非利用者より利用者の方が部活に積極的である。」を検証するため，ミクシィ利用有無によって2つのグループに分け，それぞれのグループの部活の積極性を比較・検定することにしました。その結果，表Ⅱ-3-5の通りの結果が示されました。

　ミクシィ非利用者と利用者の部活の積極性は，4点満点でそれぞれ2.96点，3.40点で，利用者の方が非利用者より積極的であることがわかりました。なるほど，ミクシィ利用者の方が部活にアクティブであることが示されたのです。そこで，この2グループ間の差が統計的にも意味を持っているのか，つまり，'本当に積極的か'と言えるものなのかを有意確率で確認すると，有意確率（両側）は.000と5％未満の高い水準で有意差があることがわかります（2つの有意確率のうち，今回は「等分散性のためのLeveneの検定の有意確率」が.608と有意でないので，「等分散を仮定する」の方の項目を確認）。

　つまり，ミクシィの利用者・非利用者の間における部活の積極性は統計的な

表Ⅱ-3-5 ミクシィ利用者・非利用者の部活の積極性の比較（t検定の結果）

グループ統計量

ミクシィ利用		N	平均値	標準偏差	平均値の標準誤差
部活動	非利用者	192	2.96	.991	.072
	利用者	134	3.40	.859	.074

独立サンプルの検定

		等分散性のためのLeveneの検定		2つの母平均の差の検定					
		F値	有意確率	t値	自由度	有意確率（両側）	平均値の差	差の標準誤差	差の95%信頼区間	
									下限	上限
部活動	等分散を仮定する。	.264	.608	-4.205	324	.000	-.445	.106	-.653	-.237
	等分散を仮定しない。			-4.313	309.081	.000	-.445	.103	-.648	-.242

意味を持って，利用者の方が部活に積極的であることが判明しました。[22]

以上のt検定の結果を論文に書く際は表Ⅱ-3-5の数値を元に，**表Ⅱ-3-6**を参考にしてください。そして，論文では，以下のとおりの考察結果を書きます。論文に載せる図表は，SPSSが出力したものをそのまま使うのでなく，必ずエクセルで整形し直して使います。

H3. ミクシィ非利用者より利用者の方が部活に積極的である。

ミクシィ利用者と非利用者のそれぞれのグループにおける部活の積極性を分析するため，t検定を行いました。その結果，表Ⅱ-3-6で示されている通り，ミクシィ利用者が2.96点，ミクシィの非利用者が3.40点，

---

[22] このようなインターネットと社会参加（ここでは部活）との関係に関する研究結果は一貫していない。たとえば，ナイらによる研究グループは，インターネットと社会関係との間に負の関係性があるという結果を見出しています（Nie & Erbring, 2002; Nie, Hillygus, & Erbring, 2002）。一方で，両者かにおいてプラスの効果を持っていることも報告されています（Robinson, Kestnbaum, Neustadtl, & Alvarez, 2002）。

表Ⅱ-3-6　t検定の結果の論文作成の例

ミクシィ利用2グループ	非利用者（N=192）	利用者（N=134）	t値
部活動積極度	2.96	3.40	-4.21***

***：p＜.001

t＝-4.21***と利用者の方が非利用者より積極的であることが明らかになり，H3は支持されました。

（3）　目的変数を最もよく説明できる変数を探せ――回帰分析

①回帰分析とは

　　仮説H2は回帰分析によって検証しましょう。

H2．インターネット利用時間はテレビ視聴時間を規定する重要なファクターである。

　既述した相関分析，t検定は2つの変数間の関係性を明らかにしたものでどっちが要因でどっちが結果なのかを明らかにする分析ではありません。回帰分析は，操作的なものではありますが，理論上，因果関係を明らかにする分析といえます。因果関係とは，説明変数によって目的変数が決まる（予測できる）ことを意味します。

　たとえば，今回の仮説H2の場合，インターネット利用時間が，テレビ視聴時間の長短を予測するうえで重要な説明変数がどうか（＝有意味なファクターがどうか）を分析する必要があります。そして，この仮説がマイナスの方向性をもって証明された場合（インターネット利用時間が長いほどテレビ視聴時間が短くなる），近い未来，テレビとインターネットの間に代替関係が生じる可能性を予測することができます。

　このように2つ以上の変数間の因果関係を分析する方法としてもっともよく使われるのが「回帰分析」です。回帰分析とは，上記のように，ある現象に対して，その現象を構成する原因を見つけ出したり，その現象が今後どうなるか予測したりするために行う分析で，「多変量解析」の一種です。ある結果（こ

こでは，テレビ視聴時間）を目的変数（あるいは，従属変数），その原因（ここでは，インターネット利用時間）を説明変数（あるいは，独立変数）と言います。

説明変数が2つ以上の場合を「重回帰分析」と呼びます。重回帰分析で得られるのは偏回帰係数（Partial Regression Coefficient）であり，bかBで表されます。また，回帰係数が＋である場合は正，－の場合は負の影響力をもっていることを意味します。

ここで回帰係数のBが何を意味するのかを表Ⅱ-3-7の結果をもって少しだけ説明しましょう。表Ⅱ-3-7はテレビ視聴時間を目的変数としてさまざまな変数を説明変数として投入し，目的変数を最もよく説明できる変数を分析した結果を示したものです。その結果，有意確率を見る限り，「政治的関心」のみが有意確率が5％以下で有意な結果がしめされていました。ここで，政治的関心のB＝－10.156となっています。B＝回帰係数とは，他の3つの独立変数が同じ水準であると仮定した場合，政治的関心が1ポイント増えるとテレビ視聴時間がBの値である10.156分短くなることを意味します。つまり，偏回帰係数とは，他の変数が一定であると仮定した場合，当該変数を1ポイント増加させたときの，目的変数の平均的な増加量です。

分析結果を解析する際には，「標準化偏回帰係数」であるβ（ベータ）もよく使われます。βの絶対値が大きいほど，目的変数に対して影響の大きい説明変数であることを意味するので，説明変数の影響力の大きさを比較することができます。

②回帰分析の結果を論文に書く

今回はK子さんの仮説に従い，目的変数をテレビ視聴時間，説明変数としてインターネット利用時間，及び他に関係しそうな変数として年齢や性別，世帯収入を投入し重回帰分析を行いました。

その結果，以下の表Ⅱ-3-7のようなものが示されました。SPSSでの重回帰分析の結果において，まず注目すべき数値は，最初に出てくる「モデル要約」の表から決定係数（＝調整済みR^2乗の欄）であり，これが1に近いかどうかを確認します。例えば，調整済みR^2乗が0.584だとしましょう。これは，投入された独立変数が従属変数の50％以上を説明できるという意味です。こ

表Ⅱ-3-7　重回帰分析の結果（目的変数：テレビ視聴時間）

モデル要約

モデル	R	R2乗	調整済み R2乗	標準偏差推定値の誤差
1	.161[a]	.026	.012	90.78695

予測値：(定数)，PC インターネット平均，政治的関心，年齢，世帯収入，性別。

分散分析

モデル	平方和（分散成分）	自由度	平均平方	F値	有意確率
1　回帰	77961.784	5	15592.357	1.892	.095[a]
残差（分散分析）	2942490.597	357	8242.271		
合計（ピボットテーブル）	3020452.381	362			

b．従属変数　a．予測値：(定数)，PC インターネット平均，政治的関心，年齢，世帯収入，性別。
b．従属変数　テレビ平均。

係数[a]

モデル	標準化されていない係数		標準化係数	t値	有意確率
	B	標準偏差誤差	ベータ		
1　(定数)	243.571	65.419		3.723	.000
年齢	−3.813	3.249	−.062	−1.174	.241
性別	−9.902	10.032	−.053	−.987	.324
世帯収入	−2.272	2.910	−.041	−.781	.436
政治的関心	−10.156	4.404	−.122	−2.306	.022
PC インターネット平均	−.056	.060	−.049	−.926	.355

a．従属変数　テレビ平均。

のようにできれば，調整済み R2 乗が 0.5 以上であってほしいですが，社会調査の場合，そうでない場合も多いです。

　次に，2つ目に示される「分散分析」の表の有意確率の欄の数字で，検定結果が5％以下で妥当であるかどうかを確認します。最後に，「係数」という表において，それぞれの変数における「標準化回帰係数」であるベータ（β）の数字の大きさを見て影響度を判断します。それぞれの影響度の有意性は，有意確率の欄の数字が5％以下であるかどうかで判断できます。

　論文では，重回帰分析によれば，標準化係数がもっとも大きかったのは政治的関心で，$\beta = -122^{*}$（*：p<.05）で有意差も認められ，政治的関心がただ1つテレビ視聴時間を予測する有意な変数であることが明らかになった。つまり，政治的関心が低い人ほどテレビ視聴時間が長いことが判明した。一方，仮説

3 視聴者研究——テレビの視聴時間をテーマに

表Ⅱ-3-8 重回帰分析結果の論文作成の例

従属変数：テレビ視聴時間（N＝363）	標準化β
年齢	−0.062
性別	−0.053
世帯収入	−0.041
政治的関心	−0.122*
PCインターネット利用時間	−0.049
R2（Adjusted）	0.012
F	1.89+

＊：p＜.05, ＋：p＜.10

H2のPCインターネットはテレビ視聴時間を説明する要因として認められず，この仮説は却下された，と書きます。

8 調査結果を元に考察を行う

以上の7つのステップを経てK子さんとH君は，調査方法論を用いて無事卒論を書くことができたと思います。調査研究は大変な作業かもしれませんが，2人は他の方法による分析では感じることのできない，とてもすっきりした感覚を味わうことができたことでしょう。それは，自分が持っている疑問に対して正確な数値としての結果を確認することができるからです。

最後に，調査研究を用いて論文を書くときの注意点について念押ししたいと思います。

1．**研究で何が明らかになり，一方で何が残された課題なのかについて書く**
   ステップ1の段階において研究課題及び研究目的を明確なものしておけば，実際，研究が終わった後当初の目的をどれほど果たせたのかが自ずと分かり，一方の残された課題も明確化するので，その内容を論文に書いてください。

2．**分析結果について淡々の述べることにとどまらず，"だからなに？"ということにこだわりつつ結果の考察を行う。**

分析結果をただ述べるのは「報告書」のレベルの書き物です。論文では，分析結果が出た後の考察が最も重要ですし，それこそが調査研究の目的となるからです。

3. **自分で行った研究の限界や問題点について把握し，論文に記述する。**
完璧な調査を行ったと思っていても終わってみれば色々問題点が見えてくるはず。研究の限界や問題点について直視し，記述する文章は分析結果の考察の後に追加してください。

最後に，1つだけ。統計で使われている色々な数式に関しては覚える必要はありません。たとえ覚えたとしても普段使わないのですぐ忘れてしまうからです。調査分析をする際は，統計の基本書1冊とSPSS活用（あるいは他のソフトでも良い）の書籍1冊を手元において，パラパラっと読みながら，分析をやってみましょう。調査研究は，意外な発見が皆さんを待っているのかもしれません。

さらなる学習のために

◆大谷信介・後藤範章・永野武・木下栄二・小松洋『社会調査へのアプローチ──論理と方法』ミネルヴァ書房，2005年。
　調査票の作り方から分析法まで分かりやすく書かれている読みやすい教科書のような本です。例示が沢山取り上げられているのでさらに理解が増します。調査方法で卒論を書く人には是非お勧め。

◆三浦麻子・森尾博昭・森尾博昭編『インターネット心理学のフロンティア──個人・集団・社会』誠信書房，2009年。
　インターネットがもたらした個人・対人関係・集団といったレベルでの社会の変化をとらえる上で重要な基礎理論を網羅している貴重なインターネット・メディア関連の教科書。インターネット関連で論文を書く人は必読。

◆盛山和夫『社会調査法入門』有斐閣ブックス，2004年。

調査の企画から質的研究まで，社会調査を行う上で知るべき事柄が広く取り上げられている本なので入門書として最適。特に，難しい統計の話が分かりやすく説明されているのもこの本の魅力の1つです。

◆村瀬洋一・高田洋・廣瀬毅士『SPSSによる多変量解析』オーム社，2007年。

分析法の理論からSPSSでの分析法（メニューバーとシンタックスの両方），SPSSの操作時のオプションの解説，論文のまとめ方まで網羅していて，SPSSを初めて手にする人だけでなく，慣れた後にも役に立つ内容で構成されている。

◆南風原朝和『心理統計学の基礎——統合的理解のために』有斐閣アルマ，2002年。

統計について本格的に勉強したい人には是非お勧めしたい優れ本。統計の計算法はすぐ忘れてしまうので，調査方法で論文を書く人はこの本を傍らに置いて自分が行っている統計の意味をじっくり読むと良いでしょう。

●引用・参考文献─────────

・NHK放送文化研究所からのテレビ視聴行動に関連する資料

NHK放送文化研究所編『日本人の生活時間1995』NHK出版

NHK放送文化研究所編『テレビ視聴の50年』NHK出版，2003年。

NHK放送文化研究所編「テレビ・ラジオ視聴の現況——平成19年6月全国個人視聴率調査から」『放送研究と調査』2007年（同じ記事は，NHK放送文化研究所のホームページからも見られます：http://www.nhk.or.jp/bunken/research/yoron/shichou/shichou_07090101.pdf）

NHKが公表する視聴率については下記のサイトから確認できます。

　http://www.nhk.or.jp/bunken/research/yoron/shichou/list_shichou1.html

『放送研究と調査』のバッグナンバー

　http://www.nhk.or.jp/bunken/book/houken_back.html

「変わらない長視聴時間傾向〜6月全国個人視聴率調査の結果より〜」

　http://www.nhk.or.jp/bunken/new_03070101.html

遠藤薫『ネットメディアと"コミュニティ"形成』東京電機大学出版局，2008年。

金　相美「インターネット利用に関する日韓大学生比較研究——利用動機・効用の分析を中心に」『マス・コミュニケーション研究』63号，pp. 112-129.，2003年。

金　相美「オンライン・コミュニケーション利用と社会的スキル——日韓大学生調査を中心に」『社会情報学研究』8巻2号，pp. 13-26.，2004年。

金 相美「社会関係資本としての縁故主義的ネットワークとオンラインコミュニティに関する一考察——韓国社会を事例に」『東京大学博士論文』2007。

金 相美「文化とインターネット」三浦麻子・森尾博昭・川浦康至編『インターネット心理学のフロンティア——個人・集団・社会』誠信書房，2009年。

Kaye, B. K., & Johnson, T. J. (2003). From here to obscurity ? Media substitution theory and traditional media in an on-line world. *Journal of the American Society for Information Science and Technology*, 54(3), pp. 260-273.

小林哲郎「地域社会とインターネット」三浦麻子・森尾博昭・川浦康至編『インターネット心理学のフロンティア——個人・集団・社会』誠信書房，2009年。

小林直毅・牧田徹雄・白石信子,「『テレビを見ること』にどう迫るのか」『放送研究と調査』NHK放送文化研究所，2005年。

是永論「情報行動の平行性」橋元良明編『日本人の情報行動2000』pp. 201-213，東京大学出版会，2001年。

田中義久・小川文弥編『テレビと日本人——「テレビ50年」と生活・文化・意識』法政大学出版局，2005年。

田崎篤郎・児島和人『マス・コミュニケーション効果研究の展開』北樹出版，2003年。

東京大学社会情報研究所編『日本人の情報行動1995』東京大学出版会，1996年。

東京大学情報学環編『日本人の情報行動2000』東京大学出版会，2001年。

東京大学情報学環編『日本人の情報行動2005』東京大学出版会，2006年。

Sei-Hill Kim& Miejeong Han (2005) Media Use and Participatory Democracy in South Korea, *Mass Communication and Society*, Volume 8, Issue 2 May 2005, pp133-153.

Sunstein, C. R. (2001). *Republic. Com*. Princeton University Press. (石川幸憲訳『インターネットは民主主義の敵か』朝日新聞社，2003年)

総務省統計局『社会生活基本調査』2001年から5年ごとに行われ，インターネットなどのメディア利用状況及び生活時間調査が行われている。

http://www.stat.go.jp/data/guide/download/shakai/index.htm

総務省情報通信統計データベース『情報通信白書』

http://www.soumu.go.jp/johotsusintokei/whitepaper/index.html

総務省情報通信統計データベース：分野別データ『放送・視聴時間量』

橋元良明・吉井博明編『ネットワーク社会』ミネルヴァ書房，2005年。

橋元良明・石井健一・金 相美・小笠原盛造・金 仁培「調査からみたネット利用，対人関係，社会心理の日韓比較」平成17年度科学研究費補助金（基盤研究(B)（一般））研究成果報告書，2006年。

橋元良明・石井健一・木村忠正・金 相美「インターネット利用に関する日韓大学生比較調査——インターネット・コミュニティを中心として」『東京大学社会情報研究所調査研究紀要』20号，pp. 205-345，2003年。

橋元良明・金　相美・石井健一・小笠原盛浩・木村忠正・金　仁培「ネット利用とオンライン・コミュニティの日韓比較」『東京大学社会情報研究所調査研究紀要』24号，pp. 1-47，2007年。

橋元良明・辻　大介・石井健一・金　相美・木村忠正『インターネット・パラドクス』の検証――インターネットが精神的健康・社会的ネットワーク形成に及ぼす影響」『東京大学社会情報研究所調査研究紀要』18号，pp. 335-485.，2002年。

Putnam, R. D. (2000). *Bowling Alone : The Collapse and Revival of American Community*, Simon & Shuster. (柴内康文訳『孤独なボウリング――米国コミュニティの崩壊と再生』柏書房，2006年)

山田一成・江利川滋・川端美樹「テレビは社会関係資本を蝕むか？――テレビ視聴行動と社会関係資本(1)」日本社会心理学会第48回大会発表論文集，pp. 606-607，2007年。

宮田加久子『きずなをつなぐメディア――ネット時代の社会関係資本』NTT 出版，2005年。

Moy, P., Scheufele, D. A., & Holbert, R. L. (1999). Television and social capital : Testing Putnam's time displacement hypothesis. *Mass Communication & Society*, 2, pp. 27-45.

Norris, P. (1996). Does television erode social capital ? : A reply to Putnam. *PS : Political Science & Politics*, 293, pp. 474-480

Robinson, J., Kestnbaum, M., Neustadtl, A., & Alvarez, A. (2002). The internet and other uses of time. In B. Wellman & C. Haythornthwaite (Eds.), *The internet in everyday life* (pp. 244-262). Oxford : Blackwell.

Lin, C. A. (2001). Audience attributes, media supplementation, and likely online service adoption. *Mass Communication & Society, 4*, pp. 19-38.

［金　相美］

第4章 インターネット
―― 検索から,できごとのエスノグラフィーへ ――

　卒論に取りかかるとき,いまの皆さんにとって,いちばん身近に手にしやすいツールが,インターネット（以下ネットといいます）ではないでしょうか。「テーマについて考えなきゃ」と言いつつ,すぐにスマートフォンを起動させて「検索」のところに思いついたことばを入れたり,ネット上で誰かに「何かいいテーマないですか」と聞いてみようと思ったりしている自分に気がつくこともあるでしょう。

　この章では,そのような感じで,ネットを調べものに使ったりすることにはじまり,ツイッター（twitter）やブログといった,ネット上で行われていることそれ自体を卒論テーマにしようとすることに至るまで,「インターネットを使って卒論を書く」ということについて考えてみたいと思います。読み進めれば,ただ検索して,そこに書いてあることを引用することだけがネットの使い方ではないことがわかってくるのではないかと思います。

1　テーマを探すこと

（1）「教えて君」にならないために

　卒論にかかわらず,何かを調べることについて現在ネットが身近な手段になっていることは疑いがないでしょう。圧倒的に情報量が多いし,検索をかければすぐに簡単に何かが見つかる,といったことは,お店の検索や道案内など,皆さん自身がふだんちょっとした調べものにネットを使うことで十分に意識されていることで,ここであらためて言うまでもないことかもしれません。

　しかし,そのような調べものではあまり注意が行かないこともあるように思

います。それは，その見つかった情報について「誰が書いているのか？」ということです。このことはそのまま「ネットに書かれていることは誰のものか？」を考えることにもなるわけで，実はここにネットを使う場合の大きな問題があるのです。先にひとつの答を出せば，「誰のものでもない＝みんなのものだ」，ということになるでしょう。

しかし，だからといって，ネット上のものはみんなのものだから，個人的な卒論などに使ってはいけない，ということではありません。第Ⅰ部の **14時間目** にもあるように，きちんとした引用のルールを守って「誰が書いたのか」さえわかるようにしていれば，コピペも問題ないはずです。

むしろ問題は，その「誰のものでもない」という原則によって，特に卒論などで利用する場合，「ネットで書かれていること」の取り扱い方は，ふだんの調べものほどには簡単に考えることができない，ということにあります。まず，よく言われるように，特に日本語のブログなどの場合，ネット上の情報は通常，誰が書いたのかがわからない，あるいはわからなくしていることによって，匿名性が高い情報になっています。そのことによって，誰が書いたかだけではなく，いつどこで（日本語だからといって日本在住の人が書いたとは限りません）書かれたのか，ということも曖昧になってくる可能性もあります。さらに極端な例では，別のサイトで書かれたものを自動的にコピペして，あたかも個人により書かれたような形で提供している（それによってアクセス数を稼ぎ，広告収入などをあげる）ブログなどもあります。また，たとえ人間が書いたものとしても，いわゆるネタとして「ウソ」のつもりで書いたものではなく，「本当のこと」あるいは「本当のつもり」をもって（これらを英語ではオーセンティシティ（authenticity）といいます）（Hine, 2000）書いたものかどうか，ということも疑問になってくると，問題はさらに深刻です。

（1） 2005年にある企業が，ネットで誕生した，文字の組み合わせ（アスキーアート）によるキャラクターを商標登録しようとして，多くの人から大きな反発を買ったという例がありましたが，そこでよく言われていたことも，やはり，「ネット上のものはみんなのものだ」という原則でした。

（2） ただし，ネットで誰かが書いたことを，いかにも自分で考えたことであるかのように使ってしまうことは，上記の企業と同じく，周囲から大きな反発を買うことにはなるでしょう。

それでは，実際にネット上で誰かに聞いてみる，というのはどうでしょうか。さすがにまだ自動的にロボットが質問に答えるようなサイトの存在は聞いたことがありませんが(3)，これもやはり「誰のものでもない」というネットの原則からすると問題になってきます。いくら卒論にするといってもただ自分が何かを知りたい，という個人的な利益のためだけにサイトに書き込みをすることは，特に日本語のサイトの中では「教えて君」といって反発を受けることがあります(4)。もちろん具体的なテーマを挙げた上で，そのことに関する疑問や悩みなどを共有することには問題はありませんし，実際に好意的で役に立つ回答が返ってくることもあるのですが，ここでも相手がどういう人で，どれだけ「本当に」回答しているのかによっては，そんなには簡単に信用できないところが出てきます。筆者からすると，ネットでこうした質問を目にしてまず疑問に思うのは(5)，ネットで聞くことの是非よりも，こうした人たちは卒論を書かないといけない以上は必ず先生（指導教員）がいるはずなのに，なぜ先生に聞かないのだろうか，ということです。1章にあるように，ネットで聞く前にまず自分の先生とのコミュニケーションがどうなっているかを考える必要があるでしょう。

（2）「誰にとって何の」のテーマなのか

1章でみたように，テーマを考える時は，漠然としたものをなるべく具体的に「ミクロにくだいて」考えることが必要なのですが，その場合に，次のような形で整理してみることもできるかと思います。

（3） ただし，決まった文章を自動的に投稿をする「人工知能」（いわゆるボット）はツイッターなどで実際に使われています。したがって，検索ヒット数などには当然影響することがあるでしょう。

（4） 「自分で調べもせず，安易に他人に訊いて問題を解決しようとするひと。「教えて！」に「君」をつけることにより，「見下す」，「幼い」といったニュアンスを与える。」（はてなキーワード　より）

（5） 同じようなことは，ネットを使って何かのインタビューや調査を行うことについても言えます。ネット上に現れていきなり「自分の卒論のために」ということで回答をねだってくる場合，調査の目的だけでなく，そういった形で調査をしている当人自体へ疑問や反発が向けられることもあります。運よく回答をもらったとしても，そうした人たちが「本当のつもり」で答えたかどうかは，やはり多くの場合疑問が残ることになります。

いつ・どこで・誰が・何を・なぜ・どのように

　つまり，テーマとして考えようとしていることが，どれだけこのような形に整理して考えられるのかということが，テーマの具体性を表していると言うこともできます。ところで，これって大学に入る前にどこかで聞いたことはないでしょうか。報告文や記事など，何かの「できごと」を相手にわかるように伝えるときのポイントとして，中学校の国語の授業などでもよく言われることで，英語にしたときの頭文字をとって「５Ｗ１Ｈ」と呼ばれることもあります。つまり，卒論で扱うテーマもまた，どれだけ１つの現実社会の「できごと」に対応させて考えられるかということも大事になってくるということで，それがきちんと対応していれば，テーマも自ずとこの５Ｗ１Ｈに分けて考えることができるはずなのです。

　もともと社会学という分野では，古くは貧困や差別といったものを始めとした，現実社会で起こっている問題をきっかけに研究テーマを築き上げてきました。つまり，社会で起こっているできごとがいったい何なのか，どうしてそれが起こるのか，といったことを解明することが社会学の１つの目的にもなってきたのです（友枝・山田編，2007）。したがって，卒論の中で対象として考える現実社会のできごとを，５Ｗ１Ｈとしての，どういった（ミクロな）範囲に定めるかにしたがってテーマが決まってくる部分があるはずなのです。(6)

　もちろん，本書ではメディアをテーマに扱っているわけですし，テーマとして考えることが，現実で起きてるようなことと必ずしも一致するとは限らないでしょう。特に，マンガやドラマの内容などがそうですが，メディアにおいては架空の（現実にはない）ことが描かれることがあります。それに対して，テーマを考えるときはメディア上のことが必ず現実と結びつけて考えられないといけない，あるいは，ニュースやドキュメンタリーなどの現実に近いものしかテーマに選んではいけない，ということを言っているわけではありません。編

（6）　たとえば，テレビドラマの途中にCMがひんぱんに入ってくることを問題にするとします。日本の視聴者にとってはおなじみのことでも，韓国ではドラマの途中に入る形のCMがそもそもほとんどありません。そうした問題をテーマにするということは，つまり日本の放送を中心としたCMのあり方を問題にしているということになるのです。

者の藤田先生が以前，ドラマの歴史を分析するときに言っていたように（藤田，2009），現実社会（のできごと）そのものではなく，社会での人々の「ものの感じ方，考え方，行動の仕方」，つまり「心性」にしたがって，社会を考えることもあるのです。逆にそのような心性を考えたいときに，表面的な事実関係をなぞるよりも，当時流行していたドラマや広告などのメディアを分析する方が，時としてより鮮やかに対象を浮かび上がらせてくれることもあります。

　したがって，大事なのは，現実のこととどれだけ直接関係があるのかどうかではなく，そのテーマと「人々との関わり方」なのであって，特に社会学では，テーマについて「誰にとっての何」が具体的に考えられていなければ，テーマを考えていくこと自体が難しくなることもあります。現実社会の中ではほとんど知られておらず，取り上げられないような現象でも，特定の人にとって，非常に重要な意味を持っていることは，特にメディアに関する文化現象ではよく見られることでもあります。また，同時に，この「人々との関わり」という点は，新聞や雑誌といったメディアと，ネットというメディアを考える道筋を分ける点でもあります。新聞や雑誌は，新聞社という組織や雑誌編集者といった，現実の「誰か」を実際に想定しながら，それによって書かれている内容やスタイルの違いといった特徴を考えることができます。そして，その特徴が「20代の女性」といった，具体的な「誰か」（またはその人たちの心性）に向けられていることも，さまざまな手がかりから考えることができます。これに対して，先に見たネットの特徴から考えると，送り手（書き手）にしろ受け手にしろ，そこにいる「誰か」が簡単にはっきりとわかるものではありませんし，むしろそれがわからないから書く，というのがネットを使う大きな理由にもなっているのです。同じような理由からネットで調べたことについても，具体的にいつ誰が書いたのかわからない（わからなくしてある）ので，考えるための確かな根拠として使えないということにもなってくるのです。

　この点だけからでも，ネットをメディアとして扱うことがなぜ卒論のテーマとして難しいか，ということがわかるでしょう。しかしながら，そこで皆さんが考えるべきことは，だからネット関係は避ける，ということではなく，以降に見ていくように，ネットについて考えたいテーマに対して，「誰にとっての何か」が分かるように，つまり，できるだけ「本当に近い」（オーセンティシテ

ィのある)「できごと」としての具体的な形付けをしていくことにあります。

(3) テーマと対象の設定

特にネットに関しては，具体的なテーマの進め方について，次の2つの方向性があるように考えられます。

①インターネットについて明らかにする
②インターネットを通じて何かを明らかにする

このうち，①については，実際にネットについて新たなコミュニケーション手段がでてきたときに，よく考えられる方向で，卒論だけではなく普段のゼミ報告などでもよく出てくるテーマです。そもそもインターネットとはそれ自体が社会の中での新しい技術であり，新しく行われていることへの関心が現れることは自然なことではあるでしょう。確かにそういう動機をもってテーマを考えた方が1章でいわれているように「ノってくる」のかもしれません。

しかし，テーマの①は「社会の人々との関わり」という点で，いくつか問題があることもわかってきます。ネット上のものが「ただ新しい」というだけで，実際の社会の人々が面白がって使うか（使っているか）といえば，そうではないのです。学生の皆さんにとってなじみの深いフェイスブック（facebook）やツイッターでも，社会全体で見れば利用率は20％台で必ずしも増加は著しいものではないというデータ（総務省，2014）もあります。これらだけでなく，たとえばチャットやインスタント・メッセンジャー[7]といったものも日本にネットが普及した10年間の歴史の中では「新しいもの」として一時は注目されましたが，いま周りを見回してもそれを日常的に使っている人は珍しいでしょう。新しい技術は，さらに新しい技術によってすぐに陳腐化する（古くなる）可能性も高いのです。

こうなると「新しいから面白い」という動機も一時のことでしかなく，逆に新しくなくなった時点で卒論としての関心も消えてしまうのでは，テーマとし

---

(7) ネットに接続している人の間で，リアルタイムに近いメッセージのやりとりを可能にするツールのこと。

てどれだけ必然性があるのかも疑われてしまうでしょう。もう1つの問題として，ネットでの現象の新しさは，逆に新しいだけに，多くの人々にとって聞いたことはあっても，それを考える時点ではまだ現実に近い「できごと」になっていない，というテーマとしての弱点をもつこともあります。そうなると，調査をするといっても，まず誰に聞いたらよいのかがよくわからないことをはじめとして，それについて具体的なデータを集めることも難しくなってきます。

これに対して，テーマの②にはどういったものがあるでしょうか。簡単にいえば，インターネット上で起こっていることを通じて何かを明らかにするということで，「インターネットにおける現代の政治活動」，「インターネットによる教育の変化」，「インターネットに見られる現代の人間関係」といったものとして考えられます。ただ，これだけでは第Ⅰ部の2時間目にあるように「ミクロにくだいた」ものになりませんので，それぞれをもう少し整えてみましょう。

　　仮想テーマ案1：高校生の理系離れとインターネットを使った対策
　　仮想テーマ案2：学生による社会運動の展開におけるインターネットの効果
　　仮想テーマ案3：インターネットにみられる学校の同窓関係の広がり

このようにすることで，先にふれた「5W1H」をもったテーマに近づくのではないでしょうか。テーマ1について確かめてみれば，このテーマを通じて，高校生の理系離れという現象がどのような形で見られるのか，学校の理科教育でどういう形でネットが使われているのか，あるいはその利用によって生徒にどういう教育効果が見られるのか，といったさまざまな疑問点が浮かび上がり，そのことを通じて具体的な社会の人々とインターネットの関係を考える道筋が見えてくるはずです。また，特に教育学を専門としていない場合でも，こうした具体的なテーマをきっかけに，教育に見られる社会的な格差やインターネットの技術的な効果を考えていくことによって，自分が習ってきた学問分野に結びつけていくことは可能です。

テーマ3に関していえば，一般的に学校の同窓関係が意味を持ってくるのは卒業後社会に出てからで，しかもかなり長い時間が経ってのことが多いため，皆さんにはイメージがしにくいものかもしれません。また，これが学問的に

「人間関係」に関わるテーマなのかどうか，というのも少し違和感があるかもしれません。実際，筆者が長く大学生のレポートを見て来て感じるのは，インターネットよりも前に携帯電話が普及した頃から「メディアが人間関係を希薄にしている」という主張が後を絶たないことで，それだけ皆さんが強く関心を持つテーマの一つであるように思われます。

しかし，このようなテーマについては「希薄化」が何を示すのかに始まり，「誰にとって」という点についても考えることが難しいものがあります。家族関係などにしても，日本の場合，たとえば1950年代の高度経済成長以前に親子関係が濃厚だったかといえば決してそうではなく，むしろ子どもの教育やしつけについて関心をもつ親は少なかったという説もあります（広田，1999）。確かに現代の社会における経験として，直接人と会って話す機会が少なくなっていることはあるのかもしれませんが，その経験がメディアによってもたらされているというよりも，子どもの塾通いや会社員の残業時間の増加といった社会的な要因によって考えられることの方が多いともいえるでしょう。

もちろんだからといって，ネットに結びつけた形で「人間関係の希薄化」をテーマにしてはいけない，ということではありません。しかしながら，抽象的な理想に照らし合わせるような難しさを持つテーマだけに，もっと人々による具体的な活動の営みとして確かめられることについて考えた方が，少なくともより現実に即した「本当に近い」経験をネット上から見いだすことになるといえるでしょう。テーマ2のような対象からは，論点となるような具体的な目標やその実現に関わる問題点が，対象について調べることによってそのまま出てくる一方で，逆に調査対象の定めにくいテーマでは，先に示した匿名性などの条件によって，インターネットを研究対象とする難しさが現れてくるでしょう。

（4） エスノグラフィーのすすめ

ここまでの話から，何かネット上の現象をなるべくテーマにしないように言っているように聞こえるかもしれません。少なくとも，ネットで誰が何をしているのか，それが現実の人々とどの程度強いつながりを持っているのかについて，テーマの設定時点でよくわからないとすれば，いったい何をすればよいか，という話になってくることもあるでしょう。

しかし、だからこそ、私たちの方で、その不明な部分を少しずつ埋めていく作業に意味がでてくるということも考えられます。つまりネットを考える際には、ただ手近にあるものを検索によって拾い集めるのではなく、それらにオーセンティシティを与える、つまり「本当に近いもの」になるように、具体的なできごととして形付けをしていく方法的な姿勢が必要なのです。そのような姿勢を持った方法をここではエスノグラフィーと呼びます。エスノグラフィーでは大きく見て現地観察（フィールドワーク）と聞き取りという2つの手法が用いられます。これはつまり、あるできごとが実際どのように行われているのか、観察による情報の記録と、人々（当事者）の証言の聞き取りによって、より「本物に近い」ものとして再現をするためにそうした手段がとられていると言えます。では、インターネットでの現地観察とは、何を意味するのでしょうか。この点で第Ⅰ部担当の西田先生が、ドラマの視聴者による掲示板書き込みのフィールドワークについて、かつて書いていた（西田，2009）ように、「できごと」が進行している現場で「ネット上のやりとりそのものを追うこと」が現地観察ということになります。

この「ネット上のやりとりを追う」ことについて少し考えてみましょう。これは、ネットで行われていることが、単発の情報の組み合わせではなく、ある1つの「できごと」としてのつながりをもった「やりとり」として構成されていて、その構成の仕方を追うこと、つまりできごとの流れにそって記述していくことが必要であることを示しています。そのために何をするのかは3節で詳しく触れますが、ネット上の書き込みといったできごとの現場に立ち会い、そこで発生する情報についてできるだけ詳しく記録していくこと、これがまずエスノグラフィーの第一歩となるのです。

もう1つは、可能な限りその現場にいる人と「やりとり」を行う中で得た経験を元に、そのできごとを成り立たせているものを探ることがあります。これ

（8）エスノグラフィーは主に文化人類学で用いられてきた方法論で、一定の歴史の中でさまざまなものが考えられてきましたが、ここでは小田博志にならって「人々が生きている現場を理解するための方法論」と定めます（小田，2010）。ネットを現実に近い「できごと」として考えることは、そこにいる具体的な誰か（人々）が何をしているか（現場）を理解することで成り立つのです。

は「参与観察」と呼ばれることもあるように，ネットで実際に書き込みをしたり，他の参加者に話しかけた結果などから情報を得るやり方で，ただいきなり一方的に「教えてください」というメールや書き込みをすることとは異なります。

　ここでは，さらにもう1つのやり方で「できごと」に形付けをする方法を考えます。それは，ネット上の参加者の多くが共有している情報，特にマスメディアの情報との関係を追うことで，実際にネットに関わっている人々がどういう人たちなのか，そして，どういう時間と場所の流れの中でネットに関わりを持っているのかを明らかにする方法です。このやり方も詳しくは3節で触れますが，そのためにはネット以外の情報を集めたり，また自分自身でネット以外のことを観察するということも必要になってきます。

　その上で，やはりテーマによってはエスノグラフィーに向くものとそうでないものが出てくることになります。少なくとも，次のようなできごとは，エスノグラフィーを生かせるテーマになるのではないでしょうか。

①あるできごとが，ネットを通じて社会の中でどのように広まっていくのか
②社会的に何かのイベントを共同的に行う場合，ネットを通じて，そのイベントがどのように知らされたり（広報），実際に多くの人々が参加したり（普及），その結果何か新しいことを起こしたりする（説得）ようになるのか

以降では具体的なテーマにしたがって，卒論制作のプロセスに迫っていきたいと思います。

2　資料の集め方

　ネット上での資料収集の実際は，3節の実例について考えた方がのぞましいので，ここでは最低限のポイントについて挙げてみます。

（1） 調査データの利用──検索で見つかるデータに注意

社会の人々とネットの関わりについては，いろいろな角度から調査データを見ないとわからないことがあります。先に見たツイッター利用の例で考えてみましょう。先ほども少し述べたように，ツイッターを利用している人の割合は13歳から69歳の調査対象者全体で見た場合，2014年時点でも21.9％にとどまっています。しかし，10代と20代に限ってみれば，それぞれ49.3％，53.8％であり（総務省，2014），大学生の皆さんの実感に近い数字になるでしょう。それでも二人に一人くらいと考えると，まだ実感よりは低いかもしれません。いずれにせよ，これだけ年齢層によって割合が異なるとすれば，ひとくちにツイッターの効果や影響といっても，それが「誰にとって」のものかを考えるだけでも，そのあり方は大きく変わってくるはずです。

ネット上で検索をする場合にも，たとえ論文での考え方に合致したデータが確認できたからといって，それで済ませることなく，性別や他の社会的な属性によってどの程度異なるのかについても把握する必要があります。これは個人によって利用する情報の内容が異なる場合が多いインターネットというメディアの性質としても，特に注意すべき点であるといえるでしょう。

また，ネット上での検索サイトによって得られるデータの場合，いろいろな種類のデータが出てくるだけではなく，情報が表示される順番などによっても内容が異なる場合があり，その中で適切なデータを比較しながら選ぶことも必要になります。たとえば検索の結果，より新しい調査結果が上位には出てこない一方で，あるリサーチ会社の結果で，「利用している」という割合がより高い数字で出てくることがあります。こうした調査の対象者を見てみると「全国10代〜50代以上のインターネットユーザー」など，一見はっきりしない書き方をしていることが多くあります。この結果が問題とまでは言えませんが，少なくとも80歳代を含む世帯構成員全員について郵送で行った調査とはデータそのものが異なると考えられます。基本的には同じ方式で繰り返し調査を行っていて，経年比較が可能な全国サンプル調査での数字で考えていれば大きな問

（9）「総務省情報通信統計データベース」（http://www.soumu.go.jp/johotsusintokei/）より。そこでは『通信白書』などとともにさまざまなネット利用に関する全国サンプル調査のデータにアクセスできます。

題はないと言えます。⁽⁹⁾

（２） 文献——エスノグラフィー研究のために

インターネットに関する研究では，日本の場合，オフ会などの現場視察（伊藤，2005）や当事者へのインタビュー（荻上，2008）を含んだ研究はいくつかあるものの，一定期間にわたる本格的なエスノグラフィーを用いた研究（Hine, 2000；木村，2009など）はまだ少ないのが現状です。

その一方で日本では，インターネットがもたらした独自の知識のあり方や，新しい人間関係などについて批評的に書かれてきたものが多いと言えます（北田，2005，新井，2009など）。こうした研究は，インターネットが持つ可能性や潜在能力のようなものを研究者自身が想定しながら，それを実際の事例（できごと）にあてはめているもので，できごとが行われるプロセスそのものを見る研究とは異なっています。こうした洞察を参考にして，日本の人々がインターネットに対して持っている心性をうかがいながら，その視点から自分でデータを集める方法を検討するのも有効でしょう。

また，大規模なアンケート調査によってネット利用者の全体的な動向を把握したもの（東京大学情報学環編，2011，橋元・吉井編，2005など）や，心理的な傾向とネット利用の関係について調査したもの（池田編，2005）なども比較的多く見られています。ケータイでのメール利用調査なども含めると，こうした研究の範囲はぐっと広がりますが，これらはアンケートという手法上，全体の利用傾向と心理傾向との一般的な関係を見る目的が多く，個別の利用事例などについて細かく見ているものではありません。一般的な傾向について仮説を考えた上で，自分でデータを集める場合は，こうした研究結果が示している傾向が参考になるでしょう。

具体的な研究対象としては，少し前までは電子掲示板（２ちゃんねる）やブログについてのものが多く（平井，2009，平井，2012，山下ほか，2005など），ネット独自としての文化や利用者個人の傾向などに注目した研究が主流を占めていたといえます。これらは確かにネット上で展開している現象を考察するには有効ではあるのですが，現実における社会の動きとの関係を考えるには適さないところもありました。

これに対して，最近では，ブログやツイッターなどを対象に，社会的なニュースの伝達・普及過程についてインターネットが独自に果たす役割や，実際の伝達内容（ツイート）の数量的な傾向や特徴などについて考察したものが見られます（小笠原，2012，李，2014，鈴木，2014，李，2015）。こうした研究では他のメディアにおける伝達（ニュース）との比較や，世論の動向との関係についての検証がなされています。こうした研究例を参考にすることで，研究テーマとするネット上の現象に関する動向を，エスノグラフィーの手法により社会の動きと直接に結びついた形で考察することが可能となるでしょう。

（3） 社会動向についての資料

ネット上の得られたデータに，できごととしての具体的な形付けを行うためには，ネット上の動向だけでなく，現実社会の動向についてきちんと把握しておくことが欠かせません。掲示板や SNS などの利用が若者に多いということがわかった場合，現在の日本の若者がどういった社会環境におかれているのかがわからないままでは，ネット上で行われていることへの意味付けもまた不十分になるおそれがあります。

この点では，できごとに関わる部分の文献を読むこと（若者文化についてならば若者に関する社会学の研究など）も重要ですが，より細かい対象と時期について社会の動向を具体的に把握するには，新聞や雑誌のデータが有効なものとなるでしょう。それらの見方について詳しくは1章や2章を参照していただきたいと思いますが，このとき特にデータベースを用いることで，自分が調べているできごとの，時期的な範囲やキーワードにしたがった情報を的確に集めることができます。

同じ目的からすると，ネット上の情報として，ウィキペディアや「はてなキーワード」のように特定の動向をことばとして紹介したもののほか，「まとめサイト」と呼ばれるものや，掲示板やブログなどを参照することも時として有効になる場合があります。しかしこれらも，書き手を特定できる情報が少ない場合は，情報に偏りがある部分に気がつかないおそれがあります。またウィキペディアなどは内容が常に更新されるので，いつの時期の情報をもとに書かれているのかが具体的にわからないと，動向としての情報そのものが実態とずれ

る可能性があります。その点では，やはり新聞や雑誌などにおいて，職業としての客観的な取材や記述を求められているプロのジャーナリストによる記事は，情報源の広さや，公表にいたるまでの検証過程を経ていることなどから，より正確な動向把握に役立つと考えてよいでしょう。

　意外なところでは，新聞や雑誌の読者投書欄というのも，まさに社会の人々が実際に肌で感じている現実の動向に触れる手段としては有効であると考えられます。新聞投書欄は高齢者層の意見が多いという偏りもあるのですが，ネットを使わない高齢層を含む人々の意見を通じて，個人としての実感のこもった見方に触れることは，社会について知る大きな手がかりになることもあります。

3　エスノグラフィーの実際——資料収集とフィールドワーク

（1）　テーマの確認

　さて，ここでネットをテーマに卒論を書きたいと思っている一人の学生，ケンサク君に登場してもらいましょう。ケンサク君は次のようなテーマで卒論を書くことにしました。

　「オリンピックとインターネット——ミクシィで人々は何を見たのか」

　ここではこのテーマにそって，具体的にエスノグラフィーでどういったことをするのかについて見ていきながら，研究の進め方について考えていきます。

　その前に，「オリンピックとインターネット」という彼のテーマについて少し確認をしておきましょう。資料集めはある意味で時間との闘いでもあるので，見当違いな集め方や寄り道をしないよう，テーマの道筋を確かめておくことはとても重要です。

　社会の人々との関係という意味で，オリンピックは，日本はおろか世界中の人々を巻き込んだ1つのイベントになっています。その点で，ネット上の話題としてはもちろん，オリンピックを見たという共通の経験自体が，ネットの利用とどのように関係しているのかは，「オリンピック」という1つのできごとを明らかにする意味でも，大きな意味があると考えられます。

　では，調査として何を対象にしながら，このオリンピックというできごとを考えたらよいのでしょうか。ケンサク君は先生との個別相談で，「有名人」と

いうものがメディアなどによってどのように作られていくかについて考える，「有名性」という社会学のテーマがあり（石田，1998など），それを使ってスポーツの世界を考えることが有効ではないか，というアドバイスを受けていました．そこから，「有名人が現れる」ということを中心にオリンピックを見ていくというアイデアとともに，ふだんからバラエティ番組やCMなどでよく見る有名選手として，フィギュアスケート選手のうち何人かがすぐに浮かんできました．さっそく，そのうちの女性選手一人の名前で新聞記事をデータベースで検索すると，一般紙1つでも800件近い記事がヒットしました．この中にはオリンピック前の記事も当然入っているし，それをよく見ておく必要もあるのですが，最も古い記事は2002年で，1つのできごととして把握するには期間が少し長すぎるようです．それでは逆に，このオリンピックを機会に注目を集めている選手はどうでしょうか．ケンサク君はオリンピック特集のテレビ番組で見たことを思い出し，高木美帆選手という，一人のスピードスケート選手を取り上げることにしました．

　以上のケンサク君の例でも，対象を選ぶ時点で，文献から着想を得て，新聞記事などをもとにしながら社会的な動向と照らし合わせていることがわかります．記事になるということ自体，その選手がニュースになる何かの価値を持っていることを示すわけですし，その価値自体がそのまま社会から注目される理由にもなるわけです．高木選手の場合は15歳という若さでオリンピック代表に選ばれたことから，ニュースとしてよく取り上げられていたようでした．フィギュア選手が最初に記事になったのも，小学生のときに大技を決めたことによるもので，選手の「若さ」に注目するということが，多くの人々がオリンピックに関心を持つ1つのきっかけになるらしいということが，これだけからでも少しわかってきました．

　こうした背景から，この高木選手に関する情報を集めながら，「オリンピックで有名になる」というできごとを焦点に，このテーマについて調べていくことがまずケンサク君の作業の中心となります．

（2） SNSのフィールドワーク

　以降では，ケンサク君の作業を，SNSの1つであるミクシィ（mixi）を対象

に調査を行った例として紹介しますが、ミクシィを対象にしていることについては、いまの皆さんの実感からするとまた意外に思われるかもしれません。確かにデータによっても、2014年の時点で、利用者の割合は全体の8.1％に過ぎず、20代に限っても20.4％で、20代の90.5％が利用しているライン（LINE）はもとより、ツイッター利用の半分にも満たない割合となっています（総務省、2015）。

しかしながら、2012年では48.4％と20代の半数がミクシィを利用していましたし、現在でも登録者の割合はネット利用者全体の3割近くを保っているというデータ（Internet Com、2014）もあります。2010年からはツイッターのアカウント（登録者名）と連携して、ツイートを「つぶやき」としてミクシィでも表示するサービスも始まっていたので、現在ミクシィそのものは利用しなくなっても、ミクシィのアカウントは有効で、ツイートがそのまま表示されているケースも多いものと考えられます。

一方でミクシィはツイッターなどに比べて利用者についてのプロフィールが比較的詳しい形で確認でき、また、日記とつぶやきという複数の手段でコミュニケーションが行われてきているため、多様な視点からデータを集めることが可能です。プロフィールの信用性に問題がある場合も含まれますが、ミクシィ自体が2004年にサービスを開始した日本で最も長い歴史のあるSNSであるため、利用者に蓄積されているデータから信用性を判断することも可能です。特にSNSの投稿内容をデータとする場合、投稿の件数自体が多数にのぼる傾向があるため、特定のものに絞って抽出（サンプリング）することも多いのですが、そうした場合にも、このような詳しい判断材料があることは有効であるといえます。

またミクシィではミクシィの中で提供されているニュースとリンクさせながらつぶやきや日記を書く機能があるため、特定のニュースの方から日記やつぶやきをたどることが可能で、ネットへの投稿とマスメディア情報の関係を探ることができます。この点は、文献のところで見たニュースの普及・伝達過程の研究に関連したデータを収集する場合も有効に作用するでしょう。また、つぶやきや日記の投稿内容も、トップページの検索からサイト内部での投稿に限定してリストアップすることができるため、内容分析のデータとしても利用しや

すいでしょう。

(3) ウェブ情報の収集

SNSだけではなく，その他の掲示板やニュースサイトなど，いろいろなネット上の情報を集めることも重要です。ここではテーマであるスポーツ選手の情報が載っているものとして，スポーツ新聞のサイト二紙に絞って集めることにします。

特にオリンピックの場合は各紙がこぞって「五輪特集サイト」を開設し(10)，そこに関連情報を順次載せていくことがあるので，このような特集ページを定期的に観察することで，動向を追いやすくすることもできます。実際にスポーツ紙のサイトがミクシィにニュースを配信しているので，同じニュースをミクシィから読むこともできるのですが，すべてが配信されているとは限らないので，なるべく情報提供元のサイトから収集した方がよいでしょう(11)。

新聞や雑誌情報については，別にデータベースを利用することもできますが，「雑誌ネット」というサイト（www.zassi.net）には「最新の中吊り」という週刊誌の中吊り広告を集めて表示するサービス（アプリ）があり，週替わりなので毎週アクセスする必要はありますが，これによって，週刊誌の見出しを，画像として保存することができます。

収集に際して注意したいのは，ネット情報では頻繁にリンク先が変わったり，保存期間を過ぎたことで削除されたりすることがあるので，目にしたものはできるだけその都度保存することです。検索で表示される投稿内容は1週間以内のものが期限で，ミクシィ内のニュースも決められた期限が過ぎると本文が削除されてしまいます。投稿上の名前などは，利用者が変えてしまい，あとから本人をたどれなくなることもよくあるので，投稿内容の一覧を保存する場合は，

---

(10) 日刊スポーツのサイト（ニッカン）では大会後も特集サイトが保存され，記事検索も可能です。（バンクーバー五輪特集 http://vancouver2010.nikkansports.com/ 2016年4月アクセス）。

(11) ウェブ情報の保存については，PDF作成ソフトを利用するとよいでしょう。印刷先としてPDFという文書形式を指定するだけで，表示されたときのイメージをほぼそのままの形で保存できる一方で，文字情報もテキストデータとして残せるので，文字と絵文字や写真などが同時に使われている日記などには特に有効です。

あわせて名前のリンクに含まれている ID を保存（右クリックでリンク先の URL またはショートカットをコピー）しておいた方がよいでしょう。このため，可能な限り毎日決まった時間に決まったサイトにアクセスし，ミクシィの場合はコミュニティの書き込みや新着日記の一覧を検索して表示させ，リンク先を含めてすべてファイルに保存する必要があります。したがって，情報の収集先をある程度絞って行わないと作業そのものが限界をきたすので注意が必要です。

（4） フィールド・ノーツを作る

ネットと社会の動向がどのように連動しているかを考える点では，以上にあげたほかにもさまざまな手がかりがあります。たとえば毎日見聞きしているテレビニュースなども，逐一録画することは困難ですが，調査しているできごとに関連した話題がどういった形で報道されていたかについて，見た内容を思い出して記録することはできるでしょう。このような形で，ネット上の情報収集と並行させながら，自分の見聞きした関連情報をまとめて記録しておくことも非常に重要で，このような観察記録をまとめたものをフィールド・ノーツと呼ぶことがあります（佐藤，2002）。

フィールド・ノーツには，事実的な記録だけではなく，観察をしている人がその日誰とどのようなコミュニケーションをしたのかを記録することも行われます。そのことによって，観察する側がどういった状態にいたのか，そのことが観察される対象にどういった影響を与えているのかを知ることができ，それを分析に役立てることができるのです。特に SNS の場合，観察する側がコミュニケーションを取ることにより，書き込み状況など，観察される対象が変化することもあるので，ただ文字上の記録だけでなく，観察者の実感したこととともにそうした変化をフィールド・ノーツに記録しておくことは，エスノグラフィーでしか得ることができない重要な情報となります。

観察対象となるネット以外でのやりとりでも，周囲の家族や友人と，調査しているできごとについてどういう話題を交換したかを見ることで，社会に見られる雰囲気や，人々の心性などを知る手がかりになることもあります。さらにこれらにツイッターやメール，ブログの情報やマスメディアの情報などが加わることで，より広く手がかりを得ることが可能になるでしょう。

第Ⅱ部　卒論のテーマ別アプローチ

4　データ分析

　エスノグラフィーで得られたデータからは，多くの場合そのままの形で何かを言うことは難しく，集めたデータをさらに多角的に見直しながら，個々の分析を進めることになります。ここでは集めたデータすべてについて述べることはできないので，ケンサク君が集めた特定の具体例をもとに，集めたデータから何を読み取るかを確認しながら，そのやり方についてみていきたいと思います。

（1）　できごとのクロニクル

　最初に重要なのは，自分が調査したできごとについての個々のデータが，時間的な軸の中で，それぞれにどういう関係を持つのかを明らかにすることです。歴史を勉強するときなど，自分で年表を作ってそれに書き込みをしながら，いつ何が起きたかを整理し直すとともに，あることが起こった結果として何がさらに起こったのか（ある事件が起きた原因は何なのか），という関係を考えることがあるでしょう。これとまったく同じように，できごとを全体として把握するために，個々の情報を時系列にならべたものをクロニクルといいます。クロニクルとはもともと年代記の意味ですが，鎌倉幕府が滅んで室町幕府が成立したことをもって，鎌倉時代と室町時代を分けるように，クロニクルを作ることは，できごとについての個々の情報が持つ関係や分類の仕方を整理していくことにもなります。

　実際に新聞記事などを整理して一覧表を作ってもよいのですが，ここでは少しまとまったやり方を紹介します。それは集めた情報が日ごとにどのように変化するかを情報ごとに並べて，それぞれを比較しながらその特徴を分析していく方法です。

　図Ⅱ-4-1を見てみましょう。これはオリンピックの期間中にケンサク君が集めた数値的な情報のいくつかを時系列に並べてみたものです。ここで見られるように，今回のフィールドワークでは，毎日の情報として，高木選手に関するスポーツ紙と一般紙の記事数，そして高木選手に関するスポーツ新聞社のウ

4 インターネット——検索から,できごとのエスノグラフィーへ

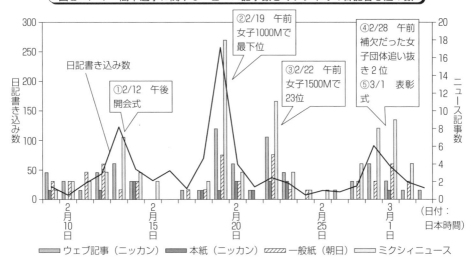

図Ⅱ-4-1 高木選手に関するニュース記事数とミクシィでの日記書き込み数

ェブサイト上での記事数,そしてミクシィのサイト上にある,高木選手関連のニュース記事数と高木選手の名前が使われている日記の数が記録されていました。ここに本来のクロニクルとして,高木選手に関するできごとを吹き出しで加えています。

　ここでまず,高木選手がネットの日記上で注目されたポイントが大きく3つあることがわかります。1つは開会式の日(図中①),もう1つは初登場種目である女子1000メートルの日(図中②),最後には出場はせずに補欠として登録された,女子団体追い抜き(パシュート)のチームが日本の女子スピードスケート界初となる銀メダルを獲得した日(図中④)です。新聞記事とミクシィ上のニュース記事もやはり同じ時期に増えていることから,社会的な注目もこの日に集まったと見ることができます。ここに1つ,ネット上の動向と社会的な注目の関連を見ることができるでしょう。

　もちろんこれだけでは,単なる社会的な注目とは言えず,選手の出場記録を書くのがオリンピック報道の役目なのだから,出場した日に記事が増えるのは当然だという話になるでしょう。そのときもう1つの手がかりとなるのが,開会式の日に関するフィールド・ノーツからの情報です。この日の情報では,開

第Ⅱ部　卒論のテーマ別アプローチ

図Ⅱ-4-2　『週刊女性』の中吊り広告

幕に合わせて大会の「見どころ」を報じるワイドショーで高木選手が取り上げられており，ほかにもいくつか報道で彼女をクローズアップする動きが見られました。

　さらに，図Ⅱ-4-2にある女性週刊誌の広告（『週刊女性』2010年3月2日号）では，開会式当日の高木選手の写真が中央に大きく載るとともに，「さぁ五輪開幕！メダルいくつ？」という見出しがつき，五輪開幕と彼女を結びつける社会的な動きが観察されていました。

　開会式に日本選手団の全員が出場したわけではないのですが，94名も選手がいる中ではメディアで誰が注目されてもよいはずですし，もともと有名なフィギュア選手などももちろん出てくるはずなのですが，この時点で高木選手に限ってこうした情報が見られることから，彼女について一定の社会的な注目があったと見ることができます。

　しかしその一方で，図Ⅱ-4-1のグラフをもう少しよく見てみると，一般の記事とミクシィニュースの記事の多さとしての社会的な注目が，日記の書き込みによるネット上での注目と連動しない部分があることもわかります。それは高木選手が次に登場した女子1500メートルが行われた2月22日のところ（図中③）です。この時もスポーツ紙のウェブや一般紙の扱いは19日と変わらないのですが，日記の書き込み数だけは激減しています。競技が行われた時間は両日とも午前中で，その日の競技結果を知るまでの時間差が特に大きかったわけでもないようです。

　それではなぜ，このようにネットと社会的な注目が連動する場合と連動しない場合が出てきたのでしょうか。

　その疑問の検証に移る前に，少しここまでの舞台裏を明かしますと，実はケンサク君は最初からこうした分析をしようと思っていたわけではなかったのでした。むしろ思いもよらなかったとも言えるでしょうか。とにかく集めたデー

タを並べてから，クロニクルを重ねてみた結果を先生に見せて相談したところで，こうした疑問点が指摘されたのでした。ケンサク君がこうしたデータをフィールドワークしながら毎日きちんととっていたからこそ，はじめてこのことが「発見」できたのでした。

（2） 書き込みを分析する

さて，この疑問に答えるために，次にケンサク君が先生からアドバイスを受けたのは，やはりこの 19 日の競技結果に対する書き込みが持つ特徴を見ないと，その理由がよくわからないのではないか，ということでした。しかし，19 日の結果に対する書き込みを競技が終了した時点の書き込みとし，次の日に書き込みをしたものとあわせると全部で 300 件以上が分析対象となります。その一つひとつを見ながら全体の特徴を出すといってもかなり大変です。いったいどうすればよいのでしょうか。

書き込み全体から特徴を導き出す手段として，「頻出語」をみるというやり方があります。これは，書き込みの文章を名詞や動詞といった言葉の要素（品詞）に分類したうえで，その数を統計的に分析するというものです。なぜ品詞に分けて数を見る必要があるかと言えば，たとえば「説明」と「説明する」という言葉は，同じ「説明」という部分を含みますが，文章の中で使われる場合は意味として全く違うはたらきを持ちます。このときのこれらを区別しないで分析しても，正確な特徴を出すことは難しくなります。

頻出語を分析する方法についてはすでに別の書物（西田，2009）で詳しく紹介されていますので，簡単に流れだけを書きます。①まず，PDF のファイルから，日記ごとの書き込み部分[12]をコピーしてエクセルなどの表計算ファイルのシートに貼り付けます。このとき，通し番号のほか，投稿時刻，書き込んだ人の ID や年齢・性別などの情報を必要に応じて同じ行に項目として加えます。特に日記には，ニュースへの日記として書かれたもの（リンクが張ってある）とそうでないものの違いがあるので，その有無も（あり = 1，なし = 0 として）データにしておきます。②書き込み部分については，それぞれを JUMAN[13] などの形態素解析ソフトにかけ，その結果をまた別の表計算シートに貼り付けていきます。③同じ②の表の中から品詞を取り出して別の表に貼り付け，エクセ

表Ⅱ-4-1 頻出語の出現情報をデータ化したもの（架空のデータのためIDは省略）

発言番号	ID	性	年齢	時刻	まだ	期待	ニュースへの書き込み
1		M	20	7:20	0	0	0
2		M	33	7:22	0	0	0
3		F	21	7:25	0	0	0
4		M		7:44	1	0	0
5		F	24	7:53	0	1	1

ルの並べ替え機能を使って並べ替えます。ここで上位に出てくるものが頻出語となります。④ここで，①でつくったシートにあらたに頻出語にしたがった項目を加え，書き込み1つごとに，その頻出語が使われている場合は1を，使われていない場合は0をそれぞれ入力していきます。

こうして得られたデータが，表Ⅱ-4-1のようなものになればひとまず完成です。この表は「まだ」と「期待」といった頻出語が，それぞれの書き込みについて使われているかどうかを表しています。このデータを使って，この書き込みが持っている特徴を分析することが可能になります。

（3） フィールド・ノーツとの照らし合わせ

さて，少し悪い言い方をすれば，こうしたデータさえ手に入れば，あとは単

---

(12) 日記をデータにするためには，日記本文のページを開かないとならないので，その都度相手のプロフィールのページに「訪問」することになります。その際，ミクシィでは記録が残るので，調査する側の存在が相手に伝わります。ひんぱんに出入りして相手を驚かせることのないように，なるべく一度で必要なコピーをすませるとともに，自分のプロフィールに「現在〜〜について調査中です。足あとが残された方にはご理解をお願いします」などと書いておくとよいでしょう。また，調査する側の一人が特定の相手をずっと追いかけるような形にならないように，ゼミの仲間などと協力して分担しながらデータを集めるといったこともよいでしょう。

(13) 日本語形態素解析システムJUMAN（http://nlp.ist.i.kyoto-u.ac.jp/index.php?JUMAN，2016年4月アクセス）のことで，基本的にはインストールして使いますが，デモ機能からサイト上の操作で文章を形態素に分けることができます。このほかの解析ソフトではKHCoder（http://khc.sourceforge.net/，同日アクセス）が使いやすく，詳しいマニュアル（樋口，2014）も出ています。

4 インターネット――検索から，できごとのエスノグラフィーへ

純集計をすれば，どの言葉がこの時の書き込みで一番よく使われていたかがわかりますし，性別などの変数と，頻出語の使用の有無などを組み合わせてクロス集計などをすれば，それなりの傾向について分析ができてしまうことになります。

しかし，ここで注意していただきたいのは，むやみにデータをいじるだけでは，偶然に出てきた数字の差などから，本来の目的とは関係のないことを調べる可能性も出てくるという点です。目的はあくまで，ネット上での傾向と，ネット以外の動向との関係を見るためにあるわけですから，ある程度その関係に関する情報を整理した上で，データの分析にとりかかる必要があります。

実は2月19日のミクシィでのニュースを集めていた時，ケンサク君は，この日の高木選手の競技結果に関する記事について，ひとつ変わったことに気がつきました。ちょうどこの記事に対する日記を書いている人の本文中には，「〈五輪スピード〉小平5位入賞　高木は最下位　女子千」という見出しが引用されているのに対して，同じリンクをクリックして出てきた記事の見出しは「〈五輪スピード〉小平5位入賞　高木は35位　女子千」になっていたのです。これはつまり，最初のうちは「最下位」と表現されていた見出しが，「35位」にあとから変えられたことを示しています。さらにこの日の日記の方をよく見てみると，このニュースにリンクした日記には，改変前の見出しの引用に加えて「タイトルがひどい」「失礼な記事ですね」といった文句がならんでいるのに気がつきました。ということは，日記での書き込みによる批判に対応して，記事の配信元がこの表現を後から訂正した，という可能性が考えられます。これは普通の新聞記事ではあり得ないことであると同時に，ネットでの書き込みが記事そのものを変えてしまうという，ネット上のできごととしても興味深いものであるように思えました。分析をした時点ではすでにリンク先の記事は削除されており，このような事情は，リンク先をたどった記事をその日のうちに記録しておくようなフィールドワークをしなければわからない情報でもありました。

しかし，この情報の意味はこれにとどまりません。そう考えたときに，多くの人が日記で行っている書き込みの目的が，高木選手への注目よりも，こうした見出しを載せる記事や記者の態度そのものに向けられていることがわかり，

表Ⅱ-4-2 日記における頻出語「まだ」の使用と，ミクシィニュースへのリンク有無のクロス表

			「まだ」の使用		合計
			なし	あり	
ニュースへのリンク	なし	度数	146	18	164
		%	89.0%	11.0%	100.0%
	あり	度数	105	36	141
		%	74.5%	25.5%	100.0%
合　計		度数	251	54	305
		%	82.3%	17.7%	100.0%

そのことによって，こうした書き込み数の多さや頻出語が出てくる背景も理解できてくることになります。

そこで，あらためてニュースとのリンクの有無と，頻出語の使用の関係をクロス集計してみたところ，**表Ⅱ-4-2**のような結果が出てくることがわかりました。

この結果から，ニュースへのリンクがない場合よりも，リンクがある場合の方が，「まだ」ということばを使う傾向が高いことがわかります（カイ2乗検定1％水準で有意）。つまり，ニュースへのコメント，つまり記事への直接的な反応として「まだ」ということばが使われていることになります。実際の日記データにも，見出しとリンクに続けて，次のような書き込みの例がありました。

「メダルとれなかったらこの扱いですか。まだ中学生か高校生じゃないっけ……高木美帆さんって。これからじゃん。期待の新人！っ（タイトル：失礼な記事ですね）」

このように，「まだ」というのは，彼女の結果を「最下位」として表現した記事に対する反論のために，「まだ中学生／若いのだから……」という「これから」を示すために使われており，そのためにニュースへのリンクがある場合の方に多く見られると考えられるのです。

ここまでわかればしめたもので，この卒論は，ネットにまつわる独特のオーセンティシティを持った，オリンピックについての「できごと」を明らかにした意味で，論文としての「売り」をつかんだことになるのです。

5　論文を書く

（1）　背景の説明

　さて，ここで，いよいよ論文の執筆に入ります。こうした「売り」として，書きたいことがデータの結果から出ているわけなのですから，逆にそのことを最初からこのことを全く知らない他の人に分かる形で説明できるように考えれば，論文に何を盛り込めばよいかもおのずと決まってくるはずです。

　逆にいきなり，「ミクシィで高木選手のニュースが……」などと言われてもさっぱりわからないように，そもそもミクシィとは何なのか，なんでミクシィを選ぶ必要があったのか，高木選手つまりオリンピックを題材にしたのはどうしてなのか，それぞれに順序をたてて説明をしていくことが論文を書くことになるのです。このとき，ただオリンピックやその報道の説明をするだけでなく，より深い背景として，現代のオリンピックが持っている意味であるとか，スポーツ報道についてこれまで言われてきたことなどを調べて書き加えると，ここで調べた「できごと」は，さらに大きなテーマとしての意味を持って受け取られることになるでしょう。

　また，これまでインターネットについて言われたことをまとめることでも，今回のできごととして明らかにしたことは大きな意味を持ってきます。つまり，これまでネット独自の世界があると言われてきたが，実際の書き込みはネット以外のメディアでニュースになったできごとやニュースそのものについて行われることが多いのであれば，ネットだけで何かが行われているとは言えないのではないか。あるいは，多くの人がオリンピックを自発的に見てネットで話をしているのではなく，むしろメディアのニュースなどを通じてはじめて話題にしたり，そのことに関心を持つのだとすれば，ネットはそういったメディアによる間接的な経験を助長しているだけではないのか(14)，など，これまで言われてきたことの対話が広がってくるはずです。それを書いていくことも大きな論文

---

(14)　このことを，遠藤薫著『間メディア社会と「世論」形成』(2007) では「間メディア性」と呼んで，ネット情報と社会の結びつき方について考察しています。

の骨格をなすでしょう。

（2） 結論をしっかりと

　最後に，せっかくオリジナルなデータを集めたのですから，その結果について自分が考えていることを，できるだけたくさんことばにしてみましょう。他人のことばを利用して大げさに書くのは問題ですが，データをもとにした考えであれば多少の推測や想像が入っていても，それは構いません。なんと言っても，実際に集めたデータが，そしてそれを通じて描かれた「できごと」が，いろいろなことをそれぞれに物語る力をたくわえているのですから。また，そのようなデータのもつ力は，卒論のオリジナリティを高めるものとしても，非常に強く作用するはずです。論文の中でその点をアピールすることは大きな説得力をもつことでしょう。

　自分が何を調べ，その結果から何を考えたのか，結論にきちんとまとめることで，その論文が，あなた自身のオリジナリティを表現するものにもなるでしょう。

さらなる学習のために

◆佐藤郁哉『フィールドワークの技法——問いを育てる，仮説をきたえる』新曜社，2002年。
　現場にいながら観察を続けてデータを集めていく方法が詳しく書かれています。現実の社会を対象としていますが，データの集め方・管理の仕方・仮説の立て方などは，インターネットを対象とするのにも十分使えるでしょう。

◆中川淳一郎『ウェブはバカと暇人のもの：現場からのネット敗北宣言』光文社新書，2009年。
　2000年代の日本におけるインターネットの利用について書かれたもので，タイトルと文章はやや過激ですが，利用者の傾向やネット情報の問題など，現在にも通じる点が，ネットに記事を提供する著者の立場から指摘されています。

◆橋元良明・吉井博明編『ネットワーク社会（叢書 現代のメディアとジャーナ

リズム)』ミネルヴァ書房，2005年。

　日本におけるインターネット利用の展開とその特徴について，さまざまな観点からの考察が並んでいます。特に利用者の生活時間と，他のメディアによる報道との関連についての研究は参考になるでしょう。

◆松田美佐ほか編『ケータイの2000年代』東京大学出版会，2014年。

　ラインについては個人間での利用傾向が強く，プライバシー性の強いデータは内容分析に向かないため本章では扱いませんでしたが，人間関係の観点からネットを考察したい方は，こちらが研究方法などの点で役に立つでしょう。特に社会階層とネット利用の関連を考察している辻大介氏の論文は重要です。

◆ケン・プラマー著　原田ほか監訳『生活記録の社会学』，光生館，1991年。

　ネットが個人や集団の生活を記録しながら時代の心性を反映しているという観点から，この本を紹介しておきます。ネットの投稿を，個人の主観（思い込み）で書かれているからあやふやで信用できないものとして考えるのではなく，主観を作り出している社会背景に目を向ける必要があるでしょう。

●引用・参考文献─────────

新井克弥　『劇場型社会の構造──「お祭り党」という視点』青弓社，2009年。
池田謙一編『インターネット・コミュニティと日常世界』誠信書房，2005年。
石田佐恵子　『有名性という文化装置』勁草書房，1998年。
伊藤昌亮　「ネットに媒介される儀礼的パフォーマンス──2ちゃんねる・吉野家祭りをめぐるメディア人類学的研究」『マス・コミュニケーション研究』66号，pp. 91-110，2005年。
小笠原盛浩　「日本のブロゴスフィアにおける政治系有名ブログの影響：2007年参議院議員選挙時の内容分析から」『マス・コミュニケーション研究』81号，pp. 87-104，2012年。
荻上チキ　『ネットいじめ』PHP新書，2008年。
小田博志　『エスノグラフィー入門──〈現場〉を質的研究する』春秋社，2010年。
北田暁大　『嗤う日本の「ナショナリズム」』NHK出版，2005年。
木村忠正　「ヴァーチュアル・エスノグラフィー──文化人類学の方法論的基礎の再構築に向けて」『文化人類学研究』10号，pp. 47-76，2009年。
鈴木万希枝　「人はなぜニュースを伝えるのか：「野田首相16日解散表明」ニュースの普及過程と情報共有行動の検討」『成城大学社会イノベーション研究』9(1)，

pp. 17-33, 2014 年.
総務省 『「平成 26 年情報通信メディアの利用時間と情報行動に関する調査報告書」の公表』(http://www.soumu.go.jp/menu_news/s-news/01iicp01_02000020.html, 2015 年 8 月アクセス), 2015 年.
東京大学情報学環編 『日本人の情報行動 2010』東京大学出版会, 2011 年.
友枝敏雄・山田真茂留編 『Do！ ソシオロジー』有斐閣, 2007 年.
西田善行 「視聴者の反応を分析する——インターネットから見るオーディエンス論」藤田真文・岡井崇之編『プロセスが見えるメディア分析入門——コンテンツから日常を問い直す』世界思想社, pp. 145-169, 2009 年.
平井智尚 「ネットユーザーはテレビをどう見てきたのか——史資料のカケラ」平井智尚ほか『ポピュラー TV』風塵社, pp. 11-77, 2009 年.
平井智尚 「なぜウェブで炎上が発生するのか：日本のウェブ文化を手がかりとして」『情報通信学会誌』29(4), pp. 61-71, 2012 年.
広田照幸 『日本人のしつけは衰退したか：「教育する家族」のゆくえ』講談社現代新書, 1999 年.
藤田真文 「テレビドラマの社会史——1970 年代の若者像を探る」藤田真文・岡井崇之編『プロセスが見えるメディア分析入門——コンテンツから日常を問い直す』, 世界思想社, pp. 121-144, 2009 年.
山下清美ほか 『ウェブログの心理学』NTT 出版, 2005 年.
李光鎬 「ツイッター（Twitter）上におけるニュースをめぐるコミュニケーション」『成城大学社会イノベーション研究』9(1), pp. 1-16, 2014 年.
李光鎬「ツイッター上におけるニュースの普及：どのようなニュースを誰がリツイートするのか」『メディア・コミュニケーション：慶応義塾大学メディア・コミュニケーション研究所紀要』65 号, pp. 63-75, 2015 年.
Christine Hine, *Virtual Ethnography*, London : Sage, 2000.
Internet Com 『利用率の低下が止まった「mixi」, 止まらない「Mobage」—定期調査「SNS 利用」(7)』(http://internetcom.jp/research/20141003/decrease-in--usage-rate-of-mixi-stops-but-mobage-continues.html, 2016 年 4 月アクセス), 2014 年.

［是永　論］

第5章 ポピュラー音楽
―― 「ミュージシャン」を読み解く鍵 ――

1　ポピュラー音楽研究は「テーマ」と「切り口」で

　誰にでも一人くらい，お気に入りのミュージシャンはいるでしょう。街やメディアにもさまざまな形で音楽はあふれており，社会学やメディア論の研究テーマとしてこれほどアクセスしやすいテーマもなさそうです。でも，ちょっと待ってください。何を「お気に入り」と感じるかは人それぞれです。歌詞の内容や曲の雰囲気のように作品自体の場合もあれば，ファンのエネルギーの高さやファンとミュージシャンとの絆のような，ミュージシャンをめぐる人間関係の場合もあります。矢継ぎ早にヒットを世に送り出す秘訣を知りたい人もいるでしょう。このようにポピュラー音楽は間口が広いため，多様で重層的な解釈が可能です。逆に論文の題材にするには，どんな「テーマ」と「切り口」で研究したいのかをしっかり見極める必要があります。

　ポピュラー音楽を題材に卒論を書く場合，「テーマ」はおおむね6つに分けられます。

① 「ミュージシャン」
② 「ジャンル」
③ 「ライブ」
④ 「音楽産業」
⑤ 「音楽と社会」
⑥ 「サウンドスケープ」（音風景）

第Ⅱ部　卒論のテーマ別アプローチ

　たとえば，歌手の椎名林檎について卒論を書くとしましょう。歌詞やパフォーマンスについて分析したい，椎名のメディアにおける発言を解読したい，ということなら「ミュージシャン」研究になります。椎名を含むJポップの歌姫をまとめて取り上げたいのであれば，「ジャンル」研究でしょう。椎名をスターダムに押し上げた力学を理解するためには，「音楽産業」の視点も欠かせません。つまり，音楽を題材に卒論を書くには，どんな「テーマ」を柱にどんな「切り口」で研究対象を分析するかを組み合わせて考える必要があるのです。

　本章では，テーマ別の資料収集や調査の手法，参考文献を具体的に解説していきます。「ミュージシャン」研究であれば，本人にインタビューする機会はまず望めないでしょうから，一次資料はCDやDVDのようなパッケージメディアや配信の音源や映像，新聞や音楽専門誌などの紙媒体，オンライン上の記事が中心になります。「ライブ」研究であれば，ライブハウスやイベント会場などで実施するオーディエンス（聴き手）を対象にした質的調査（インタビューや観察）が力を発揮するでしょう。「音楽産業」研究であれば，レコード会社などへの聞き取り調査は欠かせません。対面インタビューの注意事項や倫理的な留意点，企業などに調査を申し込む際の手続きやマナーも覚える必要があります。特定のミュージシャンやジャンルに絞らず，もっと広く社会における音楽現象をとらえたい，という場合もあるでしょう。たとえばBGMについて調べたいとか，スポーツの応援に使われる曲や，ファッションショーの音楽とその効果を知りたいなど。さらには，「音楽」（ミュージック）という枠よりさらに広い「音」（サウンド）の研究をしたい，という人もいます。電車のホームで流れる「駅メロ」も，学生には人気の高いテーマです。本章ではこうした，音・音楽の社会現象について卒論をまとめる場合（「音楽と社会」「サウンドスケープ」研究）についても解説します。

　なお，本章で「音楽」という場合，原則としてポピュラー音楽を指します。社会学やメディア論専攻の学生がクラシック音楽で卒論を書く場合，テーマの多くは，「のだめカンタービレ」ブームやフィギュアスケートに使われるクラシックのように，社会現象やBGMとしてのクラシック音楽という「音楽と社会」か「サウンドスケープ」研究に含まれます。クラシック音楽をその他の切り口で研究するとなると，クラシック音楽が作られた18世紀や19世紀の西洋

史や音楽理論の知識が必要になります。メディアで卒論を書くという本書の目的から離れますので，本章ではポピュラー音楽を中心に説明してゆきます。

音楽は聴かれることを前提としている以上，社会と無関係では存在できません。作り手と受け手という異なる立場の人間の内面を理解することも必要です。音楽を題材に，人と人との関係や人間と社会との関係を考えることが，音楽の社会学的研究なのです。

2　テーマの発想・絞り込み

（1）「ミュージシャン」に的を絞る

「音楽で卒論を書きたい」という学生は，バンドを組んでいたり，楽器を習っていたり，音楽を聴くのが好きだったりと，音楽を趣味にしている人が大半です。「好きこそ物の上手なれ」とはよく言ったもので，こうした場合は音楽で卒論を書くことが楽しくてしかたないようです。その半面，大好きなミュージシャンだけに思い入れが強すぎて研究対象からうまく距離がとれず，主観的な意見に終始してしまいがちです。メディア文化論の授業レポートなどでも見られることですが，ミュージシャンのオフィシャルサイトやウィキペディアからそのまま文章を引用して貼りつけただけの文章にもお目にかかります。音楽という人を楽しませることができるクリエイティブな領域を研究対象にする以上，インターネット上の情報を羅列しただけでは価値がありません。自分で調査したオリジナルデータを載せたり，音源や映像，記事といった一次資料に自分で当たって分析したりするという覚悟が必要です。(1)

私がこれまで指導してきた卒論は計71本。うち，本書の趣旨に合うメディア論的な観点からポピュラー音楽にアプローチした卒論は26本あります（他の卒論はファッションやアニメ研究，音楽学的な分析なので，本章では取り上げません）。テーマは「ビートルズ」「アイドル」「映画のサウンドトラック」「宝塚

（1）　ポピュラー音楽の分析というと，音楽理論に関する専門的な知識が必要だと感じるかもしれませんが，社会学系，メディア系の学部・学科の卒論では，歌詞や音楽についてことばで語られた資料の分析が主流です。本書の第Ⅱ部第1章（雑誌分析），第2章（新聞記事の内容分析）を合わせて読むと参考になります。

歌劇」「ヴィジュアル系」「X JAPAN」「少女サブカルチャーと音楽」「同人音楽」(2)とさまざまです。これらを，先ほど挙げたテーマに分類すれば，「ミュージシャン」に該当するのは「ビートルズ」と「X JAPAN」，「ジャンル」は「アイドル」「映画のサウンドトラック」「宝塚歌劇」「ヴィジュアル系」「同人音楽」，「音楽と社会」の場合は「少女サブカルチャーと音楽」となります。「ジャンル」や「音楽と社会」といった抽象的な枠組みをテーマとした研究も，具体的な作曲家やミュージシャン（志方あきこ，椎名林檎やCOCCO，「ALI PROJECT」）を取り上げて分析しています。つまり，音楽で卒論を書くには「ミュージシャンに着目する」ことが近道と言えそうです。

では，ミュージシャンに着目する場合，どのような切り口，つまりアプローチが考えられるでしょうか。先に挙げた例の場合，「ビートルズ」は歌詞，「ヴィジュアル系」はファンのネットワークを分析していました。これは，大別すると「テクスト・言説分析」と「ファン調査」の2種類になります。

第一の「テクスト・言説分析」は，自分が関心のある歌手やバンドの音楽そのもの，そして音楽に含まれる／音楽を取り巻くメッセージを分析する方法です。ポピュラー音楽の場合，楽譜が読めなくても，ミュージシャンの紡ぎだす音楽に迫る方法はいくらでもあります。クラシック音楽とちがい，ポピュラー音楽では譜面に書き記す作曲法は主流ではなく，ギターやキーボードでコード進行を探り弾きしながら曲作りを進めたり，コンピュータにデータを打ち込んで作品を完成させたりと，作曲法は多岐にわたります。ミュージシャンの魅力が鳴り響く音楽に結びつくことは確かですが，社会学やメディア論を専攻する学生が切り込みやすいのは歌詞でしょう。歌詞分析はこれまでも「音楽で卒論」の主軸となってきました。ミュージシャンのカリスマ性やメッセージ性がもっとも反映されているのが歌詞だと考えられてきたからです。もちろん，メディアにおけるミュージシャンの発言，ライフスタイルやファッションセンスもテーマの糸口になりそうです。

歌詞研究は「テクスト分析」に分類されます。歌詞のことを「テクスト」(text) とみなすからです。「テクスト」とは元来，文字で書かれたものを指し

（2） 同人誌と同様の活動方法で，自主制作した作品を同人誌即売会などで発表，販売する音楽のこと。井手口（2012）も参照されたい。

ましたが，ポピュラー音楽の録音やパフォーマンスも「テクスト」として分析することにより，文芸批評の手法を用いて，文学作品のようにポピュラー音楽を分析できるようになりました。歌詞を「テクスト」と呼ぶ場合，作者から独立している自律的な存在として扱い，作者の意図を反映させないものとします。歌詞ではなく，リズムやコード進行を社会学的に分析する研究もありますが，音楽理論の専門知識が必要となるため，本章では歌詞研究を中心に説明してゆきます。

　第二の「ファン調査」は，ミュージシャンの楽曲や行動がファンに与える影響力を知るには格好の手法です。私の授業で「ポルノグラフィティ」について研究発表した学生は，ファンクラブの会報『loveup!』を分析することでファン層の特徴や内面を読み解きました（本書の第Ⅰ部でも藤田先生が，たとえば（旧）ジャニーズファンは手元にあるファンクラブ会報がオリジナルデータとして使えると解説していました）。ファンクラブ会報のような印刷物以外にも，ファンのブログなど，インターネット上にもミュージシャンのファン調査に使えそうなデータが存在します。社会調査演習で学んだ量的調査・質的調査の技法も，ファン調査では思う存分生かせそうです。イベントやライブ会場でファンを対象に実施するインタビューや観察を通じて，ファンがどんな思いをミュージシャンに寄せているかを明らかにしていくことは楽しい作業になるでしょう。

（2）「ジャンル」について知りたい

　なかにはミュージシャンを特定せず，ロック，ヒップホップ，レゲエなどの音楽ジャンルについて分析したい学生もいるでしょう。ジャンルをテーマとする場合もミュージシャンのケースと同様，「テクスト・言説分析」や「ファン調査」といった切り口による分析が可能です。「テクスト分析」の場合，ジャンルを代表する楽曲を分析することになり，結果的にはミュージシャン研究とほぼ同じ手法をとります。しかし，「言説分析」を選んだ場合は，ジャンルの専門誌を手がかりにミュージシャンの言説を追うことになりますから，雑誌研究の側面が強まります（本書の第Ⅱ部第1章も参照してください）。ジャンル研究の場合も，ファン調査には量的調査や質的調査の手法を用いることができます。

（3）「ライブ」の醍醐味を探る

　「ライブ」通いにハマっている学生は，ライブハウスや音楽フェスティバルのような演奏の場にこだわって，その醍醐味の正体をつきとめたくなるでしょう。ストリート・ミュージシャンを研究対象に選ぶ場合は，先に挙げた「ミュージシャン」研究とは少し事情が異なり，演奏家がまだメディアで注目されていないケースも多いでしょうし，楽曲そのものよりもストリートで生じる演奏者とオーディエンスとのコミュニケーションを知りたい，という発想も生まれてきます。その場合は，「ライブ」研究の枠組みで卒論を書くとうまくいくでしょう。ライブを前にした期待感が高まっている会場でオーディエンスに質問紙（調査票）を配って協力を求めるのは難しそうです。それよりも，インタビューや観察といった質的調査の手法を駆使して，フィールドワークとして調査を進めるほうが研究対象にアプローチしやすいでしょう。

（4）「音楽産業」について調べたい

　「音楽産業」研究は，あるミュージシャンがなぜ売れるのかという力学を理解するのに適しています。音楽業界に憧れる学生なら，就職対策としても魅力的にうつるテーマでしょう。レコード会社だけでなく，音楽出版社や音楽プロダクション，音楽マネジメント，音楽配信会社など，調査訪問したい企業も多いのではないでしょうか。ただし，企業に調査を申し込む際には，所定の手続きやマナーを覚える必要があります。音楽産業研究では，白書や報告書，専門書といった「文献調査」のほか，関係者への「聞き取り調査」が中心となります。取材意図を企画書にしておく，聞きたい質問をあらかじめまとめておくなど，段取りを踏んだ準備が欠かせません。うまく調査のアポイントメントがもらえても，聞き取り調査の注意事項や倫理的な留意点をのみこんでおくことなど，やるべきことは山ほどあります。企業への訪問調査は，社会人になるための修練にもなりそうです。

　以上の「ジャンル」「ライブ」「音楽産業」研究は，人気のある卒論テーマですが，ミュージシャン研究に比べるとテーマが漠然としていて，絞り込めなくなる恐れもあります。その場合，音楽行動を「作曲」「演奏」「聴取」と3つに分けて内容を絞り込むことも効果的です。もっとも，デジタル・テクノロジー

の発展にともなって，音楽リスナーも聴くだけの受動的な存在から，もっと音楽に深くかかわる，つまり狭義の「作曲」ではなく広義の「音作り」をするような能動的な存在へと変容しているという指摘もあります(3)。「作曲」「演奏」「聴取」の３区分は独立したものであるととらえずに，むしろお互いにかかわりあっているという了解からスタートすると，興味深いテーマにゆき当たるでしょう。「ジャンル」は「聴取」，「ライブ」は「演奏」，「音楽産業」は「作曲」（音楽生産）と深く結びついています。このような視点からテーマと切り口を整理してみると，読み手を説得できる卒論に向けて一歩前進できるでしょう。

（５） 視点を変えてみる──「音楽と社会」と「サウンドスケープ」

音楽専門誌の編集に携わる知人から聞いた話ですが，売り上げを伸ばすには「ジャンル」や「音楽と〇〇」のような抽象的なテーマで特集を組んでもだめで，特定のミュージシャンを前面に出さないといけないそうです。その一方で最近は，「V.A.」（various artists ＝ 複数のミュージシャン）が歌うコンピレーション・アルバムの発売が目立ちます。「R 35」（ワーナーミュージック・ジャパン）のような世代限定（35歳以上）のアルバムもヒットしました。「恋人と聴きたい曲」「夏といえばこの曲」といった，T.P.O. に合わせた選曲がウケる時代です(4)。iPod と iTunes の登場で，アルバム単位で楽曲を聴く機会が激減し，代わりに楽曲をさまざまな角度から聴くようになってきました(5)。聴取の形態が多様化した現代は，あえてミュージシャンに的を絞らなくても面白いテーマが見つかりそうです。

私のゼミでも，「泣ける歌」や「一発屋」で卒論を書いた卒業生がいます。「泣ける歌」は若者に人気のある，聴いているうちに涙が出てくるような歌のことです。「一発屋」は一曲だけヒットさせてメディアから消えていった歌手のことです。「泣ける歌」はジャンル研究，「一発屋」はミュージシャン研究ともいえますが，ある特定のジャンルやミュージシャンだけを取り上げるわけではありませんので，むしろ音楽を窓口に社会現象をとらえる音楽社会学的研究

---

(3) 増田（2008）を参照。
(4) こうした音楽聴取の「いま・ここ」性については，井手口（2008）第６章を参照。
(5) iPod については，レヴィ（2007）を参照。

です。これらは,「音楽と社会」というテーマでくくることができます。

　いずれにしても,感性の領域で勝負する音楽を卒論のテーマにするのであれば,「ひらめき」を大切にしてほしいものです。日常生活の中で音楽にまつわるふとした疑問がよい題材になる可能性も大きいことが,音楽で卒論を書く楽しみでもあります。後で紹介しますが,「トイレの音消し」について,社会調査によるオリジナルデータもまじえて立派な卒論を仕上げた学生がいます。これは,「サウンドスケープ」(soundscape) という音風景の研究になります。街に流れる BGM について調べる場合も,ミュージシャンや楽曲そのものではなく,日常生活における音楽の役割や効果に注目することになるので,「サウンドスケープ」研究になります。この章を読みながら,「こんなひらめきから,面白い卒論が書けるんだ」と,感性や頭を柔らかくしていただければと思います。

3　文献の集め方

(1)　まずは自力で

　音楽が感性の勝負だからといっても,まとまった文章を書いて自分の考えを述べるのですから,文献収集は不可欠です。どんなにすばらしい思いつきでも,同じ切り口で他の人が本や論文,記事を書いていれば,あなたのアイディアは二番煎じととられかねません。それどころか,他の人があなたと正反対の結論にたどりついていて,あなたの考えに誤りが含まれている可能性もあります。ですから,ほかの人が書いた「先行研究」をまず参照して,そのうえで自分の考えを構築することが大切です。身近な先行研究の代表格は,ゼミの先輩が過去に書いた卒論です。あなたと同じような興味で書かれた卒論が指導教員の研究室にあれば,先生に借りて読むことからスタートするのがいいでしょう。

　自分の関心に合った先輩の卒論が見つからなかった場合はどうすればいいでしょうか。そんな時は,本書第Ⅰ部の「**6時間目　文献を探す・集める**」を参考にしながら,インターネット検索や図書館のレファレンスコーナーであなたの卒論テーマに合った文献を見つけましょう。大学図書館や公共図書館であれば,音楽関係の書籍は,デューイ十進分類法の 780 番台(音楽の分野)の

棚に並んでいます。この他、「文化社会学」や「メディア論」の棚にも、音楽メディア関連の書籍が並んでいます。同じくデューイ法の360番台（社会問題）の棚で、卒論に関係しそうな書籍を実際に手にとり、役に立ちそうかどうかチェックしてみてください。書名だけでなく、必ず目次もチェックしてください。本全体としてはテーマにしっくりこなくても、部分的には役立つ場合もありますから、現物に当たることは大切です。本の一部のみをコピーして使用する場合は、本書の第Ⅰ部でも説明があったように、書名や著者、発行年、出版社を記入しておくことも忘れずに。あとで文献リスト（卒論の最後には「参考文献」リストを載せますので、その時に必要になります）を作る際にあわてずにすみます。

　必要な書籍を探すには、書店に行くことも有効です。音楽コーナーの書籍はミュージシャン関連の本が大半です。最近では、書店に行かずインターネットの通信販売で書籍を買う人も増えていますが、書店の音楽コーナーに行けば、自分が卒論で取り上げようとしているミュージシャンが世の中でどの程度認知されているかを知ることができます（これは、次節で述べるミュージシャンの楽曲を収めたCDやDVDを探すためにCDショップに行く場合にも同じことがいえます）。ビートルズを扱った書籍の多いこと！　ボブ・ディラン、エルヴィス・プレスリー、ジミ・ヘンドリックス、マイケル・ジャクソンについての本も相当数並んでいます。それに比べれば、日本のミュージシャンに関する本は少ないことがわかります。ジャンルでいえばロックとジャズ関連の書籍が圧倒的に多く、その他の洋楽（ヒップホップ、クラブなど）がこれに続きます。Ｊポップや演歌など日本の音楽（邦楽）に関する本は少なくなっています。これは、音楽書の中心的な読者層（40代以上の男性）がおおむね洋楽志向であることと関連があります。クラシック音楽についての本も意外に多くあります。Ｊポップのミュージシャンを卒論で取り上げようとした学生は、書店の音楽コーナーではお目当てのミュージシャンの本が見つからず、がっかりするかもしれません。Ｊポップのミュージシャンの場合、楽曲のバンドスコアは増えていますが、伝記や自伝、研究書が少ないのです。図書館の音楽コーナーに行けばさらにそうした本に出合える確率は低くなりますから（最新刊の書籍が図書館に入るまでにどうしても時間を要してしまうのと、予算その他の制約があるため図書館利用者す

べてのリクエストに応えて図書購入できるわけではないので），この場合はインターネットで探すか，音楽専門誌などの記事索引に頼ることになります。

　音楽で卒論を書く人にとって，雑誌や新聞などの記事検索は欠かせません。とくにミュージシャン研究をしようという人には，インタビュー記事が参考になります。ミュージシャンの単独インタビューを実現させるにはそれなりのコネクションが必要になりますので，インタビューするミュージシャンが自分の知人であるとか，アマチュアバンドやストリート・ミュージシャンといった身近な演奏者に着目するといったケースを除けば，ミュージシャンに直接インタビューしてオリジナルデータを集めることは望めないでしょう。

　私は海外の研究者からの依頼で，宮崎駿のアニメ映画のサウンドトラック分析を英語で執筆したことがあります（Koizumi, 2010）。作曲者の久石譲さんはその頃ちょうどコンサートツアー準備で多忙だったためインタビュー申込は断念し，『週刊文春』や『週刊読売』，『キネマ旬報』といった音楽専門誌以外の雑誌に掲載されていた久石さんのインタビューを参考に研究をまとめました。皆さんが卒論を書く際にも同様の文献収集が必要となるでしょう。久石研究の例からわかることは，音楽専門誌以外の雑誌にも作曲家やミュージシャンのインタビューが載っているということです。本書の第Ⅰ部の「**6時間目　文献を探す・集める**」に，雑誌記事の詳しい検索方法が載っていますので，参考にしながら卒論に必要な文献を集めてください。もし，卒論執筆に関連しそうな雑誌の特集号が刊行されていて，Amazonや書店などのウェブサイトでバックナンバーが入手可能なら，早めに購入しておきましょう。

　最近ではオンライン上でミュージシャンへのインタビュー記事も読めるようになっています。たとえば，ポップカルチャーの総合ニュースサイト「ナタリー」の「音楽ナタリー」セクションでは，ベテランから新人まで，さまざまなジャンルのミュージシャンへのインタビューがアップされています。大手レコード店のフリーペーパーも音楽情報を根強く発信しています。HMVの『the music & movie master』やタワーレコードの『bounce』などは，音楽評論やミュージシャンへのインタビューの資料として活用してください（後者はミュージック・レビュー・サイト「Mikiki」で一部が閲覧できます。mikiki.tokyo.jp）。

（2） 先生に尋ねる

　ゼミの指導教員は，卒論に必要な文献を探し当てるうえでまたとない「リソース」です。あなたの関心がミュージシャンなのか，ライブなのか，それとも音楽産業なのかといった判断を含めて，有益な助言をくださるでしょう。しかし，指導教員がポピュラー音楽に詳しい場合は問題ありませんが，他のメディア文化（テレビやCM，映画やアニメ，マンガなど）の専門家であった場合は，先生も音楽関連文献の最新情報を知らない可能性があります。その場合は，先生の研究者ネットワークで，誰かポピュラー音楽研究の専門家を紹介してもらえるかもしれません。なかには，音楽の専門家でなくても関連文献の知識が豊富なスーパー先生もいますので，まずは指導教員に相談されることをお勧めします。ただし，先生に頼る前に，必ず本節の「(1)　まずは自力で」を読んで，できる限り自力で文献を探しましょう。一から先生を頼るようでは，自分で卒論を書く意味がありません。皆さんは「総合的な学習」「探究学習」のような形で自分の関心時を言語化する訓練を受けてきたはずです。卒論はいわば探究学習の集大成で，自己表現の格好の場でもあります。自己表現をエンタテイメントの域にまで高めているミュージシャン研究をするのに，はなから他人任せでは良い内容は期待できないでしょう。

　オンライン上でポピュラー音楽研究のゼミを担当されている全国の大学教員を探すことも一案です。関西大学社会学部の小川博司先生はポピュラー音楽の卒論指導歴が長く，おそらく日本で一番多くの「音楽で卒論」を生み出してきた専門家です。本章の執筆のために，小川ゼミの卒業論文集を快く見せてくださいました。小川ゼミ第11～13期生（2008～2010年にかけて卒業）の卒論計68本のうち，音楽関連の卒論は44本となっています（どんな卒論があるかは，テーマ別に紹介します）。また，大阪市立大学の増田聡先生による「ポピュラー音楽研究を専攻できる大学院・大学リスト（暫定版）」（less.music.coocan.jp/PMSfaculty.html，最終更新2021年4月10日，2023年12月11日閲覧）も，音楽で卒論が書ける大学選びに役立つでしょう。しかし，ポピュラー音楽を勉強したいすべての人が専門家のゼミに入ることは不可能ですから，進学した大学の学部で自分に相応しいゼミを選び，指導教員から教えを受けながら卒論を書いてゆくのが現実的です。私は「テーマ」と「切り口」がよければ，十分に面白

い「音楽で卒論」が書けると考えています。

（3） 学会のホームページを参照する

　ポピュラー音楽研究は日本よりも海外で盛んで，とくに英米圏の文献が多くなっています。邦楽ではなく洋楽を研究したい場合は，英語の文献が読めればいうことありません。アジアでもポピュラー音楽研究が盛んです。アジアでのJポップの受容や，欧米でのヴィジュアル系バンドの人気ぶりを調べるには，中国語や韓国語，英語やフランス語，ドイツ語などもできると便利です。まずは海外ではなく，日本の音楽シーンやJポップに関心があるという学生は，とりあえず日本語で刊行されているポピュラー音楽関係の書籍や雑誌，論文を読みながら卒論を書き進めるのが現実的でしょう。

　日本語で書かれたポピュラー音楽研究にはどのような文献があるのでしょうか。日本には「音楽社会学」関連の学会はありませんが，「日本ポピュラー音楽学会」が20年以上にわたって，音楽社会学やポピュラー音楽研究をしている研究者の情報交流の場となってきました。日本ポピュラー音楽学会のホームページ（www.jaspm.jp）上から，「ポピュラー音楽研究」というボタンをクリックすると，リンク先で学会誌の創刊号（1997）から第11号（2007）までがPDFファイルで読めるようになっています。各号の目次を見れば，ポピュラー音楽に関してどんな研究テーマの論文が発表されていたり，どんな書籍が刊行されたりしているかがわかります。「過去の大会」アーカイブスには大学院生の発表タイトル，「過去の地区例会」アーカイブスには卒論や修論発表のタイトルが載っていますので，書こうとしている卒論に近いテーマが見つかるかもしれません。

　音や音楽が社会で果たす役割や機能を知りたい学生は，テーマとして「サウンドスケープ」を選ぶことになりますから，「日本サウンドスケープ協会」のホームページ（www.soundscape-j.org）が参考になるでしょう。社会学やメディア専攻の学生にとっては，「サウンドスケープ」という言葉は聞き慣れないかもしれません。カナダの作曲家マリー・シェーファーが，目で見える風景（ランドスケープ）に対して，音で聞こえる風景（サウンドスケープ）の重要性を訴えるために考え出した造語です。サウンドスケープの考えは日本にも影響

を及ぼし，いまでは音楽社会学や音響学の専門家はもとより，環境問題や町おこしにいたるまで，音とかかわる人々がさまざまな切り口から日本の音風景（サウンドスケープ）について考えています。同協会のホームページには「お薦めブックガイド」という項もありますから参照してみてください。

4　資料分析・調査

（1）　幅広い「ポピュラー音楽研究」

ここまで，「ミュージシャン」「ジャンル」「ライブ」「音楽産業」「音楽と社会」「サウンドスケープ」と，卒論の「テーマ」を6つに分けて考えてきましたが，ここから先は，「切り口」についても合わせて考え，具体的な分析方法に踏み込んでいきましょう。

ポピュラー音楽の研究は，さまざまな学問分野からのアプローチが可能です。音楽学，社会学あたりまでは皆さんも想像がつきやすいと思いますが，三井徹先生が編訳された『ポピュラー・ミュージック・スタディズ——人社学際の最前線』（2005年）では，30もの学問分野で，ポピュラー音楽がどのように研究されているのかが解説されています。本章と関連性の強い分野を見ても，「社会学」「受容と消費の理論」「コミュニケーション研究」「人類学」「内容分析」「言説分析」「記号論」「カルチュラル・スタディズ」など多岐にわたります。個々の研究動向を説明することは本章の範囲を超えているので，ここでは，「音楽で卒論」の6つのテーマについて，資料分析や調査の方法を説明してゆきましょう。

（2）　「ミュージシャン」にこだわる

「音楽で卒論」の資料分析・調査にも，第Ⅰ部で西田先生が書いているように，「資料分析」（テクスト・言説分析）と「現地調査」（質問紙調査，インタビューや観察などのフィールドワークといった社会調査）という2つのアプローチがあります。卒論のテーマを「ミュージシャン」と決めた学生は，切り口（研究方法，アプローチ）についても合わせて考えたはずです。ミュージシャンを研究対象としてアプローチする方法には，「テクスト・言説分析」と「ファン調

査」の2つがあることはすでに述べました。「テクスト・言説分析」は「資料分析」,「ファン調査」は「現地調査」に当たります。

　まず,「テクスト・言説分析」について。ミュージシャン研究のテクストは,CDやDVDのような録音やパフォーマンス,音楽専門誌などの記事を分析してゆきますので,まずはこれらを一次資料として入手しましょう。テクスト分析では,自分がテーマに選んだミュージシャンの歌詞を分析します。手法は2通りあります。1つは本書の第2章にある「内容分析」です。たとえば,多くの歌から特定のキーワードを抜き出して使用頻度を調べるなど,量的な視点から考察します。もう1つは,文芸批評のように歌詞の意味を質的に追究するタイプで,歌詞に描かれる物語や人間関係などを考えます。歌詞研究は量的・質的双方からアプローチできるため,取り上げる歌の数が多い量的アプローチの方が社会科学のデータとしては説得力があると判断する研究者もいれば,特定のアーティストの代表曲を質的に掘り下げた方が時代背景をとらえるには有効だと考える研究者もいます。しかし,いささか専門的な議論なので,詳しくは省略します。[6]

　社会学系,メディア系の学部の研究としてポピュラー音楽の歌詞を取り上げる理由については,中京大学現代社会学部の加藤晴明先生のゼミナールでまとめた『メディア文化研究報告書第4号』(1999 & 2000,当時は社会学部)に,見田宗介(1978)による流行歌の歌詞分析にもとづいたJポップの歌詞分析の研究報告がヒントになります。ご覧いただければ,歌詞研究が自己と他者の問題,現代社会における都市の問題など,すぐれて社会学的なテーマを喚起することがわかるでしょう(media.sass.chukyo-u.ac.jp/kato/katoharu/semi-research/framemediareport.htmlで一部が閲覧可能です)。

　卒論に歌詞を引用する際には注意が必要です。時折,所定の字数を埋めるた

---

(6)　同様に,日本のポピュラー音楽の歌詞を分析する際,歌詞の内容が時代の心情を表している／表していない,という議論もあります。しかし,数千曲の歌詞を取り上げるにせよ,たった一曲の歌詞を取り上げるにせよ,市場に流通したパッケージを研究するわけですから,ヒットした曲／しなかった曲の差異も考慮に入れなければなりません。音楽産業の力学も視野に含める必要があるわけで,この点が美学的なテクスト研究とは異なってきます。宮台・石原・大塚(2007)や,雑誌『ユリイカ』(青土社)2003年6月号の特集「Jポップの詩学」なども参考にしてください。

めか大量の曲の歌詞を掲載し,自分で書いた本文の量をはるかに超えるケースが見受けられますが,これは避けてください。歌詞は一般に著作物とみなされており,研究で引用する場合には,本文の内容が主役で歌詞は脇役にとどまること,出典や引用範囲を明示する,といった著作権法上のルールを守らなければいけません。詳しくは,文化庁が解説資料をウェブサイトで紹介していますので通読をお勧めします。(7)

経歴の長いミュージシャンもいれば,短いミュージシャンもいます。「ビートルズ」のように解散したバンドであれば活動期間は限られていますから,アルバムを前期・中期・後期に区分して分析するなど,糸口は見つけやすいでしょう。現役ミュージシャンの場合は,どう区分するかが悩ましいですね。「X JAPAN」をテーマにした私のゼミ生は,アルバムごとに作品を紹介した後,YOSHIKI が作曲した曲と HIDE が作曲した曲に分けてそれぞれの特徴を分析しました(新美,2008)。活動時期や作風の変化はミュージシャンごとにケース

---

(7) 歌詞を卒論に引用するに当たって,次の点に留意してください。著作権法第32条には「公表された著作物は,引用して利用することができる。この場合において,その引用は,公正な慣行に合致するものであり,かつ,報道,批評,研究その他の引用の目的上正当な範囲内で行なわれるものでなければならない」とあります。卒論は「研究」に当たりますから,歌詞も「目的上正当な範囲内」であれば引用できるということになります。「正当な範囲」を判断する目安として,文化庁が「著作権なるほど質問箱」の著作権Q&Aで次のように回答しています(chosakuken.bunka.go.jp/naruhodo/answer.asp?Q_ID = 0000315, 2015年8月7日閲覧)。

Q. 歌詞の引用は,一節であっても引用が認められないと聞きましたが,本当ですか。
A. 引用の要件に合致するものであれば,必ずしも一節を超える(場合によっては全部の)引用が許されないものではないと考えられます。歌詞や楽曲の全体の長さや引用している分量の必要性などの点から個別具体的な検討を行った上で正当な引用であるか否かが判断されることになります。なお,適法な引用となるためには,[1]引用する資料等は既に公表されているものであること,[2]「公正な慣行」に合致すること,[3]報道,批評,研究などのための「正当な範囲内」であること,[4]引用部分とそれ以外の部分の「主従関係」が明確であること,[5]カギ括弧などにより「引用部分」が明確になっていること,[6]引用を行う必然性があること,[7]出所の明示が必要なこと(複製以外はその慣行があるとき)(第48条)の要件を満たすことが必要です(第32条第1項)。

(筆者注:第48条,第32条は著作権法の条文)

が違いますから，分析にあたっては，音源やパフォーマンスだけでなく，ミュージシャンやその楽曲について書かれた書籍や記事などを読むことも必要になります。

歌詞やパフォーマンスではなく，音楽専門誌に載っているミュージシャンのインタビューや評論を研究してみようという学生は，「言説分析」と呼ばれるアプローチで卒論を書くことになります。『MUSIC MAGAZINE』や『rockin' on』のような音楽専門誌で自分が選んだミュージシャンがどう評論されているかについて考察する，坂本龍一のメディアにおける発言を取り上げて論じる，などです。本書では第Ⅱ部第1章で難波先生が雑誌分析の手法を解説していますので，音楽雑誌の研究に役立ててください。言説分析では，ミュージシャンの楽曲やメッセージが社会の中でどう構築されているかを主に分析していきます。ジャーナリスト烏賀陽弘道さんの『Jポップの心象風景』(2005) は，桑田佳祐や「B'z」など8組のアーティストを取り上げた評論集ですが，ミュージシャンを言説分析する際の切り口を知る参考になるでしょう。この本は，取り上げるミュージシャンの「信者」でなくても，ミュージシャンに関する卒論は書けるということを教えてくれるはずです。

「ミュージシャン」の「ファン調査」は，卒論でも人気の「テーマ×切り口」です。ファン調査は，量的調査と呼ばれる質問紙調査と，質的調査と呼ばれるフィールドワークが一般的です。ファンがミュージシャンに寄せる思いを知るには，以前なら，音楽雑誌の投稿ページでファンの声を集める方法がありました。ファンクラブの会報を利用することも効果的でしょう。いまは，SNSでファンの投稿を分析することで，ファンの内面に迫れる場合もあります。私のゼミ生が書いた，志方あきこという同人音楽出身のミュージシャンについての卒論がその一例です。彼女は，ミクシィ内にある志方ファンのコミュニティに属する人が好む音楽の傾向を知るため，このコミュニティで他の人がすでに行っていた「好きな音楽」に関する質問の結果をデータ化し，志方以外にどんなミュージシャンが好きなのかを集計して分析しました。その結果，志方ファンが歌詞の内容よりも音の響きを重視すること，クラシック音楽が好きなこと，ゲームやアニメの主題歌として楽曲を提供しているアーティストが好きなこと，高音域を好むこと，などを明らかにしました（松田，2009，60〜65ページ）。

インターネット分析の手法は，本書の第Ⅱ部第4章を読んで学習してください。

関西大学の小川ゼミ（以下，関大・小川ゼミとします）の卒論でも，「Mr. Children」「椎名林檎」「ゆず」「Perfume」「東方神起」などがテーマになっています。切り口はさまざまで，歌詞やミュージックビデオ分析，雑誌などの言説分析をしたり，インタビューしてオリジナルデータを収集・分析したり，資料分析・社会調査を組み合わせたりしています。先行研究の質問紙調査の結果を利用して，選んだミュージシャンを好むリスナーの傾向を分析したものもあります。先行研究の調査結果を引用したことさえ明記すれば，自分でオリジナルデータを集めずに済ますこともできるのです。

オリジナルデータをとる場合は，早めの計画と実施が大切です。執筆に費やす時間を考えると，提出1カ月前に現地調査，というわけにはいきません。研究計画を練る段階で，どのようなファン論に仕上げたいのか詰めておき，そのために，ファンの何を調べるべきかを考えてデータを収集してください。漠然と調査をしても，そのミュージシャンのファン以外には意味をなさない分析結果に終わることもあります。他のミュージシャンのファン層に目を向けて比較することで，選んだミュージシャンのファンの特徴が浮かび上がることもあります。質問紙調査のような量的調査は，調査対象者選びにはじまり，調査票の作成，事前テスト（プリテスト），調査票の送付と回収，データ集計と分析，というように手間がかかります。量的調査の進め方は，本書の第Ⅱ部第3章を読んで流れをよく理解してください。質的調査の場合も，情報提供者（インフォーマント）との信頼関係（ラポール）を築けないと何ひとつ話してくれないこともありますから，質問紙調査以上に時間がかかる場合もあると覚悟してください。[8]

（3）「ジャンル」にこだわる

ジャンルの場合も，ミュージシャン研究と同様，言説分析とファン調査とい

---

(8) 質的調査，フィールドワークの手順や理念について知りたい方には，佐藤（2006）が入門書として読みやすいのでお勧めです。この書を読むと，なぜ質問紙調査以上に時間を要するのかが理解できるでしょう。

う2つのアプローチが主流です。ジャンルを代表する楽曲を取り上げる場合は，ミュージシャン研究のテクスト分析を参考にしてください。言説分析の場合は，音楽専門誌が格好の資料になります。音楽専門誌には，『MUSIC MAGAZINE』のように幅広いジャンルを扱う雑誌もあれば，『Cure』のようにヴィジュアル系をもっぱら取り扱うものもあります。雑誌研究をしたいのであれば，難波先生による本書の第Ⅱ部第1章「メディア史——雑誌をめぐって」を参照するのがよいでしょう。

　ここでも，社会調査にもとづくファン調査（量的・質的調査とも）の手法が使えます。関大・小川ゼミでは，ジャンル研究の卒論は「パンクは死んだのか？——英米パンク・ロックの変容とD.I.Y.精神」「ジャパニーズレゲエブームの研究」「新世代の沖縄ブーム——沖縄への入口としてのウチナー・ポップ」など多彩です。

　最近では，インターネットを駆使したジャンル研究の卒論も増えてきました。自分が好きなジャンルだからこそ見えてくる切り口もあるはずです。ジャンル研究は漠然としたテーマとなりやすいので，ほかの学生が思いつかないような思いきった切り口やデータ収集で，オリジナリティのある卒論に仕上げてください。音楽学者の川本聡胤さんは，J-POPを「セツナ系」「ビジュアル系」「四つ打ち系」「ボカロ系」の4つに分類しています（川本，2013）。そもそもこうした分類がいつごろから始まり，なぜこのようなジャンル名で呼ばれるようになったのかを探ることも興味を惹くでしょう。

（4）「ライブ」にこだわる

　「メディア文化」と「ライブ文化」は相反するように思えるでしょうが，ライブで活躍するミュージシャンも，録音媒体やインターネットといったメディアと無縁ではないでしょう。最近，デジタル・テクノロジーが発展するにつれて，逆に音楽を生で聴ける空間が見直され，国内でのライブシーンも盛り上がっています。ライブハウス，クラブ，音楽フェスティバル，コンサート，ストリート・ミュージックなど，ライブの場はさまざまですが，研究対象にするのであれば，ぜひ現地に出かけてオリジナルデータを集めてください。生ものであるライブを扱う以上，単なる資料分析では卒論に迫力が出ないでしょう。フ

ィールドワーク（オーディエンスへのインタビューや観察），パフォーマンスなどを分析することによって，説得力も出てくるというものです。もっとも，1969年に米国ニューヨーク州で開催された「ウッドストック」のような歴史的な野外フェスティバルを取り上げるには，録音や映像記録，文献といった資料の分析に頼るしかありません。

　関大・小川ゼミのライブ関係の卒論は，「沖縄音楽に魅了される人々――大阪の琉球フェスティバルをめぐって」「ロキノン系のライブにおけるパーソナル・スペースとノリ」(9)などです。いずれも現地でフィールドワークをしたうえで，文献，関係者やオーディエンスへのインタビューを組み合わせた意欲作です。中京大学・加藤ゼミの『メディア文化研究報告書　第6号』（2002）にも，「音楽空間とファンカルチャー」というテーマで，ロックフェスティバル，ライブハウス，クラブ，コンサート会場の空間とそれぞれのオーディエンスの関係を分析した研究報告が載っています（ウェブサイトのアドレスは，本書210ページを参照）。

　私のゼミでも，ライブにこだわって卒論を完成させた卒業生がいます。日本のライブ文化の現状を分析して未来予想図を描きたい，という目的で「ライブ・パフォーマンスに魅せられる人々」というタイトルの卒論をまとめた例では，「SEKAI NO OWARI」や「L'Arc〜en〜Ciel」といった人気アーティストのライブに自身で通った体験を生かし，音楽配信が隆盛した現代においてもファンがなぜわざわざライブ会場にまで足を運ぶのか，その理由をフィールドワーク（観察と聞き取り調査）により解き明かしました。人によりライブに通う目的は千差万別だからこそ，この先ライブがどう進化するか目が離せないと結論づけています（小暮，2015）。また，ライブにおけるミュージシャンのトークの特徴や，ミュージシャンのMCがライブの質全体に与える影響を分析したいという研究目標を設定した例では，浜崎あゆみのライブに実際に足を運んだうえで，ライブDVDをデータとして用いてMCをミクロに分析しました（北村，2013）。実はこの分析は「会話分析」という質的調査法を用いています。本章では紙数の関係で説明を省略しますが，ここではこうしたライブMCの

　（9）「ロキノン系」とは，『ROCKIN'ON JAPAN』で取り上げられるアーティストのこと。

第Ⅱ部　卒論のテーマ別アプローチ

会話分析が卒論では可能であることを指摘し，読者の皆さんのライブ研究に対するさらなる好奇心を刺激しておきたいと思います。

（5）「音楽産業」にこだわる

音楽産業研究は，卒論のテーマとしては少しハードルが高いかもしれません。音楽業界関係者への聞き取り調査など，インサイダーでなければ入手できない情報も欠かせないからです。対面調査を受けてもらうにはある程度コネクションも必要ですし，コネがない場合に正面から取材を申し込む場合でも，ビジネスレターを書く，調査意図を伝えるといった社会人相手のマナーが不可欠です。もちろん，資料分析だけで卒論を形づけることは可能ですから，関心のある学生は，レコード産業の歴史を主に制作面から記した生明俊雄さんの著作（2004）や，CCCD，違法コピー，音楽配信といったレコード産業をめぐるこの数十年の問題点を検証した津田大介さんの著作（2004），烏賀陽弘道さんの『Jポップとは何か――巨大化する音楽産業』（2005，書名がわかりやすいので説明不要でしょう）などを基本文献として読んでみて，関心テーマと切り口を絞り込んでいきましょう。専門書以外にも，官公庁や自治体，企業が発行している白書や報告書に載っている音楽産業関連のデータも資料分析の対象になります。「一般社団法人　日本レコード協会」のホームページ（www.riaj.or.jp）も参考になるでしょう。音楽産業もメディア産業のひとつですから，本書の第Ⅱ部第6章（メディア産業研究）で紹介されている映画産業研究のための資料収集や業界関係者への取材方法をほぼそのまま適用できます。

関大・小川ゼミの卒論には，資料分析による「日英米，音楽ビジネスの現状――日本人アーティストの海外戦略とは」があります。資料分析にCDショップ店員へのインタビューを交え，「日本レコード大賞の崩壊――日本最大級音楽メディア・イベントの変遷」という卒論を書いた学生もいます。

（6）「音楽と社会」にこだわる

「音楽と社会」の研究というと，ちょっと難しそうですが，このテーマを選んだ人こそ，音楽社会学の卒論の王道を歩むともいえる大胆な着想で実りある結論を生み出しています。最初に関大・小川ゼミの卒論集から，「音楽と社会」

をテーマにしたタイトルを列挙してみましょう。「J-POPの中の桜――桜ソングが売れた理由」「大阪弁ソングが伝えていること」「『聴かず嫌い』の研究」「クラシック音楽ブームの研究――ポピュラー音楽化するクラシック」「現代"オヤジバンド"の研究――音楽とポジティブに向き合う中高年男性」「吹奏楽とジェンダー――男性主体吹奏楽から女性主体吹奏楽へ」「フィギュアスケーターと音楽――一流スケーターと大学生スケーターの比較を通して」「サッカー選手と音楽」などです。テーマと切り口をうまく組み合わせると，自分にしか書けないオリジナル度の高い卒論が生まれそうですね。これまでに紹介した4つのテーマ（ミュージシャン，ジャンル，ライブ，音楽産業）も，社会的・文化的背景を絡めて考察していく点では音楽社会学なのですが，「音楽と社会」をテーマにする場合，社会現象として音楽文化を見ていこうとする傾向が強いのです。

　あらかじめ音楽社会学関連の文献を読んでおくと，テーマや切り口を設定するヒントになるでしょう。私のゼミで「少女のサブカルチャーと音楽」というテーマで卒論を書いた学生は，少女の持つ暗く残酷な思いを表現した音楽，マンガ，アニメ，ファッションといったサブカルチャーが，少女ファンに支持されていることに注目しました。そして，マンガやアニメのテクスト分析，椎名林檎，COCCO，「ALI PROJECT」の歌詞分析を通じて，「自傷型」「他傷型」「他人依存型」「自己陶酔型」という少女サブカルチャーの4パターンを抽出し，椎名林檎ら「少女アーティスト」が楽曲によって4パターンの少女像を演じ分け，少女ファンも自分の好み，状況や心情に合わせて音楽やサブカルチャーを選んでいることを明らかにしました（都築，2009）。特定のミュージシャンやジャンルにこだわらず，複数のミュージシャンを横断的に見たり，音楽とサブカルチャーの関係を考えたりするには，「音楽と社会」は格好のテーマなのです。

（7）「サウンドスケープ」にこだわる

　サウンドスケープ研究は，フィールドワークによるオリジナルデータが是非とも欲しいところです。中京大学の加藤ゼミは，雨音やスポーツ観戦のざわめきや音楽といった身近な音風景のフィールドワーク調査から音声メディアづくりに発展させたプロジェクトを報告しています。同ゼミの『メディア文化研究

第13号』(2008)(ウェブサイトのアドレスは,本書210ページを参照)はインターネット上で読むことができますので,手法など参照してください。とはいえ,フィールドワークの前に調査すべき音を考えなければなりませんので,サウンドスケープ研究関連の文献を読んで研究の背景を理解しておく必要があるでしょう。

先行研究は美学的アプローチによるものも多いので,音楽社会学の視点で書かれたものを選び分けることが大切です。美学的アプローチの場合,「芸術作品概念の解体」「聴取形態の変化」といった問題が論じられており,参考文献に社会学関連の書籍や論文が含まれていなければ,メディアで卒論を書く学生にはあまり参考にならないでしょう。それよりも,BGMの役割や効果,音楽の機能などに焦点を絞った社会学的な先行研究を探しましょう。

関大・小川ゼミの卒業論文集にも,「トイレの音消しは"いつ"生まれるのか?——誕生と学習」「カフェ音楽の研究——客と店を繋ぐ音楽」など,オリジナリティあふれるタイトルが並んでいます。「トイレの音消し」で卒論を書いた学生は,最初はこんなテーマで卒論を書いていいのかと悩んでいたそうですが,先行研究を見つけて題材の面白さに気づき,やってよかったと思えるようになったそうです。私のゼミにも,「結婚式のBGM」というテーマで卒論を書いた卒業生がいます。身近な音環境にヒントがたくさんあり,研究することで音や音楽の聴き方が大きく変わるのがサウンドスケープ研究の楽しさでしょう。

5　論文執筆に挑戦

(1)　一目瞭然なタイトルを

「テーマ」(研究対象)と「切り口」(アプローチ法)が決まり,資料収集や分析,現地調査が完了したら,いよいよ執筆です。まず,タイトルは思い浮かびましたか。どこの大学でも卒論本体を提出する前に,卒業研究をエントリーする書類を教務課に提出しなければならないでしょう。その時にはタイトルが要ります。ベストセラーのようなキャッチーなタイトルは必要はありません。それよりも,内容を明確に示すキーワードを入れることが重要です。「テーマ」

「切り口」がわかることばと，あともうひとつくらいのキーワードを入れてタイトルをつければ，将来，あなたの後輩があなたの卒論を読みたいと思った時にも便利です。つまり，「一目瞭然」なタイトルをつけることが大切なのです。

（2） 章立ては「逆ピラミッド型」で

卒論の構成は「逆ピラミッド型」がお勧めです。構成は「章立て」を考えながら組み立てていくのが一般ですが，第1章で書かれることが一番広い話題で，第2章，3章と進むにつれてしだいにピンポイントな内容へと深まっていく構成です。内容が「広く浅く」から「深く狭く」へと逆三角形（逆ピラミッド）を描くイメージです。具体的には，

第1章は，テーマに関連のある分野の総論を書く。
第2章は，テーマに絞り込んだ内容で研究対象の紹介がメイン。
第3章は，研究対象に迫るためのアプローチ法とデータ，資料について。
第4章は，第3章で述べたデータや資料の分析と考察。

となります。
たとえば，「椎名林檎」（テーマ）の「ファン」（アプローチ）について書くのであれば，次のように章立てしてみてはどうでしょうか。

第1章　Jポップについて
第2章　椎名林檎について
第3章　椎名林檎のファン調査の概要とデータ
第4章　調査結果の分析と考察

仮にこれを「椎名林檎のファン研究」と名づけてみましょう。3つのキーワードのうち，テーマ（椎名林檎）と切り口（ファン）はあっても，それをどう分析したのかがよくわかりません。3つ目のキーワード選びはなかなか難しいですが，「予想される研究結果」を導き出すために設定する作業仮説の重要語を入れるようにするといいでしょう。先ほどの例でいえば，「椎名林檎のファ

ンは年齢やジェンダーに偏りがあるのだろうか」という作業仮説のもとで調査を進めるなら，「椎名林檎のファン分布」などが考えられます。「椎名林檎のファンは，歌詞，サウンド，ファッション，ライフスタイルなどの要素のうち，どの点に大きく惹かれているのだろう」という作業仮説なら，「椎名林檎のファンが惹かれるもの」などになるでしょう。

　この章立ては，卒論を書き進めながら修正可能です。最初に決めた章立てでうまく書き進められない場合は，ゼミの先生と相談しながら適宜調整してゆきましょう。

（3）「目次」と「はじめに」が設計図

　私はゼミ生に，卒論構想のレジュメを「タイトル」「研究の動機と目的」「研究方法」「章立て」「参考文献」の5項目でまとめるよう指導しています。これが卒論全体の設計図になるからです。「タイトル」は卒論の表紙と背表紙に入れます。「研究の動機と目的」は「序章」（もしくは「はじめに」）の冒頭となります。「研究方法」も「序章」（もしくは「はじめに」）に入れます。「章立て」は「目次」に，「参考文献」は卒論本文の後に組み込みます。このようにレジュメを卒論設計図としてゼミでの発表ごとにきちんと作成しておけば，「まだ一行も書けてない」と焦ることもなくなり，就職活動中に面接で卒業研究について尋ねられてもあわてずにすみます。卒論設計図がきちんと書けていれば，テーマや切り口を自身のことばでしっかり説明できるからです。

● 「楽しむ心」を忘れずに

　本章では，音楽で卒論を書く際に必要となる「テーマ」と「切り口」の組み合わせについて解説しました。より鮮明なイメージを持ってもらうために，過去の卒論の具体例に紙数を割き，アプローチなど方法論の詳細についてはふれることができませんでした。「言説分析」「統計調査」「インターネット分析」については，それぞれ第Ⅱ部第2，3，4章を参照して学習してください。

　せっかく音楽を卒論のテーマに選んだなら，好きな音楽でも聴きながら楽しんで書いてほしいものです。締切間際に焦らないためには計画性を持った執筆が大事です。章立さえできれば，第1章から順を追って書いていく必要はあり

ません。まずは筆（キーボードを打つ作業）を止めないように。新しいページを書き出すのに躊躇するようなら，ゼミの先生に相談したり，テーマに関連した文献を読んだりして，発想を変えてみるとまた書けるようになります。

　デジタル化にともない，音楽をとりまく環境もここ数十年で激変しました。皆さんの柔らかい感性が，明日の日本の音楽文化を築いてゆくことでしょう。あなたの卒論がタブレットで広く読まれる日がくるかもしれません。卒論は，社会に出るための「名刺」のようなものです。「これが私」と，他者に自分のアイデンティティを示せる「自分らしい」卒論に仕上げてください。あなたの卒論が時代を超えた名曲のように，出身ゼミの「スタンダード」として長く読み継がれることを願っています。

謝辞

　関西大学社会学部の小川博司先生，中京大学現代社会学部の加藤晴明先生には，本章でポピュラー音楽研究ならびに音楽社会学関連の卒業論文やゼミ研究の報告書を紹介することをご快諾いただきました。記して感謝申し上げます。

さらなる学習のために

◆見田宗介　『近代日本の心情の歴史——流行歌の社会心理史』講談社学術文庫，1978年。
　社会学者による歌詞研究の古典。流行歌を通じて時代の心情をあぶり出しています。「怒り」「よろこび」「郷愁」といった歌詞モチーフの因子をあらかじめ設定し，明治元年から昭和38年までの流行歌451曲を分析しています。

◆南田勝也　『ロック・ミュージックの社会学』青弓社，2001年。
　演奏者や聴衆がロックに接する際，「アウトサイド」「アート」「エンターテイメント」という3つの指標で卓越しているかどうかを判断すると論じ，日本のロック文化を歴史的にも検証しました。

◆増田聡・谷口文和『音楽未来形――デジタル時代の音楽文化のゆくえ』洋泉社，2005年。

音楽の「過去」を扱うと思われがちな音楽学の立場から音楽の「現在」と「未来」の姿を考察するため，デジタル・テクノロジーや著作権システムを検証しながら音楽作品概念の変容を追った示唆的な書です。

◆毛利嘉孝『増補　ポピュラー音楽と資本主義』せりか書房，2012年。

ポピュラー音楽が発展した理由を，社会学，文化理論，音楽産業論などの観点からわかりやすく解説しています。ポピュラー音楽史を学びつつ，アドルノのポピュラー音楽批判など基本的な理論も知ることができます。

◆小泉恭子『音楽をまとう若者』勁草書房，2007年。

教室からコスプレ集会までの質的調査を通じ，日本の高校生が「好きな音楽」を三層構造で使い分けることを解明。「パーソナル・ミュージック」「コモン・ミュージック」「スタンダード」と名づけて体系化しました。

◆宮入恭平『ライブハウス文化論』青弓社，2008年。

東京のライブハウスと米国のミュージック・クラブを比較し，日本のライブハウスが出演者への券売ノルマを制度化する過程を追いつつ，ミュージシャンでもある著者のライフストーリーにもなっています。

●引用・参考文献

生明俊雄　『ポピュラー音楽は誰が作るのか――音楽産業の政治学』勁草書房，2004年。
井手口彰典　『ネットワーキング・ミュージッキング――参照の時代の音楽』勁草書房，2008年。
井手口彰典『同人音楽とその周辺――新世紀の振源をめぐる技術・制度・概念』青弓社，2012年。
烏賀陽弘道　『Jポップの心象風景』文春新書，2005年。
烏賀陽弘道　『Jポップとは何か――巨大化する音楽産業』岩波新書，2005年。
川本聡胤　『J-POPをつくる！／まねる，学ぶ，生み出す』Ferris Books 19．フェリ

ス女学院大学，2013 年．
北村桃子　「歌姫のライブ MC――会話分析による浜崎あゆみと Lady Gage の比較」
　　大妻女子大学社会情報学部社会生活情報学専攻平成 24 年度卒業論文，2013 年．
小暮梓紗　「ライブ・パフォーマンスに魅せられる人々」大妻女子大学社会情報学部
　　社会生活情報学専攻平成 26 年度卒業論文，2015 年．
佐藤郁哉　『フィールドワーク　増補版――書を持って街へ出よう』新曜社，2006 年．
津田大介　『だれが「音楽」を殺すのか？』翔泳社，2004 年．
都築かほり　「少女のサブカルチャーと音楽――闇に惹かれる少女たち」愛知教育大
　　学教育学部初等教育教員養成課程芸術系音楽専攻平成 20 年度卒業論文，2009 年．
新美順子　「X JAPAN の楽曲における音楽的特徴と歌詞の考察――メタルからバラー
　　ドまで」愛知教育大学教育学部初等教育教員養成課程芸術系音楽専攻平成 19 年
　　度卒業論文，2008 年．
増田聡　「『音楽のデジタル化』がもたらすもの」東谷護編『拡散する音楽文化をどう
　　とらえるか』勁草書房，2008 年．
松田千慧　「『同人音楽』における志方あきこの実験――パッケージの流通からファン
　　の受容まで」愛知教育大学教育学部初等教育教員養成課程芸術系音楽専攻平成 20
　　年度卒業論文，2009 年．
見田宗介　『近代日本の心情の歴史――流行歌の社会心理史』講談社学術文庫，1978
　　年．
三井徹編訳　『ポピュラー・ミュージック・スタディズ――人社学際の最前線』音楽
　　之友社，2005 年．
宮台真司・石原英樹・大塚明子　『増補　サブカルチャー神話解体――少女・音楽・
　　マンガ・性の変容と現在』（ちくま文庫）　筑摩書房，2007 年．
レヴィ，S.（上浦倫人訳）『iPod は何を変えたのか？』ソフトバンク・クリエイティブ，
　　2007 年．
Koizumi, Kyoko "An animated partnership : Joe Hisaishi's musical contributions to Hayao Miyazaki's films', in R. Coyle (ed.) *Drawn to Sound : Animation Film and Sonicity*, London : Equinox, 2010.

［小泉恭子］

第6章 メディア産業論
—— ギョーカイの実態とは ——

1 産業論の論文とは？

　さて，ここからご紹介させていただくのは，メディアを「産業論」という切り口から分析し，卒業論文をまとめてみようというものです。
　「産業論」という切り口は，これまでの大学生活の中では，あまりご縁のなかった方法かもしれません（経営学部，商学部系の方はウンザリしている？）。まずは，この「産業論」という分析手法についてお話したいと思います。

（1）産業論とは？
　「産業」という言葉を辞書で調べてみると，以下のように説明されています。

> 産業＝生活に必要な物的財貨および用役を生産する活動。農林漁業，鉱業，製造業，建設業，運輸・通信，商業，金融・保険・不動産業の総称（松村明監修，小学館国語辞典編集部『大辞泉　第二版』小学館，2012）

　抽象的すぎてよくわからない，という声が聞こえてきそうです。
　出版産業を例に取りましょう。出版社の主なお仕事は，創作者（小説家，漫画家，評論家など）が生みだした作品を「出版物（書籍や雑誌）」という形に取りまとめる（≒編集する）ことです。
　このようなお仕事を担っている出版社は世界中で相当数存在します（ちなみに日本では約3,500社あります）。それぞれの出版社が扱う作品のジャンルや形態（書籍か雑誌か）の違いはありますが，その企業がどうやってお金を稼ぐの

か，そのためにいくら使うのかといった基本的な部分は共通する部分も多くあります。また出版社や出版物が置かれている社会制度（法規制など）や技術革新（デジタル化，インターネット技術の進歩など），読者環境の変化（少子高齢化など）も，各社が対応を迫られる共通の課題でもあります。このように共通したコンテンツや収益モデルを採用し，ほぼ共通の市場環境における課題を持つ企業群（団体等も含む）が出版産業となります。

この産業を基本単位として，その産業が持つ特徴や課題への対応などを分析する手法を「産業論」と呼んでいます。

①3つの指標：「ヒト」「モノ」「おカネ」

産業論の手法を用いた論文の特徴は，産業の特徴や課題などを「定量的なデータ（数字）」で示す点にあります。その定量的なデータの切り口は，主に「ヒト」「モノ」「おカネ」という3つの指標を用います（**図Ⅱ-6-1**）。

劇映画産業を例にそれぞれの指標を具体的にみることにしましょう。

まず「ヒト」の指標には，「日本で劇映画作品を製作するスタッフの数は何人いるのか」「映画館では何人の人が働いているのか」などがあります。こうした指標をみることで，劇映画産業全体の規模感をつかむことができます。

また「おカネ」の面では，「去年一年間，日本国内で映画を上映したことでいくらお金を稼いだのか」「映画館の収入構造（何を誰に売ったことでいくら稼

第Ⅱ部　卒論のテーマ別アプローチ

図Ⅱ-6-2　「産業構造」とは？

	ヒト	モノ	カネ
製作(制作) 配給	製作スタッフ (従業員数)	製作本数 (配給本数)	製作費 (配給収入)
映画館 (小売)	映画館 従業員数	映画数 (座席数)	映画館の 収支(経営)
市場規模 (マーケット)	観客動員数	上映本数	興行収入

関連産業
ビデオソフト産業
放送（テレビ）産業
出版産業
音楽産業
‥‥etc

劇映画産業
↓
卒業論文のテーマ

いだのかなど)」などをみることで，「ヒト」の指標から得られた知見と似た部分，異なる部分が分析できるかもしれません。

②産業は「組み合わせ」でみる

　劇映画に関する「ヒト」「モノ」「おカネ」の問いを見直してみると，実は，劇映画作品が私たちの目に触れる前にいくつかの段階を経ていることがわかります（**図Ⅱ-6-2**）。
　(a)制作（製作）＝作品の「オリジナル」を制作（製作）するプロセスを担当するセクション。「ヒト」の視点でみると「劇映画作品の製作スタッフ数」が，「モノ」の視点でみると「劇映画作品の製作本数」などが当たります。
　(b)小売（興行）＝劇映画作品を上映して観客から入場料を取るセクション。「モノ」の視点でみると映画館数（スクリーン数），座席数などが当たります。劇映画ではオリジナルを複製し，各地の映画館に配る（配給と言います）プロセスが含まれる場合もあります。
　(c)市場規模＝劇映画作品が映画館等で鑑賞されたことによる市場（マーケット）の大きさ。「おカネ」の視点でみると観客が支払った入場料の合計（≒興行収入）などが当たります。

この3つの分類は,「作る」「売る(鑑賞させる)」「買う(鑑賞する)」(これに「配る」が加わる場合もあります)に分けて,それぞれの企業活動を数字でみようというものです。
　このように,劇映画産業はいくつもの段階を担当している産業(企業)によって構成されています。こうした関連産業の結びつきを「産業構造」といいます。産業論の論文では,みなさんが調べたいテーマが「産業構造のどこに位置づけられるのか」を知ることで,何の数字を調べればいいのかがわかります。

③産業と産業は密接に結びついている
　産業構造はひとつの産業の枠内に留まりません。私たちは劇映画作品をどこで鑑賞するでしょうか？もちろん映画館へ行けば作品を鑑賞できますが,でもそれだけではありません。劇映画の作品は,テレビで放送されていますし,レンタルビデオやインターネット上でも鑑賞することができます。ある作品とテーマとして取り上げた場合,そのほかの産業との関連性も深いのです。また劇映画の原作が小説や漫画等の場合には,出版産業(出版社など)も関係してきます。音楽のない劇映画の作品がほとんど存在しないことを考えれば,音楽産業との関連もみえてきます。

(2)「比べる」ことで変化がわかる
　ここまで「産業論」の視点から論文を書く場合に注意するポイントについて「ヒト」「モノ」「おカネ」の視点と,産業構造における位置づけが重要という

---

(1)　劇映画産業,制作(製作),小売(興行)において,多くの場合それぞれ別の企業が関与することになるので,それぞれのセクションにおける企業活動等を調べることになります。1つの企業で完結している場合は,当該企業の中でどのような部署が担当しているのかを調べることになります。
(2)　ある作品における複数のメディア展開(小説が原作の作品の場合,同作品のマンガ化→アニメ化(テレビアニメ/劇映画化)→実写ドラマ化など)は「コンテンツのマルチユース」と呼ばれる手法で,現在コンテンツ産業で幅広く活用されているビジネス手法です。こうした作品をベースとした研究を行う場合,その作品が展開されているメディア産業を一通り調べた後,そこで活用されている手法のうち特徴的なものについて分析するという段階を踏むことになります。

お話をしてきました。でもこれだけで十分とは言えません。

　私たちは，よく物事について語るときに，「…より大きい（多い）」「…より小さい（少ない）」などと表現します。これは，無意識的に（時には意識的に）あるものとあるものを比べ，その結果から「大きい（多い）」「小さい（少ない）」という判断を下しています。皆さんが直面している卒業論文の分量が「多い」（ある人にとっては少ない？）と感じるのは，これまでの学生生活の中で，原稿用紙100枚（＝4万字！）などというレポートや課題がほとんどなかったからかもしれません。ここで比べているのは，「過去の自分の執筆枚数（1つの課題当たり）」と，「卒業論文の枚数」を比べたことで得られた評価（感想）になります。

　産業論の論文も同様の比較をすることで現状（ないしは過去や将来展望）の位置づけをすることが可能です。

(a) 時系列分析＝テーマとした産業（企業，作品等）について，現在から年代をさかのぼって比較する方法です。現在の数値が「増えている」のか「減っている」のかを見るのに適しています。

(b) 産業間（企業間）分析＝似たようなビジネス（事業）を行っている産業や企業を比較する方法です。テーマとした産業（企業）について「規模が大きい」「規模が小さい」を見るのに適しています。

(c) 国際比較＝海外で似たようなビジネスを行っている産業（企業）と日本の産業（企業）とを比較する方法です。グローバル化が進展する中で，日本の産業や企業の位置づけや特徴をみるのに適しています[3]。

　ここで注意しなければならないのは，テーマとした産業（企業，作品等）は，人口や所得（デモグラフィック要因と呼ばれます），社会制度，技術革新など背景となる社会全体の影響も大きく受けているという点です[4]。

　例えば日本の映画興行収入（≒映画館で支払った入場料収入の合計）は，約60年前の4倍になっていますが，逆に観客動員数は約1／5に減少しています。

---

(3) 国際比較を行う場合には，日本側で用いる資料と調査相手国（複数の場合もあります）で用いる資料との間で，調査年や調査制度，調査範囲などの問題から単純に比較できないものがあります。そうした場合には，資料の扱いに十分注意したうえで，比較から分析を行うことが必要になります。

これは現在の映画館の入場料金が60年前よりも大幅に高い,すなわち物価水準が異なることに起因することも考慮しなければならない,ということです。

2 「数字」を調べて分析する

ここからは,メディアを産業論という視点から卒業論文を書き進めていく具体的な流れ(プロセス)についてお話していきたいと思います。

今回はGさんの卒論テーマ案を見てみましょう。

① 卒論テーマ:劇映画産業におけるアニメ作品の影響
② 研究の目的:「崖の上のポニョ」「風立ちぬ」など宮﨑駿監督作品のアニメーション映画は,日本映画の中で多くの観客を動員する作品が多い。いわゆる「宮﨑アニメ」[5]は,映画産業の中でどのような影響力を持っているのか研究したい。
③ 研究の方法:「宮﨑アニメ」に関するデータを集め,影響力の要因を探る。

Gさんは,F先生からの的確なアドバイスもあり,非常に具体的な卒論のテーマを想定しています。「『宮﨑アニメ』の定義」や「影響」という言葉をもう少し具体的にすれば,産業論の手法を使うことで先生から高い評価をいただける論文になりそうです。

図Ⅱ-6-3は,産業論による論文執筆の流れを簡単にまとめたものです。産業論で論文を書く場合に必要な日数は,テーマが決定してから,資料収集に約

---

(4) 例えば音楽産業を見る場合,時系列的にみると1990年代半ばをピークとしてCDの生産枚数や生産金額は大きく減少しています。その一方で技術革新に伴い,電子データを活用したインターネット上での音楽コンテンツ取引(Apple Music等)によって置き換えられている部分もあります。「CDが売れなくなったことで誰が困っているのか(困っていないのか)」というテーマであれば,こうした視点を意識しつつ,音楽を巡るメディア環境全体を見通したうえで,音楽産業について分析することが必要になります。

(5) 一般的に「宮﨑アニメ」と交渉された場合,「スタジオジブリ製作のアニメーション作品」を指す場合もありますので,このテーマでは「宮﨑アニメ」の定義が必要になります。定義は一般的な辞書等を引用してもかまいませんし,自分自身のフレームを設定することも可能です。その場合には「本論文で用いる「宮﨑アニメ」とは宮崎駿監督による劇映画作品とする」等の注釈が必要になります。

第Ⅱ部　卒論のテーマ別アプローチ

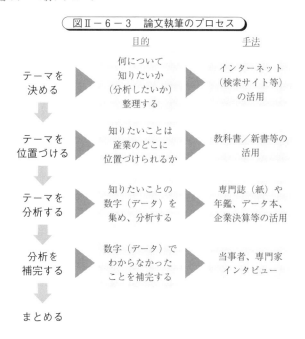

1か月，分析〜執筆に約2〜3週間，推敲に1週間程度が標準です。ですので，論文提出の締め切りから最低でも2か月前には執筆態勢を整えておく必要があります。論文内容を補完するためにインタビュー取材を実施する場合には，さらに1か月程度必要になります。

（1）「マクロ」と「ミクロ」のアプローチ

基本的に産業論の論文を書き進めるプロセスは，他の方法論（内容分析やアンケート調査，メディア史など）と大きな違いはありません。あえて産業論の特徴として挙げるならば，皆さんが選んだテーマと，その産業（企業や作品でもOK）に関係する「数字」をどう位置付ける（＝意味づける）か，という点です。位置づけを知るために，どういう角度からその「数字」を見ていくのかということが必要になります。これを「アプローチ」といいます。

皆さんが選んだテーマを産業論の視点から論文を書き進めていく場合，2つのアプローチの方法があります。ひとつは「マクロ的なアプローチ」と呼ばれ

る手法，もうひとつは「ミクロ的なアプローチ」と呼ばれる手法です。

マクロ的なアプローチとは，あるテーマを産業全体（日本全体）から位置づけるという方法です。Ｇさんのテーマ案で言うと，他の作品を含めた映画産業全体（日本でも世界でもかまいません）からみると，「宮﨑アニメ」はどう位置付けられるのか（観客動員数や興行収入など）というアプローチです。

ミクロ的なアプローチとは，あるテーマを細かく分析してその特徴を導き出すという方法です。Ｇさんのテーマ案では，「宮﨑アニメ」の中で具体的な作品をひとつ選び，そのビジネス展開（製作委員会の組織分析，メディア展開など）について特徴を分析するというものです。

それぞれの特徴を言えば，マクロ的なアプローチはデータ分析中心，ミクロ的なアプローチはインタビュー中心になります。この２つのアプローチに優劣はありません。ただし，マクロ的なアプローチはテーマとして扱う産業や企業の歴史的経緯，ミクロ的なアプローチはアンケート調査など他の手法で補完することが必要になる場合があります[7]。

ちなみにＧさんは「映画産業における」という視点を大事にしたいということで，マクロ的なアプローチからテーマに取り組んでいくことになりました。

（２） インターネットを使ってみる

テーマとアプローチが決まりました。いよいよ卒業論文を書き進めていきましょう！とはいえ，いきなりワープロソフトの新規画面（はたまた古風に原稿用紙？）を目の前にしてしまうと，頭が真っ白になってしまうものです。先延

---

(6) ミクロ的なアプローチの場合，自分自身が行うインタビュー以外でも専門紙や業界誌に掲載されているインタビュー記事，当該作品に携わった方が執筆された書籍などの記述も非常に重要な情報です。こうした情報の積み重ねから全体を見通すことになることになりますので，個々の記事は断片的な情報であっても，数多く集めていくことが必要になります。

(7) 「マクロ的なアプローチ」でも，「ミクロ的なアプローチ」でも，もちろん相互補完が必要になる場合もあります。特にミクロ的なアプローチの場合には「なぜその作品を題材として取り上げたのか」という疑問に応えるためにマクロ面からの検証もある程度必要になります。「自分がその作品が好きだから」というのは，卒業論文の質疑応答としては"不適切な回答"になります。

ばしにしても・・・残念ながら締め切りは待ってくれません。

　皆さんにとって，インターネットは，コミュニケーションツールとしてのSNSや音楽，動画，電子書籍などのコンテンツを楽しむメディアとして毎日活用されていることでしょう。

　こうした使い方ももちろんですが，卒業論文を書き進めていく上でも，インターネットは非常に有用なメディアです。もはやインターネットなしでは卒業論文を書き進めることは不可能といっても過言ではないかもしれません（特に産業論の論文では）。なぜなら，インターネット上は資料やデータの倉庫として多くの人々が活用しており，インターネット上にしか存在していないデータも多くあるためです。いわばインターネットは「情報の宝庫」です。

　宝探しの第一歩，それは「検索サイト」の活用です。皆さんも普段の生活で「気になったこと」「知りたいこと」を調べる手段として，Googleなどの検索サイトをよく利用されることでしょう。卒業論文も同じことです！ある程度絞り込めたテーマに関するキーワードをどんどん検索サイトで調べてみましょう。

　検索サイトでキーワードを入力すると，ニュース記事からデータの掲載サイト，書籍情報（教科書や専門書，新書など），SNS，ブログ，はたまたまとめサイトの記事までさまざまな情報が検索結果として表示されることでしょう。

　その中で気になった情報（記事やデータなど）は，「ブックマーク」していきましょう[8]。後で読もうと思う時には非常に便利な機能です。インターネットは一期一会の世界。検索結果は常に変化するものということを覚えておきましょう。

（3）　インターネットの「情報」は鵜呑みにしない

　検索サイトでキーワードを調べていくと，多くのサイトでさまざまな情報が引用されています。「インターネットは便利だなぁ」と思い知らされる瞬間で

---

(8)　インターネット上の情報については，ブックマークももちろんですが，アクセス日時も貴重な情報です。当該サイトやサイト上の情報等が消去されてしまった場合でも，「何年何月何日に自分が確認した」ことを証明することになります。ただし卒業論文提出前にその情報が消去されていることが確認できた場合には，速やかに別の出典元に変更したほうが卒業論文の「信頼性向上」につながります。

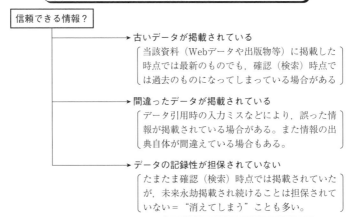

　す。そのままその情報を使って論文を書き進めていけば意外と簡単に終えられるかも…, なんて思えてくるかもしれません。ただ, ちょっと待ってください。その情報, ホントに正しいものでしょうか?

　さきほどお話させていただいたように, インターネットは資料や数字（データ）など「情報の宝箱」です。ただこの宝箱, ときどき「まがい物＝信頼性の低い情報」が混ざっています。

　気をつける点は主に3つあります。

(a)古い情報が掲載されている。

(b)間違った情報が掲載されている。

(c)情報の記録性が担保されていない。

　まず(b)は論外です。これは意図的に間違えているという悪意に基づくものだけではありません。単純に写し間違えたものかもしれません。よく間違えるミスとしては, 数字の単位（本当は"億円"のところを"百万円"と間違えるなど）があります。

　(a)は, 情報は正確なのですが,「今の状況」を見るためには信頼性の低い数字ということになります。メディア環境が大きく動いている中で, 10年前の

情報だけで「今を語る」力はほとんどないといっていいでしょう。[9]

(c)はインターネット特有の条件です。書籍や雑誌などでは，いきなり情報が消えてしまうことはありませんが，インターネットではさまざまな事情から情報が消えてしまう場合があります。皆さんの研究を評価する人が見たときにその情報が消失していては元も子もありません。

ブログやSNS，ネットニュース記事などで用いられている情報は，その筆者が自分の意見を述べるために必要な数字やデータなどの情報を使っています。ですから，皆さんが本当に必要な情報と完全に一致するものではありません。あくまで「二次資料」として用いられているものですから，やはり「一次資料」である原典（＝データ出典元）にしっかりと当たる必要があります。

原典は，ニュース記事などの「○○によると…」に注目してみるとわかる場合があります。○○の部分を検索サイトに入れてみてください。そこには記事では紹介されていない真の「お宝データ」が眠っているかもしれません。

（4） 産業論でよく使うデータは？

インターネットで調べた資料や数字（データ）の信頼性にバラツキがあるのならば，信頼性の高い「お宝」はどこにあるのでしょうか？これは皆さんが卒業論文を書こうと思っているテーマによって違いがあります。「皆さん全員に共通する」お宝は，実はほとんどありません。

そうはいっても，「お宝」の確率が高い数字（データ）がどこにあるのかという点で共通性があります。キーワードは「誰が調べたのか」「何を調べたのか」です。

〔誰が調べたのか（調査主体）〕
 (a)政府（行政）が調べた調査結果（データ）
 (b)業界団体が調べた調査結果（データ）

---

(9) 歴史的なアプローチで論文を執筆する場合や，時系列的なアプローチで現在をみる場合には，過去のデータが必要になります。ただしインターネットの普及状況や行政機関や企業がインターネット上での情報公開を積極的に始めたのは1990年代後半からであることを注意する必要があります。それ以前のデータ等については，インターネット以外での情報入手が必要になります。

図Ⅱ-6-5　産業論でよく用いられる調査

誰が調べたのか（調査主体）	政府機関による調査
	政府機関（内閣府や総務省，経済産業省など）による調査。信頼性は高い。調査によっては毎年実施しないもの（3年に1度など）もあるため，直近の状況を反映していない場合もある。
	業界団体による調査
	当該産業を構成する企業等によって作られた「業界団体」による調査。当該産業全体を把握する際に有効。信頼性は比較的高いが，調査対象企業の捕捉率（当該産業を構成する企業のうち，何％が調査に回答したか等）によって信頼性が上下する。
	企業による調査
	当該産業を構成する企業が独自に行った調査。「シンクタンク」と呼ばれる専門調査機関による調査も含まれる。業界団体が整備されていない業界に関するデータや，利用者動向など参考になる点も多いが，調査手法や調査の継続性等で信頼性，有用性が上下する。

何を調べたのか（調査内容）	産業調査（企業調査）
	当該産業全体や産業を構成する企業に関するデータの調査。産業全体の売り上げなどを示す「市場規模」や，当該産業に従事する従業員数，各社の決算動向（売上高等）などがわかる。
	利用者調査
	国民全体の生活行動（メディア利用を含む）や，当該メディアの利用者像（性別／年齢別等），利用状況（利用時間，場所，金額等）などを明らかにする調査。過去1年間のヒットランキングなどがわかる。

(c)企業が調べた調査結果（データ）

〔何を調べたのか（調査内容）〕

(a)産業調査（企業調査）

(b)利用者調査（ユーザー調査）

「誰が調べたのか」を知ることで，皆さんがそのデータを調べる相手（検索サイトで検索する相手）がわかります。マクロ的な視点では業界団体の調査を中心に，政府機関（行政）のデータや企業が調べた調査を組み合わせることが基本になります。

「何を調べたのか」は，その商品やサービスを提供する側（供給サイドなどと言われます）に関する調査を「産業調査（企業調査）」と呼びます。一方で，そ

の商品やサービスを利用する側（需要サイドなどといわれます）である利用者に関する調査は「利用者調査（ユーザー調査）」などと呼んでいます。

（5） 新聞や雑誌を活用する

インターネットで検索してみると，膨大な量のニュースや記事を探すことができました。でも，よく読んでみると，あまり中身のない情報ばかりでがっかり，ということも少なくありません。

①新聞・雑誌記事も「検索」を活用しよう

そのような場合には，新聞記事や雑誌記事を探してみましょう。ただ，いきなり新聞を広げて読んでみても，なかなか必要な記事にはたどり着けないものです。そのような時は，新聞社のデータベースを活用してみると手間と時間が省けます。新聞社のデータベースは，皆さん個人で契約して，記事を購入することも可能ですが，意外とお金がかかります。そこで，皆さんの大学図書館や地元の公立図書館でこうしたデータベースを活用してみることをお勧めします。

また雑誌記事については，**6時間目**で西田先生からご紹介いただいた「Google Scholar」（http://scholar.google.co.jp/）で雑誌記事のタイトル及び著者等を検索した後，公共図書館や大学図書館などで実際の記事を探してみましょう。雑誌全般の記事データベースとしては，公益財団法人大宅壮一文庫の雑誌記事索引（http://www.oya-bunko.or.jp/magazine/for_index/tabid/85/Default.aspx#）の利用もお勧めします。

②最新情報は「専門紙（業界誌）」で探してみよう

最近では一般紙やテレビなどでもメディア，コンテンツに関するニュースが

---

(10) 政府実施の調査結果は「政府統計の総合窓口（e-Stat）」（http://www.stat.go.jp/info/guide/public/kouhou/estat.htm）の利用をお勧めします。その際，各メディア産業の所管官庁（放送・通信＝総務省／劇映画・マンガ・アニメ等＝経済産業省）の事業者調査や調査報告書等も合わせて参考にするとよいでしょう。海外のメディア事業については，NHK放送文化研究所のホームページや，日本貿易振興機構（JETRO）等に掲載されている調査報告書などが参考になります。

6 メディア産業論——ギョーカイの実態とは

図Ⅱ-6-6　メディア関連の主な専門紙・専門誌

≪主なメディア関連の専門紙≫ （ ）内は主なカバー分野
・文化通信社『文化通信』（新聞，出版，放送）
・日本新聞協会『新聞協会報』（新聞，放送）
・日本民間放送連盟『民間放送』（放送）
・映像新聞社『映像新聞』（放送，映像メディア）
・電通『電通報』（広告）

≪主なメディア関連の専門誌≫
・出版ニュース社『出版ニュース』（出版）
・出版科学研究所『出版月報』（出版）
・日本新聞協会『新聞研究』（新聞）
・NHK出版『放送研究と調査』（放送）
・NHK出版『放送文化』（放送）
・日本民間放送連盟『月刊民放』（放送）
・放送ジャーナル社『月刊放送ジャーナル』（放送）
・サテマガBI『月刊B-Maga』（衛星放送）
・文化通信社『文化通信ジャーナル』（劇映画，映像メディア）
・キネマ旬報社『キネマ旬報』（劇映画，映像メディア）
・日経ニューメディア『日経コミュニケーション』（電気通信，インターネット）
・創出版『創』（メディア全般）

数多く掲載（放送）されるようになってきましたが，やはり専門的な情報については，メディアやコンテンツに専門特化した「専門紙（業界誌）」を探してみるのが得策です（モチは餅屋といいますし…）。主なメディア・コンテンツ関連の専門紙（業界誌）を図Ⅱ-6-6にまとめました。雑誌記事のデータベースなどでヒットした論文のいくつかはこうした専門紙（業界誌）に掲載されたものです。[11]

　専門紙（業界誌）で情報を探すメリットは大きく2つあります。ひとつは，一般紙などに掲載されることが少ない企業データやコンテンツに関するデータ

---

[11]　ご紹介した専門紙・業界誌のうち，インターネット上で情報が閲覧可能なものもあります。一例としては，NHK放送文化研究所『放送研究と調査』（http://www.nhk.or.jp/bunken/book/index.html）では一部記事を閲読することができます。また㈱電通『電通報』（http://dentsu-ho.com/）では，同紙掲載記事に加え，webオリジナルのコラム等を読むこともできます。なお一部のwebサイトでは会員登録（無料／有料問わず）が必要な場合もあります。

の裏付けが比較的多く掲載されていること,もうひとつは,企業や業界側からの視点からの分析が多く掲載されている点にあります。

③ケーススタディは「ケース本」で探してみよう

　特定のテーマが決まっている場合には,もうひとつ有効な資料があります。いわゆる「ケース本」と呼ばれるものです。

　「ケース本」は,実際にそのメディアやコンテンツの制作,流通及びプロモーションなどに関わった人が,そこでの経験などをまとめた書籍です(雑誌の特集記事の場合もあります)。書籍データベースで,特定のテーマをキーワードとして検索し,ヒットした書籍の多くはこれに当たります。[12]

　「ケース本」を活用するメリットは,当事者でしか知りえないデータや情報,その他ノウハウが掲載されている点です。本来ならインタビューが必要な情報が,こうした書籍等を活用することで時間と手間が省けます。また既に担当者にインタビューを行うことが困難な場合も,こうした書籍を活用することで補完することが可能となります。

（6）　上手なデータの集め方

　産業論でよく用いられるデータについてお話をしましたが,改めて検索サイトで調べてみると,その分量が膨大かつ数字の羅列にうんざりしてしまうこともあるかもしれません。「それこそ一次資料」とも言えなくもないのですが,何かいい手はないものでしょうか。

①「データ本」の活用

　そんなときに手助けになるのが,「データ本」と呼ばれる白書や年鑑などの

---

(12)　「テーマ本」を探すためにはインターネット上での検索ももちろん有効ですが,実際に比較的規模の大きな書店のビジネス本コーナーに出かけてみるのもお勧めします。「○○（作品）に隠されたスゴい仕掛け」「○○業界の隠された危機」など,劇映画やテレビ放送,アニメ,ゲームなどの事例を基にしたビジネスノウハウを紹介する書籍等の中にヒントとなる情報が記述されている場合があります。必要な情報が掲載されていることが確認できたら,必ず購入して手元に置いておきましょう。情報は「一期一会」です。

6 メディア産業論──ギョーカイの実態とは

表Ⅱ-6-1 メディアデータが掲載されている主なデータ本

	データ本
マクロ統計	総務省『日本の統計』『世界の統計』
メディア全般	電通 電通総研『情報メディア白書』 デジタルコンテンツ協会『デジタルコンテンツ白書』
ユーザー	NHK放送文化研究所『国民生活時間調査』 日本生産性本部『レジャー白書』
放送	日本放送協会『NHK年鑑』 日本民間放送連盟『日本民間放送年鑑』
出版	出版ニュース社『出版年鑑』 全国出版協会 出版科学研究所『出版指標年報』
劇映画	時事映画通信社『映画年鑑』
音楽（ビデオソフト）	オリコン・エンタテインメント『オリコン年鑑』
ゲーム	コンピュータエンターテイメント協会『ゲーム白書』
電気通信全般	総務省『情報通信白書』
インターネット	インプレスR&D『インターネット白書』
モバイル	インプレスR&D『ケータイ白書』
広告	電通『電通広告年鑑』 日経広告研究所『広告白書』

出版物です。データ本は，ある特定のテーマに沿ったいろいろな調査結果や，データ本の発行社（出版社）自体が独自に調査をしたデータを1冊にまとめているため，ある業界の調査を包括的に知るときには便利な存在です。検索サイトなどで拾うことができなかったデータなども，こうしたデータ本の中に引用の形で掲載されていることもあります。皆さんの調べたいテーマを芋づる式に探すためには，こうしたデータ本の出典をたどっていくことで，さらに深いデータと出会うことができます。

また多くのデータ本は，その産業に関する過去1年間のトピックスを特集記事などの形でまとめています。皆さんのテーマがこうした特集記事で取り上げられていれば，論文を書き進める上で参考になる資料やデータがまとめて掲載されているかもしれません。

メディア産業に特化したデータ本（マクロ統計は除きます）を**表Ⅱ-6-1**にまとめてみました。多くのデータ本が1年に1回発行していますので，可能な

限り最新のものをみることが必要です。もし時系列的な比較を行うテーマであれば，こうした年鑑を数年分（〜十数年分。データ本によっては50年以上さかのぼることができるものもあります）集め，そこからデータを拾うことで比較が容易になります。

②「データ本」はどこにある？

　ここでご紹介したデータ本の多くは，大学図書館や比較的規模の大きな各地の公共図書館（都道府県立図書館等）などに取り揃えられています。各大学図書館や規模の大きな公立図書館では，オンラインの蔵書検索システムを活用すると非常に効率的です。また各大学図書館の検索システムは大学内だけではなく，自宅等での利用も可能なシステムが増えていますので，必要に応じて活用してください。

　ただ全てのデータ本が皆さんの大学図書館や近隣の公立図書館にあるわけではありません。最近のオンライン蔵書検索システムでは，皆さんの大学図書館だけではなく，全国の主要大学図書館の蔵書データとも連動しているので，探している本が別の大学図書館や公立図書館に所蔵されている場合もあります。その場合は，ぜひとも他の大学図書館などを利用してください。他大学図書館を利用する場合にあらかじめ紹介状等が必要な場合がありますので，詳しくは，皆さんの大学図書館のレファレンス・カウンターなどで相談してください。

（7）　業界団体はデータの宝庫

　これまでにも何度かご紹介した業界団体は，産業論の論文を書き進める上では非常に重要なデータを多く持っている組織（団体）です。

　業界団体は，ある産業に関連する企業が集まって構成されている組織のことを言います。社会と産業全体の問題を共有し，政治や行政と交渉したり，業界内での問題を解決したりするための組織であると同時に，自らの業界がメディア産業の中でどう位置付けられているのかなどの問題意識から多くの産業調査や利用者調査を行っています。

　こうして得られた調査データは，業界団体の名のもとに調査を行うため，回答率も高く，非常に信頼性の高いデータです。産業論の論文を書き進める上で，

6 メディア産業論——ギョーカイの実態とは

表Ⅱ-6-2 主なメディアの業界団体

	業界団体
新　　聞	日本新聞協会（http://www.pressnet.or.jp/）
放　　送	日本民間放送連盟（http://www.j-ba.or.jp/） 衛星放送協会（http://www.eiseihoso.org/）
出　　版	日本書籍出版協会（http://www.jbpa.or.jp/） 日本雑誌協会（http://www.j-magazine.or.jp/）
音　　楽	日本レコード協会（http://www.riaj.or.jp/）
劇映画・ビデオソフト	日本映画製作者連盟（http://www.eiren.org/） 日本映像ソフト協会（http://www.jva-net.or.jp/）
ゲーム	コンピュータエンターテインメント協会（http://www.cesa.or.jp/）
電気通信（インフラ等）	電気通信事業者協会（http://www.tca.or.jp）
ネットコンテンツ	デジタルコンテンツ協会（http://www.dcaj.org/） モバイルコンテンツフォーラム（http://www.mcf.to/mcf.html）
広　　告	日本アドバタイザーズ協会（http://www.jaa.or.jp/） 日本広告業協会（http://www.jaaa.ne.jp/）

業界団体のデータを大いに活用してください。

　業界団体が調査したデータは，業界団体のホームページに「調査データ」「統計資料」などの形で掲載されています（全てではありませんが）。Gさんの場合，テーマとしている映画産業の業界団体である「日本映画製作者連盟」の「産業統計」がこれに当たります。ここでは，日本の映画に関する産業データ（観客動員数，興行収入，公開本数など）が1955年（50年以上前！）から掲載されています。また1980年からは配給収入（2000年以降は興行収入）上位の作品と，それぞれの収入額が掲載されています。「宮﨑アニメ」をテーマとするGさんには非常に参考になりそうですね。

　業界団体は，機関紙（機関誌）と呼ばれる業界専門紙（専門誌）を発行している団体もあります[13]。こうした新聞や雑誌は，その業界のトピックスを知る上で非常に便利なものです。こちらも大学図書館や規模の大きな公共図書館で購入しているものもありますので，是非とも活用してください。

表Ⅱ-6-3　劇映画及び関連産業の資料シートの例

	産業調査（企業統計）	利用者調査
政府機関による調査	特定サービス産業実態調査 特定サービス産業動態調査 《経済産業省》 「コンテンツ市場の実態調査」 《日本貿易振興機構（JETRO）》	「家計調査年報」 《総務省》 「レジャー白書」 《日本生産性本部》
業界団体による調査	日本映画産業統計 《日本映画製作者連盟》 外画概況 《外国映画輸入配給協会》 「統計調査報告書」 「ビデオレンタル店実態調査」 《日本映像ソフト協会》	日本映画産業統計 《日本映画製作者連盟》 DVDユーザー調査 《日本映像ソフト協会》
企業による調査	「キネマ旬報」 《キネマ旬報社》 「映画年鑑」「映画館名簿」 《時事映画通信社》 「日刊レコード特信」 《レコード特信出版社》 「オリコン年鑑」 《オリコン・エンタテインメント》 「有価証券報告書」 《各社》	国民生活時間調査 《NHK放送文化研究所》 「ACR」「MCR」 《ビデオリサーチ》 生活者情報メディア利用調査 《電通　電通総研》

（注）　＜　＞内は調査主体。
（出典）　電通「情報メディア白書」掲載データをもとに筆者作成。

（8）　作品のデータは「企業データ」を活用しよう

　ここまではマクロ的なアプローチから産業論の卒論を書き進める場合の資料，データについてお話してきましたが，ミクロ的なアプローチをする場合の資料，データについてもお話しましょう。

　作品に関する論文を書く場合は，もちろんテーマとした作品のデータが公表されていれば問題ないのですが，実はそのようなケースは非常に稀です。その

---

(13)　全国紙・地方紙と一部業界紙の業界団体である日本新聞協会は，『新聞研究』（月刊誌）と『新聞協会報』（週刊紙）を発行しています。コミュニティラジオを除く地上放送局（テレビ，ラジオ）及び一部衛星放送局が加盟している日本民間放送連盟も『月刊民放』（月刊誌）『民間放送』（月3回刊）を発行しています。いずれも皆さん自身で購入することも可能です。

中でも信頼性が高く，比較的詳細なデータが掲載されているものに，その作品を担当した企業のデータを活用する手があります。その企業が上場している場合，有価証券報告書や株主説明会での配布資料などが，当該企業のホームページなどに掲載されています。その中に作品に関するデータが紹介されているケースがあります。

（9）　資料シートを作る

これまでさまざまな資料やデータの探し方についてお話してきました。これは資料やデータの集め方がその論文の評価を左右するといっても言い過ぎではないためです。信頼性の高いデータを集め，選別すること。その中でテーマに沿った形で比較し，検証することが，皆さんの卒業論文を評価するポイントのひとつとなります。その際に資料やデータの不足がないか確認するために「資料シート」の作成をお勧めします。

3　卒論の完成度を高めよう

卒業論文を書き進めるためのデータも集まってきました。いよいよ仕上げの段階です。ここまでの段階で「締め切りまであと1週間しかない！」などとい

---

(14)　有価証券報告書は金融商品取引法で規定されている事業年度ごとに作成する，当該企業会計内容に関する外部への開示資料です。東京証券取引所などの金融証券取引所で株式公開している企業などには提出義務があり，内容に虚偽記載があると金融商品取引法違反（刑事罰となる判例もあります）となり，各証券取引所等の上場廃止基準に該当してしまうため，非常に信頼度の高い情報が掲載されています。なおすべての会社に有価証券報告書の提出義務はないので，調べたい会社が同報告書を公開しているか調べる必要があります。その際は「金融商品取引法に基づく有価証券報告書等の開示書類に関する電子開示システム（EDINET）」（http://disclosure.edinet-fsa.go.jp/）で検索してみてください。

(15)　有価証券報告書や株主説明会資料ではさまざまな情報が記載されています。当該企業全体の売上高や利益の推移などを知りたいときは「企業の概要」を，当該企業の業務（映像コンテンツの制作など）の売上高や製作本数などの業績を知りたいときには，「事業の状況」を，当該会社の株主を知りたいときには「提出会社の状況」を参照してください。

う緊急事態が発生していれば，ここからはもう読む必要はありません！一刻も早く資料やデータをまとめ，先生とご相談してください。

　もし，提出までもう少し時間があるという場合は，せっかくですので，皆さんの卒業論文の完成度を上げてみましょう。

（1）グラフで説明してみよう

　これまでにもお話ししたように，資料やデータは「数字の集合体」です。もちろん数字を延々と書き連ねても決して間違いではありませんが，読んでいる人の立場からすれば，非常にわかりづらい文章になってしまいます。ましてや，複数の数字を比較していたりすればなおのこと。せっかく苦労して原典を探しても，そのデータをうまく整理できていないとすれば，「この学生は何を言っているのだ？」と評価につながらなくなってしまうかもしれません。数字をわかりやすく説明するためには「グラフの利用」をお勧めします。[16]

　産業論の論文やレポートでよく用いられるグラフは，棒グラフ，折れ線グラフ，円グラフの3種類です。棒グラフや折れ線グラフは，ある産業の市場規模（売上高の合計）や，企業の売上高など"量"の変化を時系列的にみるのに適しています。棒グラフでは"分量"を，折れ線グラフでは"変化"を強調したいときに，円グラフはある決まった市場において，テーマとする産業（企業や作品）の構成比（シェアなどとも呼ばれます）を強調したいときによく用いられます。いくつかのデータをまとめるだけではなく，グラフ化することでその位置付けも説明できるという一石二鳥の効果もあるのです。

（2）図を書いて説明してみよう

　資料やデータをわかりやすく説明するための工夫として，「図化（ビジュアライズ）」してみるという方法があります。図を作成することによって，皆さ

---

[16] 特に産業論の論文ではデータを分かりやすく説明するためにグラフや図表を多用します。そのため表計算ソフト（米マイクロソフト社のExcelなど）の使い方をひと通りマスターしていると作業が効率的になります。Excelの使い方については，「よくわかるEXCEL」「できるEXCEL」などの表題でさまざまな解説本が出版されています。ぜひ書店の店頭等で手に取ってご自分で「本当にわかる」解説本の購入をお勧めします。

6 メディア産業論——ギョーカイの実態とは

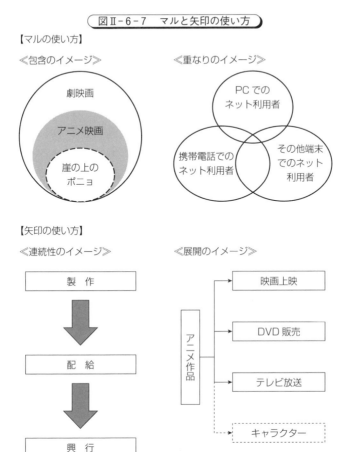

図Ⅱ-6-7 マルと矢印の使い方

んが説明したいことがどこに位置づけられるのか，どういう流れになっているのかをわかりやすく説明することに役立ちます。⁽¹⁷⁾

─────────────

(17) 上手な図表を活用した説明の仕方については，「企画書・提案書の書き方」などの表題の書籍が参考になります。説明したい内容に基づいたマルや矢印の使い方，適切なグラフの選択，イメージしやすい色使いなどが紹介されています。こうしたものに「正解」はありませんので，ご自分で手に取り，納得できたものを購入されることをお勧めします。

①マルと矢印の使い方

　図Ⅱ-6-7は，図式化する方法として，「マル」と「矢印」をどう使えばいいかという一例を示しました。

　マルの使い方としては，「包含（あるものがあるものを含んでいるイメージ）」や，「重なり（あるものとあるものが一部重なっているイメージ）」などのような使い方があります。インターネット利用者を"重なりのイメージ"で図化してみると複雑なネット利用者の状況をこのように整理できます。

　矢印は，あるものとあるものとの関係を示す「連続性のイメージ」や「展開のイメージ」などを説明するときに役立ちます。ほかの使い方としては，「あるものとあるものが対立している」ときに用いる"⇔"などもあります。

②自分がわからないと図は書けない？

　図を作成することのもうひとつのメリットは，「自分自身がちゃんと理解しているか」を確認するのにも役立つ点です。図を作成するためには，あるテーマの位置づけやその流れ（プロセス）について理解していないと，きちんと整理し，わかりやすい図を作ることは困難です。図を書いていく中で，どうしてもうまく書けない箇所や，必要以上に複雑になってしまっている箇所は，ひょっとするとまだ理解が十分ではないのかもしれません。こうした箇所については，新たに資料やデータを探したり，さらに深く読み込んだりする作業が必要になります。

（3） わからないことは…当事者に聞いてみよう

　資料やデータを集めてグラフや図表を作成すると，「わからないことがわかる」というお話をしました。それではわからないことはどうすればいいのでしょうか？諦める…その前にトライしてみる方法があります。

①インタビュー取材は「なぜ」「どうやって」を解くカギ

　これまでにご紹介した既に存在している資料やデータを調べる方法は，テーマに対する問い（"何について"）のうち，「いつから（When）」「どこで（Where）」「どのくらい（How many）」「いくらで（How much）」などに答える

6 メディア産業論──ギョーカイの実態とは

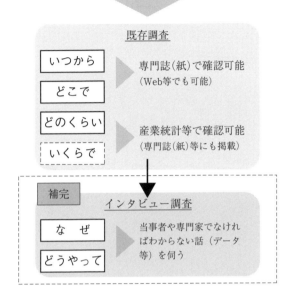

図Ⅱ-6-8　インタビュー取材の位置づけ

ためのものです。(18)逆にいえば，数字は「結果」を示すもので，「なぜそのようなことを行ったのか（Why）」「どうやって成し遂げたのか（How to）」というプロセスが見えにくい欠点があります。

　こうした問いに答えるためには，やはり実際に調べたいテーマに関する当事者や，そのテーマを専門的に調べたり，アドバイスをしている専門家に直接お話を伺ってみたりする必要があります。こうした調査をインタビュー調査（ヒアリング調査）と言います。

②ポイントは「誰が答えを知っているか」
　産業論の論文におけるインタビュー取材は，「"誰から"お話を聞いたのか」

---

(18)　具体的なある作品についての売上高などミクロ的なアプローチによる産業論の論文においては，公表資料に掲載されていないデータも数多くあります。こうした場合には，「どのくらい」「いくらで」などについてもインタビューでの質問項目に入ります。

が非常に重要なポイントです。社会調査で用いられる「20歳代の女性を代表する人」というランダムサンプリングとはまったく異なるアプローチになります。とはいえ，残念ながら皆さんの聞きたいことにすべて完璧に答えていただける神サマのような方はほとんど存在しません。ですので，皆さんがまずインタビュー取材を始める上で，誰ならその聞きたいことを知っているのかということを調べる必要があります。

③インタビュー取材にも「事前調査」が必要

　ここで役に立つのは，これまで調べたネット上のニュースサイトや専門紙（業界誌）のインタビュー記事などです。皆さんが聞きたいことは，既に別の人が当事者や専門家などに聞いているかもしれません。それでもまだ足りない情報こそ，皆さんが直接お話を聞く情報ということになります。

　その際に，お話を聞きたい人は複数候補を選んでおくことをお勧めします。理由は次ページでお話します。

（4）　インタビュー取材のポイント

　さて，お話を伺いたい人が具体的に決まったら，ここからアプローチを始めます。実はここからがインタビュー取材の本番です。

①「ご紹介のご紹介」をつないでいく

　お話を伺いたい方が会社に所属している方ならば，その会社の広報部や総務部等に連絡を取ることから始めます。皆さんが就職活動をしたときにお会いした方々にも協力をお願いしましょう。もし皆さんが卒業論文で取り上げたいテーマと，皆さんが就職活動を行った会社が同じ業界であれば，就職活動中にお知り合いになった先輩方などのネットワークで，お話を伺いたい方をご紹介いただけるかもしれません。

　ゼミの先生にもお手伝いをお願いしましょう。皆さんの先生は，大学で教鞭を執られている以外にも，様々な学会や企業セミナーなどでご活躍される中で，多くの会社や業界団体のお知り合いもいらっしゃいます。所属ゼミの先生だけではなく，メディア企業などからいらっしゃっている非常勤講師の先生にも聞

図Ⅱ-6-9 インタビュー取材のプロセス

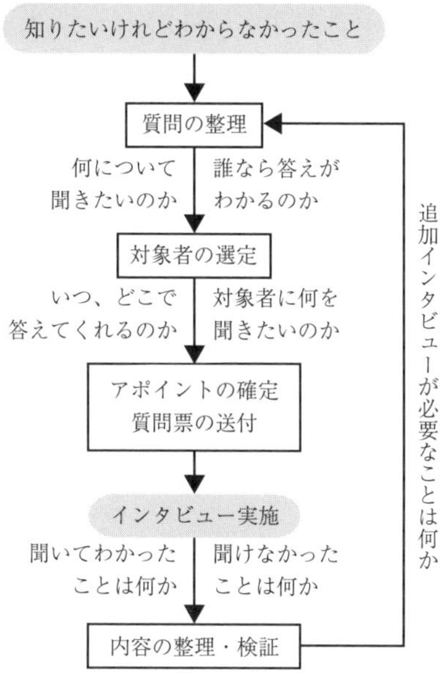

```
知りたいけれどわからなかったこと
            ↓
        質問の整理 ←──────┐
    ↓             ↓        │
 何について    誰なら答えが   │
 聞きたいのか  わかるのか     │
            ↓              │
        対象者の選定          │ 追
    ↓             ↓        │ 加
 いつ、どこで  対象者に何を    │ イ
 答えてくれるのか 聞きたいのか │ ン
            ↓              │ タ
       アポイントの確定       │ ビ
        質問票の送付          │ ュ
            ↓              │ ー
       インタビュー実施        │ が
    ↓             ↓        │ 必
 聞いてわかった 聞けなかった   │ 要
  ことは何か   ことは何か     │ な
            ↓              │ こ
       内容の整理・検証 ──────┘ と
                             は
                             何
                             か
```

（出典）各種資料をもとに筆者作成。

いてみましょう。大学の先生とは異なるネットワークを持っていますので，意外な展開があるかもしれません。

　こうした手続きを踏んでも，お話を伺いたい方にアプローチできないかもしれません。そのためにも複数の候補者を準備しておきましょう[19]。

②質問票を準備する

　お話を伺いたい人が決まったら，次にその方にいつ，どこでお会いしてお話を伺うか決める必要があります。直接お会いできない場合は，電子メールや電話での取材が可能か，ご相談してください。一方で「アポなし取材」は，ほとんどの場合ご担当者にお会いできません。仮にお会いできても，中身のあるお話を伺うことはできないでしょう。

---

[19] 可能であればインタビュー調査は，同じテーマで複数人に行うことをお勧めします。その理由は，対象者はあくまで自分の経験に基づくお話をしていただけるので，対象者の経験がテーマ全体の実態と異なる場合もあるためです。

お話を伺うに当たり，お聞きしたいことを「質問票」の形で事前にまとめておきましょう。当該企業の広報等からご紹介いただいた場合は，ほとんどのケースで質問票を事前に送付するよう求められます。対象者から質問票の送付を求められなかった場合でも，こちらから質問票を事前に送付しておくことで相手も取材の準備ができます（必要な資料などを準備してもらえる場合もあります）。この質問票は，取材当日の自分用メモとしても役に立ちます。

③取材当日〜内容の検証・整理

取材当日は，基本的には，事前に送付した質問票に沿ってインタビューを進めましょう。相手のお答えによって内容を深めたり，質問を飛ばしたり，臨機応変な対応も求められます。相手の了解が得られればICレコーダー等で録音しておきましょう。メモできなかった部分を補完することができます。自分の連絡先を記した名刺などをお渡しすれば，インタビューでお答えいただけなかった追加情報などをいただけるかもしれません。

インタビューが終わったら，内容の整理と検証をしましょう。その際，必ず対象者の方への御礼のご挨拶を忘れないようにしましょう。皆さん自身の印象だけではなく，今後，皆さんの後輩が取材する際の印象に大きく影響します。

その方のお話だけでは十分な内容が聞けなかったときには，また「インタビュー対象者の検討」から始めることになります。

ケースによっても異なりますが，インタビュー調査は対象者の選定から整理・検証までだいたい1か月〜2か月程度の時間がかかります。実施するのであれば，スケジュールに余裕を持って行ってください。

4　メディア産業論で卒論を書く"6つのポイント"

ここまで「卒業論文を産業論で書く」というテーマでいろいろお話してきました。卒業論文でも最後は"まとめ"という作業がありますので，本章の最後に「まとめ」を行います。

6　メディア産業論——ギョーカイの実態とは

1．産業論の基本は「データの比較」

産業論という方法論の基本は，「テーマの数値化とその意味づけ」にあります。意味付けで有効となるのは，時系列や他産業との"比較"という手法です。

2．業界団体や企業のHPはデータの宝庫

データでテーマを説明する産業論によるアプローチでは，データの信頼性とバリエーションが命！テーマとなる作品や企業などをまとめる業界団体や，当該企業のwebサイトには，こうした「お宝データ」が数多く眠っています。

3．"モチは餅屋"。より深い情報は「専門紙（誌）」で調べよう！

テレビや新聞，webなどで調べたテーマや情報について，より深く調べるときには「専門紙（誌）」が有効です。当該産業（企業）の詳細なデータや当事者のインタビュー記事も掲載されています。

4．大学図書館や公立図書館をフル活用しよう！

インターネット上だけでなく，必要な情報はデータブックや専門紙（誌）に多く掲載されています。ただしデータブックや専門紙（誌）は比較的高価なものが多く，個人で入手するのは難しい場合もあります。その際は，皆さんの大学図書館や地元の公立図書館等で購入している場合もありますので，所蔵データベースの検索をお勧めします。場合によっては，近隣の他大学の図書館で所蔵している場合もありますので，その場合は皆さんの大学図書館で「推薦状」を書いていただくとスムーズに閲覧することができます。

5．データを生かすも殺すも"まとめ方"次第！

データの分析に成功したら，グラフや作図によって「わかりやすい説明」を心がけましょう。特に作図ができない場合は，テーマについての理解がまだ足りない可能性もありますよ。

6．"データの意味づけ"にはヒアリング情報も非常に有効

「なぜこういう結果になるのか」など無機質なデータに意味を与えるために

は，当事者へのインタビューが有効です。

さらなる学習のために

◆藤竹暁編著『図説　日本のマスメディア』日本放送出版協会，2012年
　新聞，出版，放送，広告，音楽，映画などの各メディア産業について，産業構造や市場規模の現状，各産業が直面する課題について簡潔にまとめられています。2010年ごろまでのデータが多いことに留意してください。

◆総務省『平成27年版　情報通信白書』日経印刷，2015年
　放送（ラジオ，テレビ，衛星放送，ケーブルテレビ），通信（電話，携帯電話，インターネット，ネットコンテンツ）などの政策及び関連データがまとめられている総務省発行の白書。データの信頼性は非常に高いです。毎年7月から8月に発行されており，インターネット上でも閲覧可能です。

◆㈱電通　電通総研『情報メディア白書2016』ダイヤモンド社，2016
　大手広告代理店㈱電通のシンクタンクである電通総研がまとめたメディア産業全般の産業データを一冊にまとめたデータブック。本章で紹介した各メディア産業の業界団体の公表データ，各産業を構成する主要企業の経営関連データのほか，各官庁や調査会社，シンクタンク等が実施した利用者動向などが掲載されています。毎年1月〜2月に発行されます。

[浅利光昭]

[付録]　緊急アンケート！ゼミの先生たちのホンネ。
──先生は卒論をこう考えている──

　第Ⅰ部の **3時間目** に「先生とコミュニケーションしよう」と書きました。ゼミでのやり取りを通じて、卒論が合格点をもらうために、先生が卒論についてどのような基準を設定しているのかを知ることは重要です。ただし卒論について先生が考えていること、といっても漠然としているので、他の大学他のゼミの先生もふくめて、「メディアの卒論」を指導している先生たちと比較してみましょう。

　いや、先生たちも意外に知らないんですよ、「隣の卒論」のことを。プライドがあってとか、その先生の聖域に踏み込むような感じがしてとか、他の先生がどのような卒論指導をしているか聞けないんですよ。でも、卒論指導についてのノウハウを交換することは、それぞれの先生の授業を充実させるためにも重要だと思います。

　そこで、私たちは大学の先生を対象に「卒論アンケート」を行いました。下の表にあるように、55名に回答を依頼して回答を返してくれた先生は24名（回収率43.6％）。40代が多いのは、筆者（藤田）の知り合いの先生に回答を依頼したからです。男性の多さは、メディア関係の大学教員の実際の構成を反映していると思います。これらの先生が、指導しているゼミ生の数は、平均12名でした。

回答者属性

30代	40代	50代	60代	男	女	平均ゼミ生数
1	11	6	4	18	6	12

（無回答2名）

（1）　問題視される「就職活動による卒論指導の中断」「締め切りギリギリでの提出」

　まず、卒論指導の概要を見てみると、「卒論が必修だ」と答えた先生が12名

問1　卒論は必修か

必修	必修ではない
12	12

問2　卒論指導開始時期

3年生前期	3年生後期	4年生前期	4年生後期	その他
6	7	8	1	2

(50％),「必修ではない」とした先生が12名でした。大学の制度としては,卒論の必修-非必修はほぼ同数ということになります。筆者は別の大学で両方経験しましたが,実感で言えば必修のほうが先生の指導はやりにくいと思います。中には卒業必修単位だから仕方なく卒論を書く,というモチベーションの低い学生がいます。先生は卒論が書けなくて卒業できなかったら問題だとして,必死に書かせようとします。熱心な学生ではなく,モチベーションが低い学生の指導により時間を使うという悪循環が生じたりします。

　卒論が必修となっている大学,なっていない大学,それぞれの先生の感想です。

「本年度より卒論が必修化されたので,やや人数が多く,細かい指導が届かないかもしれないと心配している。」(40代男性教員)
「必修科目として位置づけられていないので,あきらめようと思えばいつでもあきらめられる点（が不満である)。」(50代男性教員)

　卒論指導の開始時期は,3年生後期か4年生前期が標準的なのかと思っていましたが,3年生前期という回答も意外と多いことに驚きました。多くの大学では3年生からゼミが始まりますから,ゼミの開始当初から卒論について何らかの取り組みを始めていることになります。

　卒論指導の開始時期との関係で,多くのゼミの先生が問題だと感じているのは,「就職活動による卒論指導の中断」です。実に半数近くの先生が自由記入欄で,「就職活動による中断」の悩みを書かれています。次のような意見は,その典型的なものです。

［付録］　緊急アンケート！ゼミの先生たちのホンネ。——先生は卒論をこう考えている

「就職活動のため全員そろってゼミを行うことが難しい」（40代男性教員）
「就活優先の4回生の生活は，卒論を書く体制にない。卒論を書いてから，卒論を持参し，就活をしてほしい。」（50代女性教員）

　ここで論じることではありませんが，就職活動で生じる3年生後期から4年生夏までの1年にもわたる空白は（長い学生は卒業間際まで），大きな社会的損失であると思っています。ゼミの教員は，3年生で卒業研究のために必要な基礎的知識や研究法を習得してもらい，4年生で自分の卒業研究にじっくり取り組んでもらうという積み上げを考えていますが，どちらも中途半端に終わっているという感じを強くしています。卒論指導の開始時期を「3年生前期」と答える先生が増えているのは，卒論指導も早期化しているということでしょうか。
　また，締め切りギリギリまで卒論に本腰を入れない学生が多いことも，指導する教員の悩みです。この本の「はじめに」で書きましたが，いい卒論を書くためには「最低で」5ヵ月の時間をかけて積み上げていくことが必要です。

「学生の卒論をひとつひとつ何度も添削して書き直しさせるのはとても時間がかかり疲れます。学生が早くから準備してくれればよいのですが，締め切り間際になってようやく下書きを提出し始めますので。」（40代男性教員）
「集中的に1ヵ月取り組めば完成するものではないという現実を理解させるのが難しい。」（40代男性教員）

　学生諸君！先生の苦労も，少しはわかってあげましょうよ（私の心の声）。

（2）　難しいのは卒論テーマを決めること

　ゼミの先生や大学が提出を求める卒論の分量は，400字詰め原稿用紙にして「50枚（2万字）」がもっとも多く，「100枚（4万字）」というゼミもけっこうありました。「卒論は50枚以上！」と先生に言われて，「え〜」と叫んだあなた。あなたのゼミは，標準ですよ。ちなみに，私のゼミは100枚派です。それでも，Ⅰ部の 11時間目 で言ったように卒論の設計図や，この本全体で取り上げている書き出す以前の調査がしっかりしていれば，けっこう学生は書ける

ものだと，感心しています（12月末ゼミ生は泣きの涙かもしれませんが）。

問3　卒論の分量

25枚	50枚	100枚	150枚	指定なし	その他
1	14	7	0	1	0

　私が一番聞いてみたかったのは，先生たちがゼミ生に卒論テーマをどれくらいの範囲で認めているかということと，どのように卒業研究のゼミを進めているかという点です。

　問4（「学生が書く卒論テーマについて何か制限を設けていますか」）への回答を見ると，もっとも多いのが「学部・専攻に関連した社会科学分野であれば何でもいいことにしている」，次いで「卒論テーマに特に制限は設けていない」と「ポピュラーポピュラーカルチャー，流行現象などマスコミの周辺領域でもいいことにしている」という答えが同数でした。卒論テーマに関してはできるだけ限定せずにゼミ生の意思を尊重し，卒論にたいするモチベーションを保ってもらうことを重視されているのでしょうか。

問4　卒論テーマ

自分の専門分野	マスコミ関係	マスコミ周辺領域	社会科学分野であれば何でも	制限なし
2	1	5	7	5

　私はと言えば，自分のテーマは放送，テレビドラマの物語分析なのですが，「ポピュラーカルチャー，流行現象などマスコミの周辺領域でもいいことにしてい」ます。これでも自分のキャパシティー以上に守備範囲を広くとっているつもりで，音楽やファッションで卒論を書きたいとゼミ生が言った時には，けっこう冷や汗もので指導しています。

　ただやはり，多くの先生が学生に卒論テーマを決めさせるのに苦労しているようです。

　「テーマを明確にできる学生は問題ないが，曖昧な学生への指導（に苦労する）」（50代男性教員）
　「『雲をつかむよう』な曖昧で大雑把なテーマ設定から，どれだけ『現実的に到達可能』なテーマまで絞り込ませるかに注力しています。『狭く，深く』

［付録］ 緊急アンケート！ゼミの先生たちのホンネ。——先生は卒論をこう考えている

としつこく諭しています。」（40代男性教員）
「学科及びゼミのテーマを追究せず，ルポ的な文章になってしまう」（40代男性教員）
「学生の問題意識を的確に言語化することの支援（をしている）」（60代女性教員）

　学生に卒論テーマを決めてもらうための工夫としては，次のようなことをされている先生がいます。

「3年生の前期から，ゼミのレポートとして，①取り上げるテーマについての基本的な事実関係に関するレポート，②参考文献リスト，③参考文献に関連した書評——などを提出させた上で，卒論製作を始めさせています。」（40代男性教員）
「最初の段階で問題意識（なぜそのテーマなのか，そのテーマの何が面白いのか，社会的にどのような意味があるのか）などを徹底的に考えさせています。」（40代男性教員）

（3）　先生たちはがんばっている＝実に多様な指導方法，しかしコピペの問題は深刻

　次に卒論ゼミの進め方です。多くの先生が「テーマや研究成果を他のゼミ生の前で発表させる」と同時に，「学生と1対1で卒論指導をする」ことを併用しています。私は「他のゼミ生の前で発表」することは報告するゼミ生に緊張感を生むし，何より報告を聴いているゼミ生が先生のコメントから自分のテーマで必要なことに気づくきっかけともなると思っています。一方，「1対1の卒論指導」は時間をかけてきめ細かいコメントをすることができます。ただ，「1対1の卒論指導」はゼミ生が多い場合にはスケジュールを回していくのがたいへんです。特に，「就職活動による中断」が頻発すると卒論指導の授業が破綻する場合があります。
　「卒論の進め方・書き方を解説した文献を読ませる」「文献検索の仕方・データベースの使い方を特別に指導する」「インタビュー，質問紙調査など特定の

問5　ゼミの進め方

1対1	ゼミ生の前で発表	卒論の書き方の本を読ませる	文献検索などの指導	インタビュー研究手法の指導	その他
18	22	15	12	6	2

研究手法を指導する」などの項目も多くの先生が選択しています。この質問では，自由記入欄に非常にためになる事例が多く寄せられていました（これだけでも1章書けるくらいです）。そのいくつかを紹介しましょう。

「3．4年が合同ゼミで，3年は4年の様子を見ながら，一年過ごすこととなります。研究方法や論文執筆上のルールについてはもちろん，個人のテーマ設定に対する指導なども，基本的に2度聞くこととなります。教員からの指導だけでなく，先輩たちの実際の苦労のようすや書き終えてのアドバイスは，かなり役に立つようです。」（40代女性教員）

「毎年卒論集を作り，学部のスタッフ等に配布し，次年度のゼミ生の教科書として使ってきています。学生にとっても，読まれるものであることを意識すれば，いい加減なものではすまないという自覚が出るはずです。」（60代男性教員）

「ゼミ独自に『卒論指導要綱』というA4の38頁程度の冊子を作成し読ませている。」（60代男性教員）

「①ロジックの作り方，参考文献の付け方など簡単なマニュアルを作成している。②「1章主題と構成」だけは統一している。③参考文献の書き方も統一している。④個人研究のレポートに学会のフォーマットを援用しているので，それを卒論にも適用している。」（60代男性教員）

「3年次に，『メディアの卒論（初版）』を読んだうえで，共同研究による論文を執筆し，その後，卒業研究に取り組むようにしています。」（40代女性教員）

あ，最後の自由記入は，ヤラセ，仕込みじゃないですからね。ただ，教員が卒論の書き方などの指導を工夫しても，ネットで調べたものを安易にコピペして，それだけで卒論を書こうとする学生が多いようです。先生たちは，おおい

［付録］　緊急アンケート！ゼミの先生たちのホンネ。——先生は卒論をこう考えている

に嘆いています。

「インターネットの利用が一般的になってから，図書館などで文献を探すのではなく，ウィキペディアなどを参考にしたり，コピペ（剽窃）をする安直さが目立つようになりました。そのことを厳しく戒めますが，そもそも本を読む習慣から身につけさせなければならなくなった現状が，卒論を書かせることをますます難しくさせているように思います。」（60代男性教員）
「ネットによる情報摂取があまりに日常化しているためか，短時間で，最小限の労力で『効率的』に成果を得ようとする学生が増えている気がする。」（40代男性教員）

これは，Ⅰ部の **14時間目** で述べた「引用と注について」にも関わることです。文献資料の利用と引用の仕方を問題として指摘する先生が多く見られます。

「参考文献／資料への依存度が高く，参考文献等の内容をまとめただけで論文とは言えない内容になってしまっているものがほとんどである。」（50代男性教員）
「引用の場合の注の使用を厳密にしている。」（50代男性教員）

（4）　先生たちは卒論のここを見ている
　次に，ゼミの先生は卒論のどのような点を評価するのかを見てみましょう。「卒論指導を行うとき，また成績評価を行うとき」重視するものを3つ以内で答えてもらいました。回答はかなりばらついています。一番多かったのが「参考・引用文献の適切さ」です。次にくるのは「論文の論理性」，さらには「テーマの的確さ」です。卒論を書く準備段階での参考・引用文献選びやテーマ設定がまず重要だと考える先生が多いようです。一方で書き上げた論文が論理的に構成されているかも大事だとしています。残りの項目を支持する回答も横並びで，先生が卒論指導や成績評価で重視するポイントはかなり多様であることがわかりました。

問6　評価基準（複数回答）

テーマの的確さ	9
テーマのオリジナリティ	5
参考・引用文献の適切さ	12
取りあげている対象についての理解	8
調査のオリジナリティ	5
学生自身が行った調査の適切さ	7
文章表現の適切さ	7
口頭報告の明快さ	0
論文の論理性	10
卒論に取り組む姿勢	7
その他	0

　また，学生が提出する卒論の達成度として，どの程度の水準を期待しているかを聞いてみました。欲を言えばきりがないので，「いちおうの合格」（ふつう以上の出来）がどれくらいなのかを答えてもらいました。私としては，問7の表の上にあるほど論文の完成度が高いと考えています（先生によっては意見が違うかもしれません）。

　一番多かったのは，「独創性はないものの調査手法の適切さや論文の論理性など，社会科学論文としての要件を満たしていること」でした。きちんとした手続を踏んだ調査や論文の論理性が，評価のポイントとなっています。次が，「取りあげた対象について適切に理解しているなど，内容に誤りがなければよい」という水準。

　先生たちはけっこう高い水準を卒論に求めているんだなあ，というのが私の率直な感想です。少し反省させられました。4段階目の「学生自身が行った調査が含まれているなどオリジナリティがあればよい」というのが，私の合格基準です。大学教員に成りたてのころ，他人の著書を丸写し，切り貼りした卒論

問7　論文の水準

論文として独創性がある	1
社会科学論文の要件を満たしている	13
内容に誤りがない	9
オリジナリティがある	5
読み物として破綻がない	2
努力したあとが見えればよい	2
提出期限や規定枚数を守って提出	2
その他	3

が頻出してがっかりしたという経験の反動でしょう（トラウマ？）。とにかく，私は学生が自分で調査して集めたデータで卒論を書くことを求めています。でも，他の先生はそれ以上の論文の完成度を設定しているようです。

　ただ，オリジナリティを卒論の合格基準にするのは，前に書いた「コピペ卒論」を回避するために必要な指導方針なのではないかとも思っています。

「（卒論は）フィールドワークを含むことが望ましいとしている。」（50代女性教員）
「最近は，時間をかけたフィールドワークや素材研究がすくなくなってきた。やっつけ卒論が増えた。」（60代男性教員）

　そして，このようゼミの先生たちが設定した卒論の要求水準を，どれくらいの学生が満たしているかときいてみたところ，先生によって評価は色々でした。「ほとんどの学生」「3分の2の学生」が要求水準を満たしているという先生が合わせて5名。一方，「3分の1の学生しかみたしていない」「期待する水準以上の学生はほとんどいない」が12名でした。卒論の採点を終ってどっと疲れが出る。むなしさ漂う感じです。

問8　水準を満たす割合

ほとんどの学生	3分の2	半数	3分の1	ほとんどいない	その他
2	3	4	11	1	0

次のような先生の叫び（！）を聞いてください。

「大学に行くのが就職目的になったために，それに役立つこと以外には時間もエネルギーも割きたくないという考えが目立つようになりました。こういう発想をする学生に，卒論を書くことの意味を説得することが難しくなりました。」（60代男性教員）

うーん厳しい状況ですね。でも卒論指導をしている先生が多かれ少なかれ，経験することです。

このようなゼミ生の状況は、ゼミの先生が卒論指導の成果を自分でどのように評価しているかに反映するのでは思いきや、先生自身の自己評価は学生に対する評価より高いという結果になりました。

問9　卒論指導の達成度

ほぼ目標通り	3分の2	半分	3分の1	ほとんど満たしていない
2	7	7	3	3

　「ほぼ目標通り」「目標の3分の2が達成できた」とした先生が9名。先生自身は、卒論指導でやれるだけのことはやったという自信なのでしょう。私はいつも目標の「半分」くらいです。努力不足を痛感しています。

　次のように書いている先生がいます。

　「学年によってかなり完成度にバラツキがある。優れた学生が1～2名いると、その学年の卒論指導の牽引となり、全体の水準を上げてくれる。逆に、そのような学生がいない年度には、不十分な出来になる。結局、教員による指導はあまり関係ないようにも感じる。」(50代女性教員)

　本当に難しいですね。卒論指導。先生たちも悩みながらやっています。少しはわかってやってください。あれ、学生のみなさんの意見をきいていなかったですね。

[付録] 緊急アンケート！ゼミの先生たちのホンネ。――先生は卒論をこう考えている

メディア関連の卒業論文（卒業研究）に関する大学教員アンケート

法政大学　藤田真文

1．貴学では卒論は必修になっていますか。
　　①（　）必修になっている。　　　②（　）必修ではない。

2．ゼミで卒論指導を開始する時期はいつごろですか。
　　①（　）3年生前期　　　②（　）3年生後期
　　③（　）4年生前期　　　④（　）4年生後期
　　⑤その他（具体的に：　　　　　　　　　　）

3．卒論は400字原稿用紙に換算してどれくらいの分量を書かせるようにしていますか。
　　①（　）25枚程度　　　　②（　）50枚程度
　　③（　）100枚程度　　　④（　）150枚以上
　　⑤（　）完成枚数ついての指定は特にしていない

4．学生が書く卒論テーマについて何か制限を設けていますか。
　　①（　）メディア関連でも自分の専門分野に近いものにさせている。
　　②（　）新聞・放送・雑誌などマスコミに関係するものにさせている。
　　③（　）ポピュラーカルチャー，流行現象などマスコミの周辺領域でもいいことにしている。
　　④（　）学部・専攻に関連した社会科学分野であれば何でもいいことにしている。
　　⑤（　）卒論テーマに特に制限は設けていない。

5．卒論に関するゼミの進め方（複数解答可）
　　①（　）学生と1対1で卒論指導をする。
　　②（　）テーマや研究成果を他のゼミ生の前で発表させる。

③（　）卒論の進め方・書き方を解説した文献を読ませる。
　　　④（　）文献検索の仕方・データベースの使い方を特別に指導する。
　　　⑤（　）インタビュー，質問紙調査など特定の研究手法を指導する。
　　　⑥その他（具体的に：　　　　　　　　　　　　　　　　　　）

☆卒論指導において特に工夫されていることがあればご教示ください。

6．卒論について指導を行うとき，また成績評価を行うときどのような点を重視しますか。特に重視するもの3つ以内でお答えください。
　　　①（　）テーマの的確さ
　　　②（　）テーマのオリジナリティ
　　　③（　）参考・引用文献の適切さ
　　　④（　）取りあげている対象についての理解
　　　⑤（　）学生自身が行った調査のオリジナリティ
　　　⑥（　）学生自身が行った調査の適切さ
　　　⑦（　）文章表現の適切さ
　　　⑧（　）口頭報告の明快さ
　　　⑨（　）論文の論理性
　　　⑩（　）卒論に取り組む姿勢
　　　⑪その他（具体的に：　　　　　　　　　　　　　　　　　　）

7．学生が提出する卒論の達成度として，どの程度の水準以上であれば「いちおうの合格」（ふつう以上の出来）とみなしますか。
　　　①（　）先行研究や定説に対して批判的に検証を行うなど，社会科学やマスコミ論の論文として独創性があること。
　　　②（　）独創性はないものの調査手法の適切さや論文の論理性など，社会科学論文としての要件を満たしていること。
　　　③（　）取りあげた対象について適切に理解しているなど，内容に誤りがなければよい。

④（　）学生自身が行った調査が含まれているなどオリジナリティがあればよい。
⑤（　）文章表現が適切であるなど，読み物として破綻がなければよい。
⑥（　）少なくとも卒論作成のために努力したあとが見えればよい。
⑦（　）とりあえず提出期限や規定枚数を守って提出していればよい。
⑧その他（具体的に：　　　　　　　　　　　　　　　　　　）

8．各年度の平均で見て，学生が提出する卒論の水準をどのように評価していますか。
　①（　）ほとんどの学生が期待した水準以上の論文を提出する
　②（　）期待した水準以上の論文を提出するのは，全体の3分の2程度の学生である。
　③（　）期待した水準以上の論文を提出するのは，全体の半数程度の学生である。
　④（　）期待した水準以上の論文を提出するのは，全体の3分の1程度の学生である。
　⑤（　）期待した水準以上の論文を提出する学生はほとんどいない。

☆学生の卒論への取り組みや提出された論文で不満な点をご教示ください。

9．各年度の平均で見て，ご自身の卒論指導の達成度はどれくらいと評価していますか。
　①（　）ほぼ目標どおりの卒論指導ができている。
　②（　）だいたい設定した目標の3分の2程度は達成できている。
　③（　）達成度は設定した目標の半分程度のことが多い。
　④（　）達成度は設定した目標の3分の1程度のことが多い。
　⑤（　）設定した目標どおり卒論指導できることはほとんどない。

☆卒論指導で難しいと感じていらっしゃる点をご教示ください。

ご所属（　　　　　）お名前（　　　　　　）年齢（　　　）代
ご協力ありがとうございました。

［藤田真文］

あとがき——卒論指導って何？

　本書『メディアの卒論』を手に取っていただきありがとうございます。この本は，大学教員としての私（藤田）の個人的悩みが出発点となっています。私は大学教員生活ほぼ20年，毎年10数人のゼミ生が卒論を書いて卒業していきます。でも，毎年自分の卒論指導は，消化不良のままです。「A君のテーマについて，もっといい文献や調査方法を紹介することができたんじゃないか」「Bさんは，自分が満足できる卒論をかけたんだろうか」とか。でも長年教員をしていると，凝り固まってしまった自分の授業の進め方をなかなか変えることができません。そんな時，ふと「他の先生は，どんな卒論指導をしてるんだろう」「卒論指導で悩んでいる先生はいないんだろうか」ということを知りたくなりました。

　私は日本マス・コミュニケーション学会を基盤に研究活動を行っていますが，そこで他の研究者が「どんな授業をしているのか。どんな卒論指導をしているのか」が話の種になったことはほとんどありません。近年大学教員は，FD（ファカルティ・ディベロップメント：大学教員の教育能力向上）が求められ，学生による授業評価も実施されています。それでも，すべての教員が自分の授業について報告したり，他の教員の授業法を学ぶ機会を提供している大学は少ないのではないでしょうか。そこでこの本を書くにあたって，「メディア関連の卒業論文（卒業研究）に関する大学教員アンケート」を実施して，ごくごく素朴に研究者仲間の卒論指導の様子を聞いてみることにしました。詳しい結果は巻末の「付録」にまとめてありますが，就職活動による卒論ゼミの中断という共通の悩みを抱えていること，また卒論報告会の企画や卒論集の発行など卒論指導の工夫に精力を注いでいる先生が多数いることがわかりました。

　それから本書を企画するうえで考えたのは，私が「著作を読んで面白いと感じる，この人はどんな卒論指導をするのか教えてほしい」と思う研究者を共同執筆者としてキャスティングすることでした。おかげさまで私が声をかけた方

はみんな，自分の卒論指導の「秘技」を公開することを快諾していただき，この本の第Ⅱ部にはこれ以上ないくらい優れた研究者を並べることができました（学界の大向こうから拍手が聞こえます）。

　「メディアの卒論」には，もうひとつ別の問題があります。長年の論争や研究の蓄積にもかかわらず，メディア論やマス・コミュニケーション論には，「このような研究対象を選び，このような研究手続を行えばメディア論の研究と言える」という研究法についての合意が固まっていないということです。卒論に引きつけてもう少し平たく言えば，「この研究対象を選んで，この方法論で研究を進めるように学生を指導すれば大丈夫」という確信を持てる型というのがないように思います。

　指導する大学教員も，メディア論やマス・コミュニケーション論で学位をとったわけではなく，背景とする学問は社会学や政治学であったりします。少なくとも私は，学生のテーマをすべてカヴァーしきれない自らのキャパシティの狭さを感じています。そのような意味からも，Ⅱ部の共同執筆者は，多様な研究分野と多様な方法論を駆使する研究者を集めるように配慮しました。「A君のテーマについて，もっといい文献や調査方法を紹介することができたんじゃないか」という私の悩みは，Ⅱ部の各章を読むことでずいぶん解消できたように思っています。

　さらにもうひとつ，大学教員・研究者は多くの場合研究を「趣味（失礼，天職）」としているので，「学生にとって卒論はどのような意味があるのか」ということを忘れがちです。これまでの大学の卒論指導は，自分の研究を模倣・継承する研究者（ミニ自分）を育てるかのように行われてきたのではないでしょうか。でも，それは多くの大学や研究室の実態とはあっていません。私はⅡ部の第１章で難波功士さんが，「卒論のテーマを何にするかで悩むことは，就職活動でいうところの『自己分析』と密接に連関しうる」（79ページ）と書かれていたのを読んで，我が意を得たりと思いました。研究者を養成するためではなく，しかし卒論指導を通じて大学が学生に付与できる能力は何かを追求していく必要があります。「Bさんは，自分が満足できる卒論を書けたんだろうか」という私の悩みの多くは，卒論を書く学生の動機づけの部分にかかっていることに思い至りました。

あとがき――卒論指導って何？

　最後になりましたが，かなり難しい本作りの注文におつきあいいただき，ご苦労をかけたミネルヴァ書房の東寿浩さん，卒論アンケートのご協力いただいた研究者仲間のみなさん，そして共同執筆に快く応じていただいた共著者のみなさんに，感謝申し上げます。

藤田　真文

索　引
（＊は人名）

あ行

赤文字系　78
朝日新聞縮刷版→聞蔵Ⅱ
アフターコーディング　53
アマゾン→Amazon
アンケート　179
＊石田あゆう　86
一次資料　14, 39, 48
＊井上雅人　90
芋づる式　21, 22
インスタント・メッセンジャー　173
インタビュー（インタビュー調査）　38, 44-47, 50-53, 135, 147, 148, 179, 248
インフォームド・コンセント　51
引用　62-64
ウィキペディア　18, 28, 180
＊上野千鶴子　86
受け手　8
＊浦沢直樹　9, 10, 15-17, 38, 42, 47, 57
映画興行収入　228
エクセル　19, 47, 52, 189
エスノグラフィー　168, 175, 176, 179, 186
エリア　8
エロ雑誌　88
オーセンティシティ　169, 172, 176, 192
大宅壮一文庫　49, 91, 236
奥付　92
送り手　8
教えて君　168, 170
＊尾田栄一郎　7
＊落合恵美子　90
オリジナルデータ　5, 213

か行

オリンピック　181, 182, 186, 187, 192, 193
音楽産業　198, 202, 216

カイ2乗検定　192
回帰分析　160
学生調査　147, 148
仮説検証的アプローチ　134-136, 151
仮説探索的アプローチ　134, 151
株主説明会資料　243
間隔尺度　149, 155
観察調査　52
間メディア性　193
機関紙（機関誌）　241
聞蔵Ⅱ　107
記述統計　150
機能的オルタナティブメカニズム　137
機能的代替仮説　137
キャリーオーバー効果　146
業界団体　240
クロス集計　53, 191
クロス表　192
クロニクル　186, 189
掲示板　176, 179, 180, 184
形態素　189, 190
ケース本　238
ケータイ　179
研究課題　131
検索サイト　232
現実の言語的構成　103
現実の社会的構成　104
言説分析　102, 210, 212
現地調査　38, 43-45, 47, 48, 50, 52, 210, 213

271

構造化面接　44
行動観察　44, 45
光文社　78
広報　177
小売　226
コーディング　53
国立国会図書館　91
国立国会図書館サーチ　22, 23, 25-27
古書店　91
5W1H　171, 174
コミュニケーション能力　84
コンテンツ　8

さ 行

裁定標本抽出　141
最頻値　152
サウンドスケープ　197, 198, 204, 208, 209, 217
＊坂本佳鶴惠　90
＊阪本博志　85
作業仮説　137
雑誌　76
雑誌ネット　184
サブカル誌　88
産業構造　226, 227
参考文献一覧　61, 62, 64
参与観察　45, 46, 135, 177
時間剥奪的代替仮説　136, 137
自己分析　83
市場規模　226
自然的観察法　45
実験的観察法　45
実験法　135
質的調査　201
質的分析法　135
質問紙調査（質問紙調査法）　38, 43-45, 47, 52, 53, 135, 136, 146
質問票　143, 249

＊清水幾太郎　67
社会運動　174
重回帰分析　161
週刊誌　184
『出版研究』　85
『出版指標年報』　89, 96
『出版年鑑』　89
ジュマン→JUMAN
順序尺度　149, 155
章立て　55
資料分析　38, 39, 47, 52, 210
心性　172, 195
スマートフォン　168
制作　226
説得　177
全数（悉皆）調査　139
専門紙（誌）　251
専門図書館　91
相関　154
蔵書検索システム　240

た 行

タイトル　57
代表値　151
多変量解析　160
談話分析　102
中央値　152
調査票　143, 213
散らばり　152
ツイート　180, 183
ツイッター（twitter）　168, 178, 183, 185, 212
『創』　90
つぶやき　183
ディスコース分析　38, 40, 47, 51, 52, 102, 104, 105
定性的調査法　135, 136
データ本　238-240

テーマ　6, 8, 256
テクスト分析　200, 201, 210
＊手塚治虫　17, 59
『電通報』　237
電話調査　147
統計分析　38
投書欄　181
読者モデル　78
読書ノート・読書カード　36
『読書世論調査』　89
留め置き調査　147

な 行

内容分析　38-40, 47, 52, 53, 102, 105, 183, 195
中吊り広告　184, 188
二次資料　14, 15, 39
２ちゃんねる　179
日記　183, 185, 187, 189, 190, 192
日本レコード協会　216
入門書　18, 19
人間関係の希薄化　175

は 行

媒体資料　93
培養効果　138
パッケージ　118-121
非確率標本抽出　140
非構造化面接　44
批判的談話分析　102
表紙　61
標準偏差　151, 152
標本調査　139, 140
比例尺度　150
頻出語　189, 190, 192
ファン調査　201, 212
フィールド・ノーツ　52, 185, 187, 190

フィールド調査（フィールドワーク）　38, 45-47, 51, 52, 176, 186, 191
フェイス・シート　145
フェイスブック（facebook）　173
普及　177, 180, 183
＊藤竹暁　252
プランニング能力　85
プリテスト　48, 213
フレーム　117-119
フレーム分析　117
プレコーディング　53
プレゼンテーション能力　85
ブログ　168, 179, 180, 185, 212, 232
文献リスト　19-21, 33, 35, 205
分散　152
文章を書くときの４原則　66
平均　151
便宜標本抽出　141
『編集会議』　90
『放送研究と調査』　237
報道集中期　115
訪問面接調査　147
ボーイズラブ　24, 25
母集団　139, 140, 142

ま 行

『マガジンデータ』　89
マガジンハウス　76, 89
『マス・コミュニケーション研究』　85
まとめサイト　180
ミクシィ（mixi）　133, 134, 153, 154, 158, 159, 181-185, 187, 188, 190-193, 212
ミュージシャン　197-207, 209-213, 215, 217
名義尺度　149
メディアリテラシー　122
目次　61, 220
物語論的分析　38, 41, 47, 51, 53

や　行

有価証券報告書　243
郵送調査　147
有名性　182
予備調査　48, 104, 107
世論調査　113

ら　行

ライブ　197, 198, 202, 203, 207, 209, 214, 215
ライフスタイル　94
ライン（LINE）　183, 195
ランダム・サンプリング法　140
リサーチ・ナビ　国立国会図書館　114
「理想の」卒論作成スケジュール　iii
利用者調査　240
利用と満足理論　137
量的調査　201, 213

わ　行

割当標本抽出　141

アルファベット

Amazon（アマゾン）　20, 29, 32
『CanCam』　77-79, 81, 82
CiNii（サイニィ）　25, 106
EDINET　243
Google Scholar　25-27, 236
『JJ』　77-79, 82
J-STAGE　25, 106
JUMAN　189
KHCoder　190
OPAC　30
PDF　27, 33, 184, 189
SNS　180, 182, 183, 185, 212, 232
SPSS　148-150, 155-157
t 検定　157-159
Webcat Plus　23, 24, 27-29
Word　60

執筆者紹介（執筆順）

藤田　真文（ふじた　まふみ）編者，はしがき，第Ⅰ部第1章，第4章，付録，あとがき執筆
法政大学社会学部メディア社会学科教授
　主著：『プロセスが見えるメディア分析入門』共著，世界思想社，2009年；『テレビニュースの社会学——マルチモダリティ分析の実践』共著，世界思想社，2006年；『ギフト，再配達——テレビ・テクスト分析入門』せりか書房，2006年
　読者へのメッセージ：『メディアの卒論』に続いては，自分の研究テーマにひきつけてもっとマニアックに『ドラマの卒論』を書いてみたい。無理ですね。売れないでしょうね。

西田　善行（にしだ　よしゆき）第Ⅰ部第2章，第3章執筆
流通経済大学社会学部社会学科准教授
　主著：『失われざる十年の記憶——一九九〇年代の社会学』共著，青弓社，2012年；『プロセスが見えるメディア分析入門』共著，世界思想社，2009年
　読者へのメッセージ：学生時代，卒論の構想を立てるのは楽しかったのですが，そこから論文を作るのに苦労し，しかも提出間近でファイルを一部消してしまい，大変残念な卒論になってしまいました。皆さんはそうならないよう，きっちりとした計画の遂行とバックアップを心がけてください。

難波　功士（なんば　こうじ）第Ⅱ部第1章執筆
関西学院大学社会学部教授
　主著：『広告のクロノロジー——マスメディアの世紀を超えて』世界思想社，2010年；『創刊の社会史』ちくま新書，2009年；『族の系譜学——ユース・サブカルチャーズの戦後史』青弓社，2007年
　読者へのメッセージ：卒業論文は，手紙を瓶に詰めて海に流す「投瓶通信」に似ています。誰かに何かが伝わるはずだと信じ，あなたの思いと願いをこめて，書き進んでいきましょう。

烏谷　昌幸（からすだに　まさゆき）第Ⅱ部第2章執筆
慶應義塾大学法学部教授
　主著：『ジャーナリズムと権力』共著，世界思想社，2006年；『コミュニケーションの政治学』共著，慶應義塾大学出版会，2003年；「フレーム形成過程に関する理論的一考察」『マス・コミュニケーション研究』第58号，2001年
　読者へのメッセージ：「こんな文章を書いてみたい」と思うような文章に出会ったことがありますか？真似したくなるほどの文章があれば，論文を書く作業はずっと楽しくなると思います。

金　相美（きむ　さんみ）第Ⅱ部第3章執筆
名古屋大学大学院人文学研究科教授
主著：『インターネット心理学のフロンティア』共著，誠信書房，2016年；『韓国における情報化と縁故主義の変容』ミネルヴァ書房，2011年；"Exploratory Research on Social Media and Digital Writing: Qualitative Interview of Japanese College Students", *Journal of Socio-Informatics*, Vol. 8, No. 1, Feb., 2016, pp13-27.
読者へのメッセージ：卒論は自分がワクワクする内容をテーマにして下さい。そして，長い時間付き合っても飽きないほどの熱き思いで，一生残る自分の著作物を作って下さい。

是永　論（これなが　ろん）第Ⅱ部第4章執筆
立教大学社会学部メディア社会学科教授
主著：『日本人の情報行動2010』共著，東京大学出版会，2011年；『メディア・コミュニケーション学』共著，大修館書店，2008年；『コミュニケーション学への招待』共著，大修館書店，1997年
読者へのメッセージ：卒論には，テーマで迷ったり方法に悩んだりする時間を含めて，時間をたくさんかければかけるほど，よいものが書ける可能性はそれだけ高くなるものかと思います。余裕をもってのぞんでください。

小泉　恭子（こいずみ　きょうこ）第Ⅱ部第5章執筆
中央大学兼任講師
主著：『メモリースケープ――「あの頃」を呼び起こす音楽』みすず書房，2013年；『音楽をまとう若者』勁草書房，2007年； "An Animated Partnership: Joe Hisaishi's Musical Contributions to Hayao Miyazaki's Films", in Coyle, Rebecca (ed.) *Drawn to Sound : Animation Film Music and Sonicity*, London: Equinox, 2010.
読者へのメッセージ：大学生にとって，卒論は社会に出る際の名刺代わり。「これが自分」と胸を張って言える内容に仕上げてください。

浅利　光昭（あさり　てるあき）第Ⅱ部第6章執筆
㈱メディア開発綜研主席研究員
主著：㈱電通『情報メディア白書』共著，ダイヤモンド社，2016年；「新聞広告の現状と課題」『AURA』No. 185　フジテレビ編成制作局知財情報センター調査部，2007年；「番組プロダクションの現状と課題」『AURA』No. 181　フジテレビ編成制作局知財情報センター調査部，2007年
読者へのメッセージ：卒業論文を"楽して"書く方法はありません。"苦あれば楽あり"とも言います。思い悩むよりも書き溜めていくことを心がけてください。

メディアの卒論［第2版］
──テーマ・方法・実際──

2011年7月10日	初　版第1刷発行	〈検印省略〉
2013年2月10日	初　版第2刷発行	
2016年8月30日	第2版第1刷発行	
2024年2月20日	第2版第3刷発行	

定価はカバーに
表示しています

編著者　藤　田　真　文
発行者　杉　田　啓　三
印刷者　大　道　成　則

発行所　株式会社　ミネルヴァ書房
607-8494　京都市山科区日ノ岡堤谷町1
電話代表　(075)581-5191番
振替口座　01020-0-8076番

Ⓒ 藤田真文ほか, 2016　　太洋社・吉田三誠堂製本

ISBN978-4-623-07719-9
Printed in Japan

よくわかる卒論の書き方 [第2版]
―――――白井利明・高橋一郎著　Ｂ５判　224頁　本体2500円

卒論を書き進めていく上で必要な研究・執筆に関する知識や方法を，体系的かつ具体的に解説する。巻末に文例も収録した充実の一冊。

大学生のためのリサーチリテラシー入門
―――――山田剛史・林　創著　四六判　256頁　本体2400円

●研究のための８つの力　京都大学　大塚雄作先生推薦！　よい研究は君にもできる！　的確な指針が示された大学生必読書。

よくわかるメディア・スタディーズ [第2版]
―――――伊藤　守編著　Ｂ５判　248頁　本体2500円

メディアをめぐる知の系譜をたどり，研究対象の広がりをカバーしつつ研究方法の革新と多様化にも対応した定番テキスト。

よくわかるメディア法
―――――鈴木秀美・山田健太編著　Ｂ５判　256頁　本体2800円

メディアに関する法について，具体的事例，判例とともにわかりやすく解説。関連法の歴史から現代的課題までを的確に理解することから，今後のメディア社会を生きる力を身につける。

よくわかる社会情報学
―――――西垣　通・伊藤　守編著　Ｂ５判　232頁　本体2500円

社会情報学とはなにか？　本書は学としての成立，基礎概念から最新の成果までをわかりやすく解説する。今後もますます進展することが予想される情報化時代への視座を提供する社会情報学最新の教科書である。

メディア文化研究への招待
―――――ポール・ホドキンソン著／土屋武久訳　Ａ５判　388頁　本体4000円

●多声性を読み解く理論と視点　メディア文化と接するという経験はわたしたちの生活の中心に位置を占めるものである。本書は，そのメディアが社会や文化においていかなる働きをするのかを，これまでのメディア研究の系譜や現在のメディア環境が提起する諸論点から平易に説いたスタンダードな入門書。

―――ミネルヴァ書房―――
http://www.minervashobo.co.jp/